COMUNIQUER EN ANGLAIS DANS LE MONDE DU TRANSPORT INTERNATIONAL ET DE LA LOGISTIQUE

Jean-Claude Bertin

Maître de conférences à l'université du Havre – CIRTAI

ellipses

Autres publications

• *ABC Lexical de la négociation*, avec D. Sève, Ellipses ;

• *ATIL* (Anglais du Transport International et de la Logistique), CD-Rom Multimédia interactif, Learning Labs, Le Vaisseau, 120, bld Amiral Mouchez, 76600 Le Havre (e-mail : LearningLabs@compuserve.com) ;

• *Des outils pour des langues – Multimédia et apprentissage des langues* (à paraître chez Ellipses).

Dessins de Luc Turlan

Remerciements

L'auteur tient à remercier les personnes et instituts suivants, pour leur collaboration et leur autorisation de reproduire certains matériaux authentiques :

• le Port Autonome du Havre ;

• "Institute of Logistics", Corby, Northants, Grande-Bretagne.

• Un remerciement spécial à mes étudiants de MST Transport International de l'université du Havre, dont le travail a contribué à la mise à jour du lexique.

ISBN 2-7298-7992-7

AVANT-PROPOS

À Christine
À Alexandre, Nicolas, Gaëlle et Cécile.

Cet ouvrage s'adresse aux étudiants en transport et logistique ainsi qu'aux professionnels qui souhaitent se perfectionner dans la langue anglaise spécifique à ce monde particulier.

Ouvrage de référence autant qu'outil d'apprentissage, il ne se limite pas au seul "vocabulaire technique" auquel certains réduisent si souvent la langue de spécialité. En s'appuyant sur des textes didactiques, secondés par de véritables documents authentiques, l'auteur a voulu dégager une vision plus complète de cet espéranto moderne qu'est devenu l'anglais dans le monde du transport et de la logistique.

La langue présentée dans cet ouvrage présente bien le lexique sans lequel l'opérateur professionnel ne saurait assurer correctement son activité, mais elle inclut d'autres termes et expressions idiomatiques, moins spécifiques dans leur dénotation, mais dont l'auteur a repéré la fréquence élevée dans les documents professionnels sur lesquels se fonde son travail de recherche.

Cette recherche a d'ailleurs conduit son auteur à mener une analyse des besoins auprès des professionnels du transport international[1] : les observations qu'il en a tirées lui ont permis d'élaborer une vision de la langue du transport et de la logistique plus large qu'une simple moisson terminologique. Il s'agit d'une langue active, ancrée dans un anglais plus "général" dont l'utilisateur se doit de connaître les grands principes, une langue dont la pratique correspond à certains savoir-faire que l'on peut regrouper sous l'étiquette de "transfert d'informations".

À titre d'exemple, le professionnel devra savoir extraire d'un document écrit (fax, télex, dossier,...) certaines informations spécifiques, qu'il lui faudra reconnaître pour remplir formulaires et demandes d'informations, dans des langues parfois différentes

1. La première partie du présent ouvrage se fonde sur cette analyse des besoins, publiée dans *A.Sp.*, n° 1, mars 1993, p. 221-249.

(anglais/français...). Selon les circonstances, cette situation peut se décliner de multiples façons.

Pour être efficace, le professionnel devra disposer d'une compétence en langue développée selon ces grandes lignes directrices : reconnaître le domaine d'application du ou des documents qui lui sont confiés, grâce à la reconnaissance d'un ensemble de termes clés caractéristiques ; lire sélectivement ces documents de manière à en extraire les informations particulières touchant à l'activité ou aux besoins en cours ; savoir éviter les contresens ou faux sens qu'une connaissance insuffisante de la syntaxe pourrait aisément entraîner ; être à même de rédiger notes, lettres, et autres fax que la situation requiert.

L'auteur a voulu répondre à ces besoins authentiques mis en évidence par son enquête. L'ouvrage se divise donc en neuf chapitres organisés autour d'un thème particulier : la marchandise, centre d'intérêt privilégié de l'activité qui nous occupe, les différents modes de transport, en accordant une place particulière au transport maritime de par son importance au sein de la chaîne du transport et de la logistique, l'organisation et les acteurs de cette chaîne, la communication entre les différents acteurs. Un chapitre est plus essentiellement consacré aux aspects plus larges de la logistique, qui ouvre les horizons aux problèmes de la production, du stockage et de la distribution des marchandises.

Chacun de ces chapitres s'oriente autour de trois grands axes :

"Introducing vocabulary": ensemble de documents thématiques dont la fonction est de présenter conjointement un aspect particulier du transport et de la logistique et le lexique associé.

"Lexique thématique de spécialité": repérage systématique des éléments lexicaux les plus utiles pour le thème concerné.

"Reading texts": ensemble de documents professionnels, d'un niveau de langue un peu plus élevé que les textes introductifs, dont la fonction est de présenter, dans un contexte authentique, la langue que le lecteur vient de découvrir.

À chacun de ces textes est associée une batterie d'exercices permettant au lecteur d'exercer sa compétence dans le domaine particulier.

Dans un souci de progression pédagogique, l'auteur a organisé l'ensemble des chapitres, non seulement en fonction des sujets traités (du plus évident au plus complexe), mais également en fonction des niveaux de langue utilisés dans les documents présentés (du plus simple au plus relevé).

Le chapitre sept propose une batterie de tests lexicaux dont la fonction est de permettre au lecteur d'évaluer ses propres connaissances, en rebrassant l'ensemble des thèmes présentés au cours de l'ouvrage.

Le domaine du transport et de la logistique concerne un monde particulier, où priment la marchandise et les activités afférentes. Communiquer dans ce monde suppose une capacité à manier des tournures syntaxiques particulières qui trouvent dans cet anglais de spécialité une fréquence plus élevée que dans un anglais plus général. Le chapitre huit en propose une liste, et offre au lecteur la possibilité de réviser l'utilisation et la construction de cette "grammaire du transport et de la logistique".

Pour que cet ouvrage reflète le plus fidèlement possible la vision de la langue du transport et de la logistique que nous avons définie, le chapitre neuf propose un ensemble d'activités authentiques, fondées principalement sur les problèmes de transfert d'informations, qui mettent en œuvre les différents aspects de la compétence linguistique que cet ouvrage s'est efforcé de présenter.

Cette nouvelle édition inclut un lexique complet anglais/français/anglais répertorié par ordre alphabétique, venant compléter les fiches terminologiques thématiques associées aux différents chapitres.

Signalons pour conclure que ce livre sera utilement complété par un CD-ROM[1] d'auto-formation qui en reprend les grandes lignes et intègre un ensemble de documents authentiques, associés aux exercices d'apprentissage, sur support texte, audio et vidéo.

1. Distribué par Learning Labs,
Le Vaisseau – 120,bld Amiral Mouchez – 76600 Le Havre.
Tél. : 02.35.24.76.31./e-mail : LearningLabs@compuserve.com

L'ANGLAIS DU TRANSPORT INTERNATIONAL ET DE LA LOGISTIQUE : CULTURE ET COMMUNICATION

Introduction

Responsable de plusieurs formations en anglais du transport, j'ai dû proposer à mes étudiants un modèle de langue sensé correspondre à celle pratiquée par les membres de la communauté professionnelle dans ce domaine.

L'une des difficultés à établir ce modèle réside dans sa nature fluctuante : si toute langue reflète une réalité (fonction définitoire de la langue), tout changement dans le milieu du transport trouve son reflet sur le plan linguistique.

Une autre particularité de cette langue réside dans son adaptation aux différents secteurs d'activité, aux entreprises, mais aussi aux niveaux hiérarchiques au sein d'une même entreprise.

L'observation des divers types de communication dans le milieu du transport international (télex, puis télécopie, courriers, presse spécialisée, téléphone, relations opérateurs – transporteurs à différents niveaux, etc.) fait ressortir une forte disparité communicationnelle et linguistique qui pose une question essentielle pour les formations professionnelles : existe-t-il vraiment une communauté du transport comme on le pense couramment ? L'étude de la langue permet-elle de dégager une réelle communauté culturelle, malgré la disparité des acteurs ?

Par voie de conséquence, quelles perspectives l'étude de cette communication professionnelle dégage-t-elle pour ce qui touche aux orientations des formations en langue ?

Pour suggérer une réponse à ces questions, je commencerai par brosser un portrait linguistique du monde du transport, avant d'en tirer des conclusions d'ordre plus didactique.

1. Langue et identité

L'utilisation de la langue comme marqueur sociologique répond à une constante que l'on retrouve, sous une forme ou une autre, dans les diverses approches linguistiques qui se sont succédé.

"*Une langue est l'idiome d'une nation*", déclarait déjà l'Universalis au XIXe siècle. Au début de ce siècle, l'américain Sapir percevait une parenté entre phénomènes linguistiques et phénomènes culturels, alors que l'anthropologue anglais Malinowski, étudiant les sociétés primitives, concluait à l'étroitesse des liens unissant culture, coutumes tribales et expression verbale.

Cette vision fonde d'ailleurs l'approche sociolinguistique, dont la fonction est de proposer des concepts, des mécanismes et des informations systématiques pour l'étude d'une langue dans une matrice sociale, culturelle et interpersonnelle [Stern 1983, p. 42]. Langue, culture et société sont aujourd'hui intimement liées : *La société, la culture ne sont pas présentes avec la langue, à côté de la langue, mais dans la langue* [Baylon, 1991, p. 32].

La langue prend ainsi une dimension plus large que celle, purement systémique, accordée par Chomsky, et qui marque encore de nos jours la perception commune de la langue dite "de spécialité", réduite à un simple lexique spécifique.

S'il existe bien un tel lexique, celui-ci ne suffit pas à notre propos. Pour tenter d'analyser plus finement la nature de la communauté en question, il convient d'élargir le système linguistique à la notion de communication.

La composante culturelle est un élément indissociable du processus communicatif... toute communauté culturelle repose sur un jeu de pratiques et de rites qui organisent l'activité communicative [Gschwind-Holtzer 1981, p. 19].

Depuis la mise en évidence de ce qu'Austin et Searle ont appelé les "actes de langage", l'activité communicative est maintenant décrite comme un processus complexe d'énonciation organisant, schématiquement, l'interaction entre quatre composantes majeures :

- le locuteur (statut social, *self-image*,...) ;
- l'intention du locuteur ;
- l'interlocuteur (statut social, image formée dans l'esprit du locuteur,...) ;
- l'effet produit par la parole sur l'interlocuteur.

Utiliser une langue à bon escient consiste à savoir se situer par rapport à une situation et un interlocuteur donnés, ce qui implique de connaître les pratiques langagières de la communauté. Ceci implique aussi de partager le même code linguistique.

La langue est donc à la fois le garant d'une identité culturelle et un moyen de communication.

Dans le cas qui nous occupe, la communauté socioprofessionnelle est caractérisée à la fois par un secteur d'activité commun et une diversité culturelle (nationalités différentes des acteurs). Ceci ne va évidemment pas sans poser le problème de codage culturel de l'anglais international utilisé comme vecteur commun de la communication professionnelle.

2. Le monde du transport international

2.1. Une communauté professionnelle

Sous l'étiquette "communauté" se cache, en fait, une palette variée d'opérateurs.

Outre la nationalité des opérateurs, cette variété correspond, tout d'abord, aux secteurs d'activité concernés : transitaires, agents maritimes, opérateurs aériens, ferroviaires, routiers, entreprises de manutention, d'entreposage, etc., forment chacun un maillon de la chaîne du transport. En ce sens, pour être efficaces, tous doivent être à même de communiquer au moins avec les maillons situés immédiatement en amont et en aval, puisque seule la marchandise transportée constitue l'élément commun de leur fonction.

À l'intérieur de chaque secteur d'activité, il convient ensuite de distinguer les différents niveaux hiérarchiques au sein de l'entreprise : le technicien de maintenance, le lamaneur, le commercial, le cadre ou le directeur d'agence n'entretiennent pas tous avec leurs interlocuteurs les mêmes rapports. Ces rapports seront, pour les uns, plus essentiellement fonctionnels : désigner une pièce, une manœuvre, un colis… Pour les autres, ils intégreront une composante interpersonnelle plus développée : négociation, réception de clients, invitations au restaurant et autres relations sociales.

Cette distinction au niveau de la situation hiérarchique se double d'une différentiation au niveau des fonctions professionnelles : si certains opérateurs sont plus sollicités par des communications téléphoniques factuelles (renseignement sur la marchandise, un conteneur, …), d'autres doivent être à même de suivre les évolutions technologiques et méthodologiques relayées par la presse spécialisée internationale.

Dès lors, le terme de communauté se définit par rapport à deux éléments fondamentaux :

- la marchandise transportée, seule raison d'être de la chaîne du transport ;
- la langue utilisée, vecteur de la communication.

Si nous acceptons l'idée que *nous sommes la langue que nous parlons* [Zähner 1995, p. 47], peut-on trouver, au sein de la variété socioprofessionnelle une unité linguistique, ou sommes-nous au contraire confrontés à une pluralité linguistique, ou communicationnelle ? Ne faudrait-il pas plutôt considérer ce “milieu” au sens premier du terme, c’est-à-dire comme une zone de recoupement entre des microcosmes différents ? Le fondement des formations professionnelles dépend de la réponse à cette question.

Celle-ci se double d’ailleurs d’une seconde : en passant du culturel à l’interculturel, la langue de spécialité qui définit cette communauté devient-elle essentiellement une langue véhiculaire ou garde-t-elle une valeur identitaire par rapport à la (aux) communauté(s) qui l’utilise(nt) ?

2.2. Un espéranto moderne

Trois grandes raisons semblent expliquer le rôle prépondérant de l’anglais dans le monde du transport international :

• une raison historique : l’empire britannique peut être considéré comme le premier exemple des empires modernes, fondé sur le commerce et les échanges internationaux. Du fait de son insularité, la langue du commerce fut dès l’origine marquée par le transport maritime. De même, c’est en Angleterre que virent le jour diverses activités associées au transport (l’assurance en particulier, avec la compagnie Lloyds). Le monde du transport moderne reste imprégné de cette histoire récente.

• une raison linguistique et philosophique : l’échec de l’espéranto comme langue internationale, reflet d’une utopie humaniste et cosmopolite, a démontré l’impossibilité de plaquer une langue artificielle, c’est-à-dire dénuée de toute connotation culturelle, sur une communauté, fut-elle en marge des groupes nationaux traditionnellement associés à la notion de langue. L’espéranto, pourtant conçu par son créateur *comme la solution aux problèmes de la communication mondiale, une langue universelle à laquelle tous les hommes auraient accès, une langue “neutre”* [...] *n’était la langue maternelle d’aucune communauté nationale, son acquisition ne procurait aucun avantage particulier.* [...] *Cette planification a échoué et peut être considérée comme un exemple d’une solution purement linguistique qui ignore les aspects sociaux de la situation* [Baylon 1991, p. 180].

• une raison économique vint naturellement occuper le vide laissé par l’expérience malheureuse de l’espéranto : l’essor économique des États-Unis fut relayé par un impérialisme linguistique. La langue de l’Amérique fut à juste titre vécue comme le véhicule d’une culture dont l’exportation favoriserait les intérêts nationaux.

Pour autant, l’anglais utilisé dans le monde du transport ne reflète pas exactement les limites des langues nationales. Si la marque américaine est notable (dans les domaines les plus récents en particulier – aérien, conteneurisation), le poids de l’histoire garde à la variété britannique une place indéniable, particulièrement dans le monde maritime.

Est-ce à dire, avec L. Guespin, que cet anglais international s'est entièrement dépouillé de ses oripeaux d'origine pour devenir, en quelque sorte, une langue artificielle *parlée à des fins purement utilitaires par des professionnels insoucieux de culture linguistique* ? Est-ce à dire qu'il s'agit d'une langue *appauvrie de communication internationale, parlée ou écorchée par des centaines de millions de locuteurs* ? [Guespin, 1989].

Il semble qu'une telle affirmation, pour ce qui touche à notre propos, soit quelque peu péremptoire. Certes, la culture nationale véhiculée par l'anglais "original" (de quelque variété qu'il s'agisse), est, dans une certaine mesure, estompée. N'oublions cependant pas, à titre d'exemple, que le monde des échanges internationaux est régi par une vision juridique anglo-saxonne exigeant de la part des intervenants une maîtrise linguistique autant que culturelle.

D'autre part, l'étude de la langue effectivement utilisée dans le monde du transport fait émerger l'existence d'une culture fondée sur des rôles socioprofessionnels, qu'il convient d'affiner.

3. La langue du transport international

La description de la langue du transport qui suit ressort de l'étude des situations de communication dans lesquelles l'anglais joue le rôle de médiateur, d'une part, et des documents authentiques représentatifs, tant écrits qu'oraux, de cette communication professionnelle, d'autre part. Cette étude, dont une première étape a été publiée en son temps [Bertin 1993, 1994], s'appuie en particulier sur une enquête menée auprès des professionnels du transport international. Elle permet de mettre en évidence des types de communication distincts.

3.1. Communication immédiate – différée

Une première distinction s'impose entre ce que j'appellerai une communication "immédiate" et une communication "différée".

La première est fondée sur des échanges immédiats d'information et repose principalement sur des moyens de communication de type téléphone, fax ou télex. Elle correspond le plus souvent à des situations de questionnement relatif à une opération en cours, qui ne souffre aucun délai de transmission.

Elle s'oppose à une second type de communication, fondée sur des média de type "papier" (formulaires, mais aussi presse professionnelle) qui apportent à l'interlocuteur une information de fond et moins urgente, sur la marchandise ou les techniques de transport, permettant à l'opérateur de rester efficace et compétitif.

De manière globale, il ressort de l'étude un certain équilibre entre les deux types de communication.

3.2. Communication minimale – élaborée

En complétant l'étude des documents authentiques écrits par des entretiens avec des opérateurs divers, une autre distinction s'établit entre communication "minimale" et communication "élaborée", qui représentent en fait chacune les deux extrémités d'un axe formant un continuum.

Une communication minimale verra ainsi le jour entre des opérateurs aux fonctions généralement manuelles (*blue-collar*) – lamaneurs, équipes de remorquage, manutentionnaires – dont les rapports avec des interlocuteurs étrangers se résument à des opérations techniques ou ponctuelles. Cette communication se définit le plus souvent comme un ensemble de termes décrivant chacun un objet ou une fonction précise. Le lexique y tient une place prépondérante, à l'inverse de la syntaxe, réduite à sa plus simple expression. Les domaines abordés restent limités à l'action à effectuer.

Mais on pourrait également classer de ce coté de notre axe certaines situations de communication mettant en présence des opérateurs dont la maîtrise de l'anglais provient souvent d'un apprentissage "sur le tas" et dans lesquelles le message transite plus par une succession de termes que par une réelle syntaxe, cette dernière étant généralement calquée sur la langue d'origine.

Cette extrémité de notre continuum pourrait aisément s'assimiler à un code plus qu'à une réelle langue, à laquelle l'aspect élaboré fait défaut.

L'autre extrémité de notre axe est représentée par une communication mettant en scène des interlocuteurs nécessitant une bonne maîtrise de la langue, pour un échange élaboré d'informations. Une variante correspond à des situations (réceptions, négociations,...) dans lesquelles l'image que donne chacun des interlocuteurs peut avoir un impact sur l'issue de la discussion, la signature d'un contrat, la perception de l'entreprise...

Cette situation concerne plus les cols blancs et les échelons supérieurs de la hiérarchie de l'entreprise. Les domaines peuvent être variés et intégrer des aspects techniques autant que sociaux (*socialising*).

3.3. Structure de la langue

3.3.1. Savoirs

De manière évidente, tous les opérateurs ne recourent pas de manière indifférenciée aux quatre types de communication que je viens d'esquisser. La fonction dans l'entreprise, le niveau hiérarchique déterminent le locuteur tout autant que la communication dans laquelle celui-ci se trouve engagé : il s'agit là d'une confirmation des théories de l'énonciation. Les fonctions les plus élevées dans l'entreprise feront ainsi une plus large part à la communication différée et élaborée que les échelons inférieurs. Selon les circonstances, il sera toutefois important que l'image de l'entreprise (*corporate image*) véhiculée par un employé par le biais de sa maîtrise de la langue reste positive. En ce sens, la compétence linguistique minimale, admise par beaucoup, n'est pas toujours acceptable de la part d'un opérateur, même si l'objet de l'acte communicatif peut être atteint par ailleurs.

Une telle vision nous amène à définir la langue du transport comme essentiellement relative et variable selon les entreprises (domaines d'activité), les niveaux hiérarchiques et les fonctions. Si le cercle extérieur, dans le schéma qui suit, représente la langue de spécialité pour chacun des domaines ou des types de communication décrits, la zone centrale définit les compétences d'un opérateur donné. Ses contours varient en fonction des critères cités.

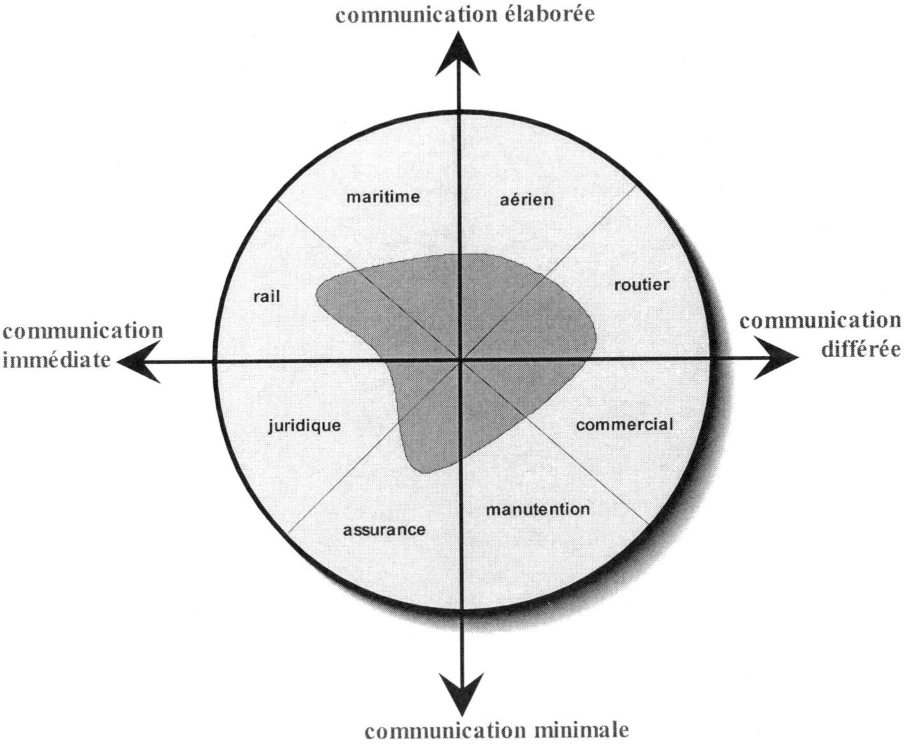

Fig. 1 : Représentation schématique de la langue du transport international

Si l'on peut encore parler d'une communauté sociolinguistique, celle-ci se définit surtout par une très grande individualisation de ses caractéristiques, d'une part, et par une nécessaire adaptabilité, dans la mesure où la flexibilité semble désormais être le pré-requis de tout employé. Tout changement d'entreprise, ou de fonction dans l'entreprise, entraînera nécessairement une redéfinition des besoins linguistiques en redessinant les contours de la zone centrale de notre schéma.

3.3.2. Savoir-faire

Contrairement à une idée largement répandue, la langue de spécialité ne saurait se résumer à un ensemble de savoir lexicaux spécifiques. La figure 1 montre à quel point celle-ci doit intégrer la communication dans son ensemble et répondre au modèle énonciatif.

Il convient de compléter la description des savoirs nécessaires par l'importance relative des savoir-faire spécifiques au monde professionnel qui nous occupe.

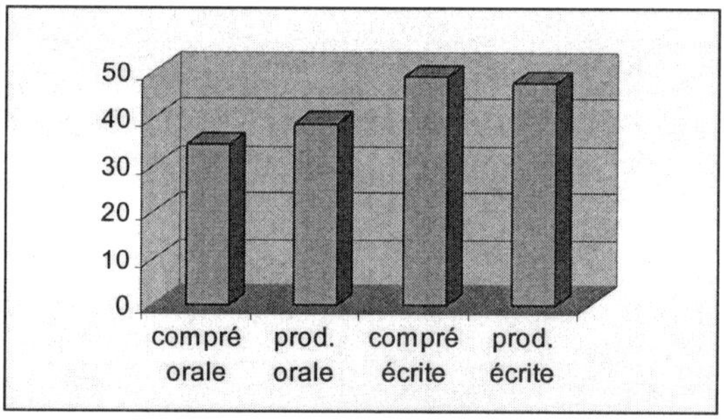

Fig. 2 : Importance relative des 4 savoir-faire

La figure 2 illustre l'importance relative des quatre savoir-faire traditionnels et met en évidence la domination de l'écrit, de manière générale : aucune des activités orales (production ou réception) n'atteint le niveau de leur équivalent à l'écrit. Ces constatations peuvent sembler surprenantes si on les compare au sentiment exprimé lors d'entretiens menés avec des étudiants en transport et des professionnels : la première impression fait toujours ressortir une prépondérance accordée à l'oral. Cette vision subjective, opposée aux conclusions d'une étude quantitative plus méthodique, peut révéler la crainte souvent ressentie devant la nécessité de s'exprimer oralement dans une langue étrangère.

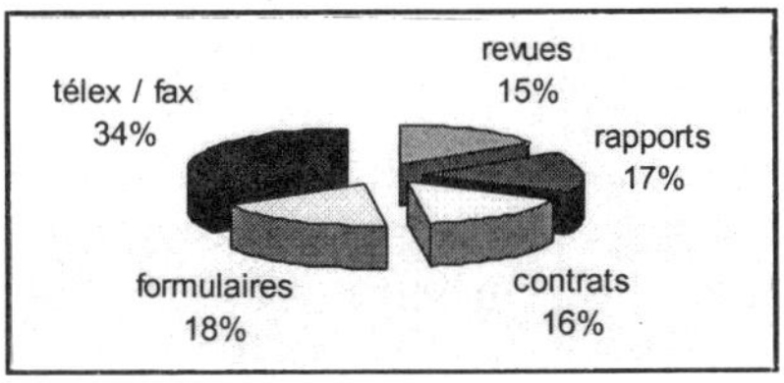

Fig. 3.a : Lire l'anglais

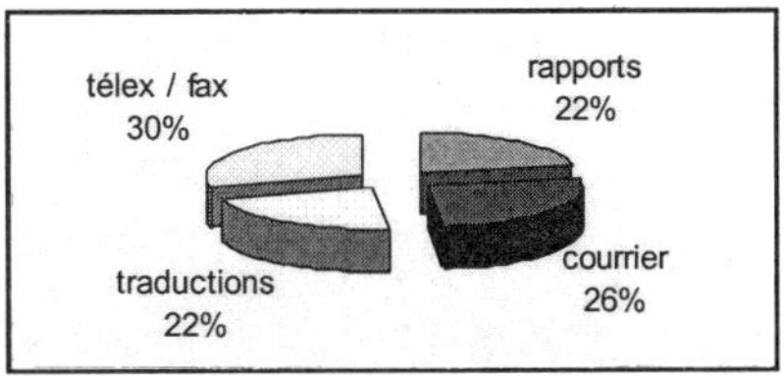

Fig. 3.b : Écrire l'anglais

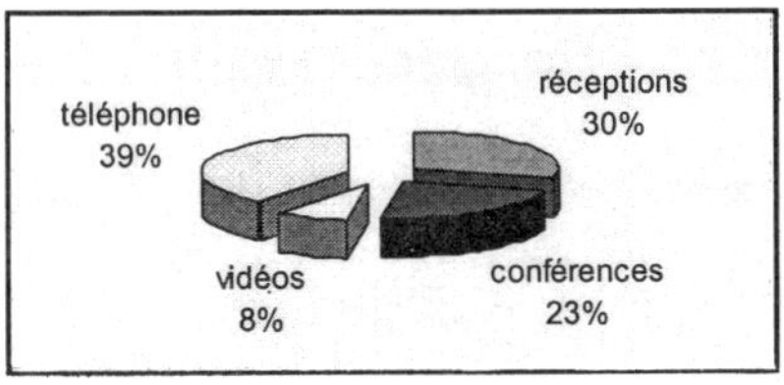

Fig. 3.c. : Comprendre l'oral

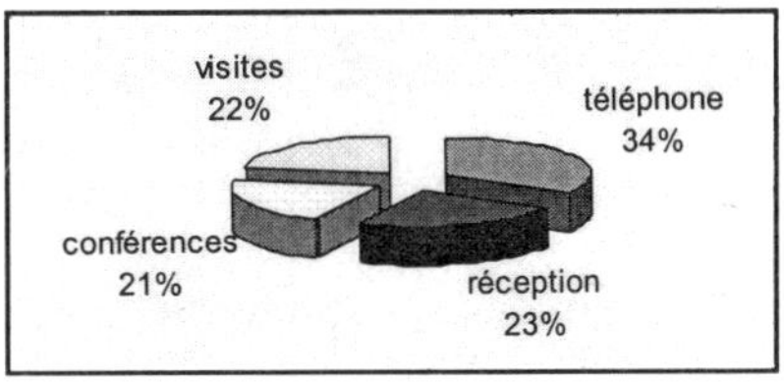

Fig. 3.d. : Parler l'anglais

Fig. 3 : "Interfaces utilisateurs" de l'anglais du transport

Cette apparente contradiction peut toutefois s'expliquer en observant la nature des situations dans lesquelles les opérateurs du transport recourent à l'anglais (interfaces utilisateurs). On remarquera que la plupart de ces situations impliquent une combinaison de plusieurs savoir-faire : un appel téléphonique, par exemple, correspond souvent à une demande ou fourniture d'informations contenues dans un document tiers (formulaire, télex, fax...) et s'accompagne volontiers d'une prise de notes, dont la matière sera utilisée pour remplir de nouveaux documents.

Ce qui ressort alors, plus que la domination de l'un ou l'autre savoir-faire, est leur imbrication au sein d'une même activité de communication. On pourra ainsi associer :

• lire/parler (ex. : répondre à une demande de renseignements à partir d'un dossier,...) ;
• écouter/lire (ex. : prise de notes au téléphone, rédaction de rapports ou de documents de transport,...) ;
• écouter/parler (ex. : téléphone, conversation,...) ;
• lire/écrire (ex. : prise de notes, rédaction de rapport ou de documents de transport...).

C'est bien l'interaction entre les différents savoir-faire, plus que leur liste, qui semble caractériser la communication au sein du transport international. En termes de tâches communicatives, c'est donc le transfert d'informations qui détermine le rôle de l'opérateur de transport, ce qui entraîne de sa part deux activités fondamentales :

• la sélection de l'information pertinente (compréhension) ;
• le réemploi de cette information sous une forme ou dans une fonction différente (production).

Si, comme nous l'avons vu, il est difficile de se représenter une réelle communauté à partir des éléments de langue relatifs aux seuls contenus, les contours d'une communauté se dessinent plus clairement dès que l'on aborde la langue en termes de fonction sociolinguistique.

Cette communauté sociolinguistique se fonde sur des "rituels socio-langagiers" et des "contrats" entre individus [Charaudeau, 1983] : la qualité syntaxique est jugée moins importante que la réalisation effective de l'acte de communication. Dès lors, la réduction de la langue à un lexique, voire à un "franglais" lorsque celui-ci envahit la communication interne entre opérateurs de langue française, (communication minimale) ne correspond pas à un simple code, puisque cette forme de communication est définie par un "accord" tacite entre les différents acteurs de la situation. Il conviendrait plutôt de parler de "jargon" au sens où ce terme se réfère à des *lexiques spécialisés appartenant à des groupes professionnels ou sociaux – expressions techniques ou "terminologie" pouvant devenir incompréhensibles pour le profane (les mots eux-mêmes peuvent n'être pas familiers ou être utilisés dans un sens différent) mais revêtant une valeur communicative immédiate pour les initiés* [Oxford Dictionary].

La variabilité formelle de la communication en anglais du transport international correspond bien à une adaptation socioculturelle aux situations dans lesquelles l'opérateur se trouve impliqué.

Si l'anglais utilisé a effectivement perdu une partie de son contenu culturel, ou national, il s'agit bien d'une langue au vrai sens du terme, puisqu'elle est est le reflet d'une culture socioprofessionnelle spécifique.

4. Perspectives de formation en langue

La variabilité de la communication, le poids de la culture professionnelle dans les habitudes langagières, posent un certain nombre de questions spécifiques en matière de formation.

La reconnaissance du statut de la communication minimale au sein de la communauté (qu'il s'agisse du seul jargon ou du recours au "franglais") soulève le problème de l'attitude à adopter pour le formateur en langue.

Si le professionnel cède à une mode ou à un critère "d'efficacité", le linguiste devra-t-il se contenter de décrire un état de fait, sans chercher à peser, pour les "améliorer" selon les critères de la langue générale, sur les habitudes langagières ? La langue qu'il proposera sera-t-elle descriptive ou normative (ce qui est effectivement dit ou ce qui devrait être dit) ? Le politique acceptera-t-il de voir "dénaturer" la langue générale qui forme le fondement de la langue de spécialité ou imposera-t-il une normalisation, voire une traduction officielle, qui ne conduisent, le plus souvent, qu'au rejet par la communauté socioprofessionnelle[1] ?

En terme de pragmatique, il conviendrait d'abandonner la position du linguiste traditionnel ou du grammairien pour adopter un angle d'observation différent, intégrant les données fondamentales de la communauté linguistique spécifique.

Dans une telle perspective, et sans reprendre ici une description proposée par ailleurs [Bertin, 1993], les observations qui précèdent entraînent plusieurs conséquences en matière de formation en langue de spécialité.

Nous avons mis en évidence l'impossibilité de définir un modèle fixe de langue du transport, en termes lexicaux et syntaxiques. La courbe descriptive varie dans de trop grandes proportions pour qu'il soit envisageable de définir un ensemble de contenus "nécessaires et suffisants", valable pour tous. C'est, par contre, sur le plan des savoir-faire fondamentaux que la communauté retrouve son identité.

De manière générale, on estimera donc qu'une formation en langue du transport suivra deux axes majeurs :

- apprendre à apprendre : développement de la capacité individuelle à faire face à des situations linguistiques imprévues ou nouvelles ;
- apprendre à réfléchir : développement des capacités de discernement afin de savoir repérer et isoler l'information requise au sein d'une situation globale.

De manière plus concrète, on pourra envisager la formation initiale comme un double apprentissage :

- **apprentissage de savoirs** : il s'agit ici de repérer les contours d'une compétence linguistique minimale à partir de laquelle le futur opérateur pourra construire sa propre compétence selon la fonction effectivement occupée au sein de l'entreprise. Cette compétence correspondrait au cercle central de la figure 4.

Sur le plan lexical, par exemple, il pourrait s'agir d'une maîtrise du vocabulaire relatif au monde de l'entreprise, à la description de la marchandise, de son conditionnement,...

Cette compétence linguistique intégrerait aussi une maîtrise de la syntaxe essentielle : fonctionnement du schéma de base de la phrase ("qui fait quoi ?" : Sujet – Verbe – Complément) et capacité à repérer les acteurs de la situation de communication.

1. Combien de termes, pourtant publiés régulièrement au Journal Officiel, sont effectivement utilisés par les acteurs professionnels ?

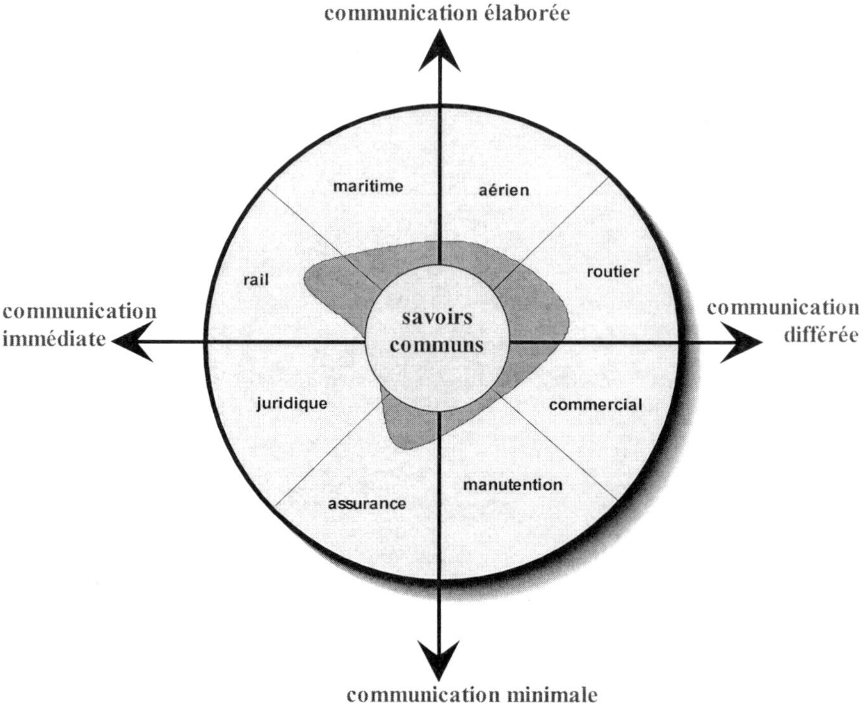

Fig. 4 : Repérage des savoirs pour une formation en langue du transport

• **apprentissage de savoir-faire**, dont la fonction est précisément de faire face au contexte spécifique dans lequel se situe l'opérateur, puis aux nouvelles situations auxquelles celui-ci se trouvera confronté au cours de sa carrière. Ces savoir-faire impliquent :

• la capacité à décoder les situations de communication (apprécier les rôles sociaux et les comportements sociolinguistiques rencontrés) ;

• la capacité à intégrer dans son comportement langagier les "nouveautés" repérées dans les nouveaux contextes communicationnels.

Ces perspectives impliquent de prendre en compte la réalité du monde professionnel, caractérisé par son évolutivité sur le plan des techniques et des pratiques. De même que les habitudes langagières actuelles reflètent une communauté d'acteurs et de pratiques professionnelles, tout changement technologique, pour ne prendre que cet exemple caractéristique, entraînera avec lui des évolutions sur le plan linguistique. Tel fut le cas de la révolution apportée par la conteneurisation, puis par l'échange de données informatisé (EDI). Quelle sera la prochaine révolution ?

Il importe donc de ménager l'avenir en développant le potentiel de formation permanente, qui devra apporter aux différents opérateurs le complément de connaissances rendu nécessaire par les dernières évolutions.

Une telle vision sous-entend que didacticiens et linguistes travaillent en partenariat avec le monde professionnel qu'ils observent et auquel ils forment les apprenants. Le présent ouvrage espère être une contribution en ce sens.

THE GOODS

I. Introducing vocabulary...

1. Various types of goods

International exchanges **involve** the transport of a large variety of **goods** whose nature varies according to the economies of their countries of origin. Roughly speaking, **less developed countries** (**L.D.C.'s**) mostly export their **produces** and **raw materials**, while a large part of industrialized countries' **exports** is made up of their **products** and **manufactured goods** – or "**processed goods**".

Examples of the first categories of goods would be **timber** (construction wood) and **logs** (tree trunks) from African ports (which can even be carried to these ports from **landlocked countries** – without any coastline), **ore**, **livestock** (live animals, cattle), not to mention **oil products** – or – "**petroleum products**" – (mainly **crude oil** although **refined oil** represents a **significant** part of the traffic), and **perishable goods** such as bananas and tropical fruits.

Developed countries more readily export the **output** of their industries and agricultures: **grain** and in a more general way **foodstuff** – possibly **processed** –, **chemicals** (including **NDC's** – **Non Dangerous Chemicals**), **valuables** of all sorts...

These goods are often classified in the shipping **trade** as "**general cargo**" – or "**mixed cargo**", "**break bulk cargo**".

A large part is even carried as **dry cargo** – or "**bulk cargo**" (not to be mistaken with "**bulky**" – or cumbersome – cargo) – when not **packaged** into **units**.

Vocabulary exercise

A. Can you fill in the gaps with the right expression?

(Use exclusively the vocabulary that has been introduced in this text.)

1. Corn, wheat, rice, etc.: ....
2. Products resulting from or used in industries dealing with chemistry: ....
3. Cargoes of tree trunks: ....
4. Objects or goods of a high value: ....
5. Wood suitable for building houses, ships, ... : ....
6. Shipments that are not packaged into units: .... cargoes.
7. Goods destined to the food industry or market: ....
8. A produce that has not been processed and which may be put to industrial use: ....
9. Domestic animals such as sheep, cattle,... : ....
10. Products resulting from an industrial process: .... goods.
11. Minerals from which metals can be extracted: ....
12. A cargo made up of various types of goods: .... cargo.
13. Goods that cannot be kept for a long time without deterioration: .... goods.

B. Can you match each picture with the corresponding expression?

A

B

C

D

E

F

G

Fiche terminologique

break bulk cargo	le divers
bulk cargo	le vrac
bulky	encombrant
bulky cargo	un chargement volumineux
chemicals	produits chimiques
corn (GB)	blé, céréales
corn (USA)	céréales
crude or refined oil	le brut/le pétrole raffiné
dry cargo	le vrac
exports	exportations
flour	farine
foodstuff*	denrées alimentaires
general cargo	le divers, marchandises non unitisées
goods (invar.)	marchandises
grain*	céréales
involve (to)	impliquer
landlocked (countries)	pays sans façade maritime
less developed countries (L.D.C.'s)	pays en voie de développement
livestock, cattle*	bétail
logs	billes de bois, grumes
manufactured goods	produit (manufacturé)
mixed cargo	le divers
NDC* (non dangerous chemicals)	produits chimiques non dangereux
oil (crude oil)	brut (pétrole)

oil (refined oil)	pétrole raffiné
oil products	produits pétroliers
ore (iron,...)	minerai (fer,...)
output	production, sortie, résultats
package (to)	conditionner
perishable goods*	denrées périssables
petroleum/oil products	produits pétroliers, hydrocarbures
process (to)	transformer (des marchandises)
processed/manufactured goods	produits (manufacturés)
produce (natural)	un produit (naturel)
product (manufactured)	un produit (manufacturé)
raw material	matière première
rice	riz
significant	important, significatif
timber	bois de construction
trade	commerce
unit	unité
valuables*	denrées de valeur
wheat	blé

Commentaires

NOTE GÉNÉRALE : ATTENTION, la plupart des termes décrivant des marchandises et des matériaux sont considérés en anglais comme des mots abstraits, et ne prennent donc pas d'article : *grain, wood, cattle,...*

- *cattle* : le mot est singulier, mais revêt un sens pluriel. On peut également parler de *heads of cattle.*
- *foodstuff* : mot singulier, qui revêt un sens pluriel.
- *grain* : s'emploie au singulier.
- *NDC* : comme pour toutes les abréviations anglaises, le pluriel se marque par la forme "s" : *NDC's can be stored with only minimum precautions...*
- *perishable goods* : voir les remarques sur l'emploi de *goods.* Dans certains documents professionnels, on peut trouver aussi la forme *perishables* (comme *valuables*).
- *valuables* : ce nom commun s'emploie au pluriel. Ne pas confondre avec l'adjectif qualificatif *valuable* (invariable, comme tout adjectif anglais).

2. Packaging

One of the requirements for the safe transport of **commodities** is the **packaging**, which must be adapted to the specific goods (some goods, for example, require **airtight** or **waterproof** packaging to avoid damage). Different commodities may however be **packed** together if they are of the same type.

To make **handling operations** (also called "**goods handling**" or "**stevedoring**") easier, goods tend to be more and more despatched in **unit loads**, i.e. **standardised parcels**. Hence, the evolution has been towards the packaging of smaller parcels into **pallets** and **crates**, of liquid cargoes into **drums**, of such goods as cotton or **flour** into **bales** or **bags**, which are all much more convenient to handle and **stow** in the ship's **hold**.

Some parcels must bear special signs indicating their **contents** or warning **stevedores** against **rough handling**. These signs may be **stencilled** directly on the parcel or **displayed** on a **label**. For example, "**D. G. Labels**" (Dangerous Goods Labels), "**to be kept dry**", "**keep in cool place**", indicate these parcels should be placed in specific places aboard the ship. Other labels are indications to handling operators: "**this side up/down**", "**handle with care**", "**no hooks**", etc.

The development of containers seems to have been the most striking feature of the evolution of packaging in recent years.

Easy handling and stowing explain their rapid growth, but so does the range of possibilities they offer: **standardised containers** (**20-footers, TEU's**) are available for goods of all types and specific types can be resorted to for special shipments.

A single shipper may need a complete container (**FCL/Full Container Load**) or only part of it, in which case consolidation – or "**groupage**" – will take place with several shipments (**LCL/Less than Container Load**). Packing a **consignment** into a container is the **stuffing** operation, carried out in the **stuffing shed**. The opposite operation is referred to as **stripping**.

Labels placed one each container should indicate a number of information: **measurements** – or "**dimensions**" –, **payload, tare weight, gross weight** and **net weight**. Each **box** should also bear a **date plate** as well as a **CSC plate** (**Container Safety Certificate**) to indicate it conforms to approved **standards** of safety.

On arrival in the terminal, containers are generally stored in the **marshalling area**, where they can be collected by consignees or transport operators. If a few containers prove to be in a bad **state of repair**, they may have to be sent to a specialist firm in order to be repaired – or "**refurbished**".

Vocabulary exercise

A. Can you fill in the gaps with the right expression?

(Use exclusively the vocabulary that has been introduced in this text.)

1. To place commodities in a box, container, etc, so that they can be handled more conveniently: to .... goods.
2. A word describing every item placed in a parcel or a container: the ....
3. The weight of a container's load: the ....
4. To group commodities into units for shipment: to ....

5. The overall weight of the parcel: the ....
6. The act of transporting goods from various shippers in the same container: ....
7. The act of removing the goods from the container: to ....
8. A low, wooden platform on which goods are stacked for shipment or storage in a warehouse: a ....
9. A box or case made of strips of wood for packing things to be shipped: a ....
10. A parcel that must not let any water in is said to be ....
11. A label indicating that the commodity can be damaged by heat: "..........".
12. The act of filling a container with goods: to ....
13. A label indicating that the commodity can be damaged if no special precaution is taken: ".........."
14. Barrel-shaped parcels: ....
15. A general word for any quantity of packed commodities: a ....
16. Goods packaged according to generally accepted standard that make handling operations easier: ....
17. The place where containers, parcels, etc., are stored and classified according to their destination: the ....
18. The activity consisting in loading or unloading goods: ....
19. A label indicating that the commodity can be damaged by water or dampness: "..........".
20. A label indicating that the parcel should not be hanged directly to the crane without using a sling: "..........".
21. The premises where containers are prepared and loaded with goods before shipment: the ....
22. If not shipped as bulk goods, grain, flour, etc., should be packed in ....
23. Goods such as cotton, wool, etc., may often be packaged into ....

B. Can you match the following definitions with the right type of container?

reefer – flat – collapsible – insulated – cradle – refrigerated - standardized – open-top – tilt-design – box – ISO – tank.

1. A container whose top can be removed: an .... container.
2. A container consisting only of its lower base: a .... container.
3. A simplified container whose function merely consists in supporting large or bulky consignments: a .... container.

4. A container that conforms to a number of accepted specifications: a ………. container.
5. A container whose top can be covered by plastic, canvass, or any other material: a ………. container.
6. A container designed for liquid cargoes: a ………. container.
7. A container whose sides can be lowered: a ………. container.
8. A container designed to carry goods at a fixed temperature: a ………. container.
9. A container designed to carry goods at a low temperature: a ………. container.
10. Another name commonly given to a container: a ………

C. Can you match each picture with the corresponding expression?

A

B

C

D

E

F

G

H

I

1. box –……
2. container –……
3. carton –……
4. bale –……
5. barrel –……
6. drum –……
7. pallet –……
8. bag –……
9. crate –……

Fiche terminologique

20-footer, T.E.U.	équivalent 20 pieds, T.E.U.
airtight*	hermétique
bags	sacs
bale	balle
box	boite, conteneur
bundles	fardeaux, balles
collapsible container	conteneur pliant
commodity	denrée, marchandise
consignment	envoi, expédition, colis
consolidation/groupage*	le groupage
containers, boxes	conteneurs
contents (plural)*	le contenu
cradle container	conteneur berceau
crates	caisses à claire voie
CSC plate (Container Safety Certificate)	plaque CSC
damp, dampness	humide, humidité
date plate	la plaque d'identification
D.G. Labels (dangerous goods)	étiquettes de marchandises dangereuses
dimensions	dimensions
display (to)	afficher
drums	fûts
FCL (Full Container Load)	conteneur complet
flat-bed container	plateau sans montant
flat containers	conteneurs plateforme
flat-rack container	plateau avec montants
flour	farine
goods handling*	la manutention
gross weight	le poids brut
groupage	groupage
handling operations	la manutention
heavy lift	colis lourd
hold	cale
inflamable*	inflammable

insulated container	conteneur isotherme
labels	étiquettes
"handle with care"	"fragile"
"keep in cool place"	"craint la chaleur"
"this side up/down"	"haut/bas"
"to be kept dry"	"craint l'humidité"
"no hooks"	"pas de manutention aux crocs"
LCL (Less than Container Load)	conteneur de groupage
line (to)	poser un revêtement intérieur
lining (container)	revêtement
manhole	trappe de visite
marshalling area	l'aire de triage
measurements/dimensions	dimensions
net weight	le poids net
open-top container	conteneur à toit ouvert
opening-top container	conteneur à toit ouvrant
packaging/to package	conditionnement, conditionner
packing/to pack	l'emballage, emballer
pallets	palettes
parcels	les colis
payload	la charge utile
process (to)	transformer, traiter
range	gamme
reefer*	conteneur réfrigéré
refrigeration unit*	groupe de réfrigération
refurbish (to)	remettre en état, réparer
refurbishment	remise en état
remove (to)	enlever, emporter
rough handling	manutention brutale
rough weather	mauvais temps, gros temps
solid-bodied container	conteneur rigide
standardised container	conteneur aux normes ISO
standardised parcel	colis normalisé
standards*	les normes
state of repair	état (d'un conteneur...)

stencil (to)	marquer au pochoir
stevedore	docker, manutentionnaire
stevedoring*	la manutention
stow (to)	arrimer
strip (to) a container	dépoter un conteneur
stripping*/devanning (US)	le dépotage
stuff (to) a container	empoter un conteneur
stuffing*	l'empotage
stuffing shed	le hangar d'empotage
suitable	adapté
tank container	conteneur citerne
tare weight	la tare
TEU (Twenty-foot Equivalent Unit)	Équivalent 20 pieds (EVP)
tilt design coutainer	conteneur bâché
unit	une unité
unit loads, unitized goods	marchandises unitisées, pallettisées
ventilated container	conteneur aéré
waterproof	étanche

Commentaires

- *airtight* : mot composé à partir de l'adjectif *tight* (serré). Voir également *watertight* (étanche).
- *consolidation/groupage.*
- *contents* : habituellement au pluriel en anglais.
- *handling, goods handling, stevedoring* : expressions abstraites : (pas d'article en anglais).
- *inflamable* : normalement adjectif. Peut se rencontrer dans certains documents professionnels sous la forme nominalisée *inflamables.*
- *reefer* : noter également les expressions :
  * *reefer machinery* (ou "*refrigeration unit*") : groupe de réfrigération.
  * *reefer plug* : point d'alimentation pour conteneur réfrigéré.
- *refrigeration unit* : également *reefer machinery.*
- *standards* : noter aussi *standardisation* (mot abstrait, sans article en anglais) : normalisation, mise aux normes.
- *stripping/stuffing* : mots abstraits, sans article en anglais.

3. Insurance

Sending goods by sea, air, road or rail makes it necessary to **take out** an insurance – or "**get insured**", "**subscribe a policy**" – **with** an insurance company **against** any risk during transport. Shippers need not contact the **insurer** directly (or the **underwriter**, as they are often referred to in **marine insurance**), instead, they can get in touch with an insurance **broker** who will act as a **middleman** between the company who will **issue** the policy and the **insured party** – or "**policy holder**".

When subscribing a policy, the shipper must make sure that the **terms of the policy**, or **contract, cover** all the risks that may occur. In particular, he must be aware of the distinction between the **current value** – or "**present value**" – of the goods and their **insured value**. In case of **damage***, the **compensation** may vary significantly according to the terms of the policy agreed on. However, should the subscriber desire an alteration to these terms, he can still ask his company for an **addendum** – or "**amendment**", "**endorsement**" – to the original contract.

Together with the risks covered, the policy should define the price to be paid by the insured party (the "**premium**"), the amount of the **franchise** for any damage and the **date of expiry** of the policy. Most often, you can **renew** a policy yearly by **mutual consent** of the two parties. However, any of the parties can decide to **cancel** the policy by sending a **letter of cancellation** to the other party at, say, a month's **notice**.

When an **average** takes place, the insured party will send the insurer a **claim for damages** – also called "**notice of claim**" or "**notification of loss**". In order to **meet this claim** – or "**settle the claim**" –, the insurer will ask a **surveyor** to **assess the damage** in a **survey report**. The **compensation** will vary according to the degree of the damage and whether it be **partial** or **total loss**.

The surveyor will also have to define the **liabilities**. When an **Act of God** (when nobody can be held responsible for the average) is recognized, for example, one of the parties may **disclaim any liability** for the loss. Sometimes, the ship's captain may have had to decide to **jettison** the cargo in order to prevent **shipwreck** (prevent the ship from **sinking** or **running aground**), which would have resulted in higher damage, i.e. the ship becoming a **wreck** – or "a

complete waif". (Note that for cars or lorries, the insurance company would refer to a complete waif as a "**write-off**".)

In some cases, the insured party may prefer the compensation to keeping the damaged goods, in which case he will **abandon** the goods to the company.

Should the insured party make an **erroneous statement** to his insurance company in the hope of receiving a larger compensation, the insurer will consider this a case for **litigation** and may **bring an action** against the party at fault.

Note

➜ *damage : invariable in this meaning; not to be mistaken with "damages", explained later on in the text.*

Vocabulary exercise

Can you fill in the gaps with the right expression?

(Use exclusively the vocabulary that has been introduced in this text.)

1. An insurance especially related to the shipping business: a .... insurance.
2. A synonym for an insurance "contract": an insurance ....
3. A synonym for "an insurer" commonly used in the shipping business: an ....
4. The man who acts as a middleman between the client and the insurance company: the (insurance) ....
5. The estimated value of insured goods: the .... value.
6. The action of insuring goods with a company: to ....
7. The person – or firm – who signs an insurance contract is referred to as the ....
8. The conditions of the contract are referred to as the .... of the ....
9. The date when the insurance contract comes to an end is the .... of the ....
10. When you .... the ...., you are in fact extending the period of validity of your contract.
11. An alteration to an existing contract is called an .... to the ....
12. The act, for one of the parties, to interrupt the insurance contract: to .... a .... In this case, a letter of .... is sent to the other party concerned.
13. The sum paid by the insured party to the company: the ....

14. The sum paid by the company to the insured party after an accident: the ....
15. In case of accident, the insured party should send the company a .... to state the facts.
16. The company will then delegate a .... who will study the case and ....
17. He will write a .... to the company who will then be able to ....
18. The act of not feeling responsible for an accident: to .... any .... for the accident.
19. Sometimes, a wreck cannot be repaired; it is then considered a ....
20. If the notification of loss turns out to be untrue, the insurance company may .... against the insured party for making an ....
21. When the two parties do not agree on the responsibilities for an average, it is a case of ....
22. One of the main dangers for a vessel sailing in bad weather not far from the land is to ....
23. In case of serious danger, the captain may decide to ...... the cargo to avoid severe damage to the ship and crew.
24. In Marine Law, a loss incurred by damage to a ship at sea or its cargo is called an ....

Fiche terminologique

abandon (to)	abandonner la cargaison aux assureurs
abandonment	l'abandon aux assureurs
Act of God	cas de force majeure
Act of the Queen's Enemies	un fait de guerre
addendum to	avenant au contrat
amendment to	avenant au contrat
assess the damage (to)	évaluer un sinistre
average (an)	avarie, sinistre
bring an action against (to)	entamer une procédure contre…
broker	courtier
cancel a policy (to)	résilier un contrat
claim for damages	déclaration de sinistre
client*	un client (jurid.)

come to an end (to)	expirer, venir à terme
compensation	l'indemnité
complete waif	épave non récupérable
contract	un contrat
cover (to)	couvrir (un risque)
current/present value	la valeur vénale
damage (singular)*	les dommages subis
damages (invar.)	dommages et intérêts
date of expiry	date d'expiration
disclaim any liability (to)	décliner toute responsabilité
endorsement to	avenant au contrat
erroneous statement	déclaration erronée
expiry of a policy	l'échéance d'un contrat
extend (to)	prolonger
flotsam	épave flottante
franchise	franchise
general average	une avarie commune
get insured (to)	s'assurer, souscrire une assurance
incur a loss (to)	subir une perte
insurance*	l'assurance (en général)
insurance broker	un courtier en assurance
insured party	l'assuré
insured value	la valeur assurée
insurer	un assureur
issue (to)	émettre
issue a policy (to)	émettre une police
jetsam	épave, objet rejeté à la côte
jettison the cargo (to)	jeter la cargaison par dessus bord
letter of cancellation	avis de résiliation
liability*	responsabilité
litigation*	des litiges
loss*	la perte
marine insurance	l'assurance maritime
meet a claim (to)	régler un sinistre
middleman	intermédiaire
mutual consent	consentement mutuel

notice (at a month's notice)	préavis (d'un mois)
notice of claim*	déclaration de sinistre
notification of loss	déclaration de sinistre
partial loss	perte partielle
policy	une police d'assurance
policy holder	l'assuré, le titulaire de la police
premium*	prime d'assurance
present value	valeur vénale
renew (to)	renouveler, reconduire
renew a policy (to)	renouveller, reconduire
run aground (to)	s'échouer
settle a claim (to)	régler un sinistre
shipwreck	naufrage
sink (to)	sombrer, couler (navire)
subscribe a policy (to)	s'assurer, souscrire une assurance
survey report	rapport d'expertise
surveyor	expert
take out an insurance (to)	s'assurer, souscrire une assurance
... with a compagny	... auprès d'une compagnie
... against a risk	... contre un risque
terms of the policy	clauses du contrat
total loss	perte totale
underwriter*	un assureur maritime
wreck	épave
write-off (for cars especially)*	épave non récupérable (automobile)

Commentaires

- *average* : nom commun. Le sens est spécifique au domaine de l'assurance. Le sens courant de *average* est "la moyenne".
- *a client* : ce mot est particulièrement utilisé dans la langue juridique. Pour décrire la relation commerciale, on lui préfèrera le terme *customer*.
- *damage* : mot abstrait, singulier (pas d'article en anglais). Ne pas confondre avec *damages*, toujours au pluriel : les dommages et intérêts.
- *insurance* : mot abstrait : s'emploie sans article. Ne pas confondre avec *an insurance policy*.

- *liability*: mot abstrait (pas d'article en anglais). Ne pas confondre avec le nom pluriel *liabilities* (langue commerciale) : les dettes, le passif d'une entreprise. Noter aussi *responsibility* : attention à l'orthographe !
- *litigation* : mot singulier, à sens abstrait (pas d'article en anglais).
- *loss* : attention à ne pas confondre *loss* (la perte) et *lost* (participe passé de *to lose* (perdre).
- *a notice of claim* : noter également : *to claim* (réclamer), *a claim* (une réclamation), et *the claims department* (le service contentieux).
- *premium* : ne pas confondre avec *compensation*.
- *an underwriter* : terme employé plus spécifiquement dans le maritime. Il trouve son origine dans le fonctionnement particulier de la compagnie britannique Lloyd's.
- *a write-off* : s'emploie normalement pour un véhicule routier.

II. Reading texts

1. Environment, storage and packaging

The adequate **siting** of **warehouses** and **depots** can result in more **environmentally friendly** and **cost effective** use of road haulage. Another major **issue** for **storage** is the use of CFC's in refrigeration units. Some large firms have **discarded** their old refrigeration systems in favour of the least ozone-depleting CFC or ammonia, which, in spite of its being a dangerous **chemical requiring** careful **handling**, is harmless to the environment.

With a similar idea in mind, paper consumption can be reduced in many ways. For example, special computer software can indicate how to **stuff** as many **items** as possible into one single container, according to **size** and **shape** of the **parcels**. Recyclable **packaging** and **wrapping materials** can be used wherever feasible. The adoption of the latest information technology also means that companies can now find it possible to move towards **paperless** distribution operations.

Comprehension exercise

Choose the correct answer

1. Right or Wrong?

   Warehouses have now become environmentally friendly thanks to road transport.

2. Right or Wrong?

   A correct location of storage areas can reduce road transport costs.

3. Right or Wrong?
   CFC is the name of a large transport firm specialising in refrigerated goods.
4. Right or Wrong?
   CFC requires careful handling.
5. Right or Wrong?
   It should be very easy for manufacturers to reduce the use of paper.
6. Right or Wrong?
   Computers can be used to optimize container loading operations.
7. Right or Wrong?
   It is now possible to avoid using any paper at all for wrappings and packagings.

Vocabulary exercise

Can you fill in the gaps with the right expression?

(Use exclusively the vocabulary that has been introduced in this text.)

1. Depots should be .... in such a way as to reduce road transport costs.
2. A system that creates no damage to nature is said to be ....
3. The storage of dangerous chemicals represents an important .... for warehousing companies.
4. Chemicals such as ammonia .... very careful ....
5. Some computer software have been designed as aids for container .... operations.
6. Computerisation should rapidly result in .... distribution operations thanks to electronic data interchange.
7. A system that allows for cost savings is said to be ....

2. The Lloyd's

Although its main activity relates to **marine insurance**, you can **insure against** any risk at Lloyd's provided you are prepared to pay the **premiums**. You can **subscribe a policy** near an **underwriter** representing members of Lloyd's – i.e. individuals or groups **placing** their capital in the insurance market – with **unlimited liability**.

Membership at Lloyd's is open to anybody able to meet the strict financial requirements imposed by the Committee of Lloyd's. Important **assets** have to be shown, together with a **deposit** acting as a **security** for underwriting liabilities.

All insurance must be **placed** through accredited Lloyd's **brokers** who are the **middlemen** between the underwriter and the **client**. Their job is to **place the risks** and to find the best available **terms** for their clients. They are then free to contact different underwriters and get several **quotations**.

Lloyd's **agents** throughout the world are **responsible for** sending information about shipping movements or about their ports and areas. Their services are also sought in connection with **damage** to vessels and cargoes, in order to make **settlements of claims** easier.

Lloyd's publications make it possible to be kept informed of vessels which have **sustained serious damage** or which are likely to become **total losses**.

Comprehension exercise

Choose the best answer

1. a) The Lloyd's deals with any risk in the shipping business only.
   b) The Lloyd's charges a lot to cover any risk in the shipping business.
   c) The Lloyd's offers a very wide range of policies
2. An underwriter is:
   a) a Member of Lloyd's;
   b) a secretary to the insurance company;
   c) the person in charge of elaborating the policies;
3. a) The underwriter is fully responsible for the risk he places.
   b) The underwriter has a limited responsibility for the risk he places.
   c) The Member of Lloyd's is fully responsible for the risk placed by the underwriter.
4. a) Anybody can become a Member of Lloyd's.
   b) You must be financially sound to become a Member.
   c) The Committee of Lloyd's chooses the Members.
5. In order to become a Member of Lloyd's:
   a) you must be rich and place part of your wealth with the Lloyd's;
   b) you must show the Committee proofs of a sound financial situation;
   c) you must provide the Committee with a deposit covering the risk you will take.
6. When subscribing a policy,
   a) an individual contacts an underwriter.
   b) an individual contacts a broker.
   c) an individual contacts a client.

7. a) A broker's job consists in taking risks.
   b) A broker's job consists in finding clients.
   c) A broker's job consists in negotiating policies on behalf of a client.
8. a) The broker must contact different underwriters when negotiating a policy.
   b) The broker generally tries to get several proposals for his client.
   c) The broker works in co-operation with specific underwriters.
9. a) The company sends information to its agents all around the world.
   b) The company is responsible for its agents all around the world.
   c) The company receives information from its agents all around the world.
10. a) Lloyd's agents are in charge of meeting the claims for compensation.
    b) Lloyd's agents are asked to assess the damage for the company.
    c) Lloyd's agents must look after the vessels and cargoes of the company.
11. a) Lloyd's publications enable underwriters to charge appropriate premiums for the policies they issue.
    b) Lloyd's publications inform the vessels of the possible dangers they may meet.
    c) Lloyd's publications inform shippers of the state of the vessels used for the transport of their goods.

Vocabulary exercise

Complete the blanks with an expression from the text

1. The Lloyd's mainly insures the shipping business.
   The Lloyd's mainly deals with .... insurance.
2. The Lloyd's will accept to insure you against all possible ....
3. The .... you will have to pay depends on the terms of the policy you are taking out.
4. You can take out a policy near an underwriter.
   You can .... a policy near an underwriter.
5. Members of Lloyd's take full responsibility for the policies placed by the underwriters.
   Members of Lloyd's take full .... for the policies placed by the underwriters.

6. The Committee has imposed a number of financial conditions for new Members.
   The Committee has imposed a number of financial .... for new Members.
7. In order to become a Member of Lloyd's, your wealth must be important enough.
   In order to become a Member of Lloyd's, you must show important ....
8. A Member has to place a sum of money in the Lloyd's to cover possible risks.
   A Member has to place a .... with the Lloyd's.
9. A Member's financial implication covers the risks he will take when signing policies.
   A Member's financial implication is a .... for his liabilities to come.
10. The broker .... the policies near an underwriter on behalf of his clients.
11. The broker acts as an intermediate between the underwriter and his client.
    The broker acts as a .... between the underwriter and his client.
12. The broker's job consists in finding the best possible conditions for his client.
    The broker's job consists in finding the best possible .... for his client.
13. The broker generally tries to get several price propositions for his client.
    The broker generally tries to get several .... for his client.
14. The Lloyd contacts its agents in case of problems to insured ships and cargoes.
    The Lloyd contacts its agents in case of .... to insured ships and cargoes.
15. The agents' work makes it easier for the company to meet the claims for compensation.
    The agents' work makes the .... easier for the company.
16. Some ships are in such a bad state of repair that they might become ....

3. Oil products in Le Havre

Most of the **oil** received in Le Havre is **routed** by pipeline to five **refineries located** in the **hinterland**. 26.3 million tons of crude oil **transited through** Le Havre in 1989.

At Antifer, the oil **terminal sited** 20 km **away from** Le Havre, two **landing piers** for the reception of **crude oil** were **designed** for the largest **tankers** in service in the world.

Antifer presently receives 25% of the crude oil **unloaded** in Le Havre. Originally designed for supertankers, the terminal now receives the smaller ships which have replaced them. After several adaptations currently under study, it will be able to receive tankers of less than 200,000 tons in the coming years. It will then **fulfill** a new function, freeing the port of Le Havre's **tidal basins** for **container** and **general cargo traffic** which will be developed at the port's entrance. Antifer is a **trump card** for the port's commercial future.

The SMP is specialised in the reception, **storage** and distribution of "black" **refined products** such as **bunker oil**, gas oil and **domestic** fuels. The firm also **ensures** the refuelling of ships in the port by **lighterage** from its storage centre located on the Central Pier.

Although the port **bore the full brunt** of the oil crisis and the national **policy** of diversification of sources of energy and reduction of oil **imports**, oil nevertheless remains the port's most **significant** traffic.

Comprehension exercise

Choose the best answer

1. a) The oil received in Le Havre is directly refined in the area.
   b) Only a small proportion of the oil received in Le Havre is refined in the area.
   c) A large proportion of the oil received in Le Havre is refined in the area.
2. a) Antifer is equipped with the two largest landing piers in the world.
   b) Antifer was built to receive the largest quantity of crude oil in the world.
   c) Antifer was built in order to receive the largest supertankers in the world.
3. a) Antifer receives most of the crude oil unloaded in Le Havre.
   b) Antifer can also receive smaller ships carrying other types of cargo.
   c) Antifer no longer receives a lot of supertankers.
4. a) In the future, Antifer will also be adapted to receive container and general cargo traffic.
   b) In the future, Antifer will see its importance decrease because of the disappearance of supertankers.
   c) In the future, Antifer will receive the whole crude oil traffic of the port of Le Havre.

5. a) The port of Le Havre's tidal basins are situated at the port's entrance.
   b) The general cargo and container traffic is currently developed at the port's entrance.
   c) The general cargo and container traffic is currently developed in tidal basins at the port's entrance.
6. a) The SMP is specialised in the treatment of "black" products for refineries.
   b) The SMP refines "black" products such as bunker oil, gas oil and domestic fuels.
   c) The SMP is a service firm dealing with products such as bunker oil or gas oil.
7. a) The firm operates a lighterage service for tankers calling at Le Havre to unload fuel.
   b) The firm can bring bunker oil directly to the ships calling at the port.
   c) The firm's head office is located on the Central Pier.
8. a) The port's oil traffic suffered from the energy crisis and the national energy policy.
   b) The firm's activity suffered from the energy crisis and the national energy policy.
   c) The oil traffic is no longer the main activity of the port.

Vocabulary exercise

Complete the blanks with an expression from the text

1. Most of the oil received in the port is sent to nearby refineries.
   Most of the oil received in the port is .... to nearby refineries.
2. Antifer is situated 20 km away from Le Havre.
   Antifer is .... 20 km away from Le Havre.
3. The terminal is equipped with two landing quays.
   The terminal is equipped with two landing ....
4. The terminal was originally created for supertankers only.
   The terminal was originally .... for supertankers only.
5. After several alterations, the terminal will perform a new function.
   After several alterations, the terminal will .... a new function.
6. The opposite of a locked basin is a .... basin.
7. Antifer is supposed to be an important asset for the future of Le Havre.
   Antifer is supposed to be a .... for the future of Le Havre.
8. The fuel used by ship's engines is called ....

9. The firm operates a ………. service by using small tankers to bring the oil to the ships.
10. The place where the firm keeps its products before use or distribution is called the ……….
11. The port suffered most severely of the energy crisis.
The port ……… of the energy crisis.

INTERNATIONAL TRANSPORT

I. Introducing vocabulary...

1. The transport chain

International transport refers to any movement of goods between countries. The **journey** may **involve land carriage** only, but if the countries are separated by a stretch of water (sea or ocean), the **crossing**, or **voyage** if the distance is longer, will have to be organized specifically.

In both cases, the operators will normally resort to **surface transport**. When a faster service is **required, air transport** may be the best solution.

What is transported?

Basically, a number of **goods** (or **commodities**) are sent by one person or firm to another.

Whether these parcels are grouped or sent individually, they will hereafter be referred to – as in the course of any transport operation – by such general words as **cargo, shipment, freight** or **consignment**.

Who sends these parcels?

At the origin of the transport chain is the firm, or the individual, who wishes to send goods to a given destination.

An individual may be referred to as the **sender**, but in the case of firms, professionals more willingly use the expressions **shipper, consigner** or **exporter**.

Where are these parcels going?

At the end of the transport chain is the **consignee** to whom the goods are shipped. The consignment may be directly delivered to his **premises** in the case of a **door-to-door delivery**, or **stored** in the **delivery bay** if the consignee has to **collect** it himself. If the contract between shipowner and consignee stipulates it, the latter may have to pay for the total cost of his goods **on reception**

Vocabulary exercise

Can you fill in the gaps with the right expression?

(Use exclusively the vocabulary that has been introduced in this text.)

1. The person who sends goods to a destination is called the ....
2. "Our firm would like to send these parcels to Australia."
   "Our firm would like to .... these parcels to Australia."
3. We can speak of "goods" in general. In the case of a single item, we should use the word: a ....
4. A general word for the goods transported: ....
5. The office of a firm, or the place where the factory is settled: the ....
6. The person to whom the goods are shipped is the ....
7. The carrier may organize the shipment from the shipper's to the consignee's premises: this is called a ....
8. Alternately, he may leave the consignment in a park where the goods are stocked (the ....), where the consignee may come and .... them.
9. Dangerous goods .... the use of special equipment in order to observe safety regulations.
10. A journey by ship between Le Havre and New York could best described as a ....
11. A transport operation that resorts only to road or rail transport may be qualified as ....
12. When the consignee takes reception of his goods, he is said to .... them.
13. Multimodal transport necessarily .... two or more different means of conveyance.

Fiche terminologique

air transport	transport aérien
cargo*	la marchandise transportée, la cargaison, le chargement
collect* (to)	enlever, prendre livraison
collection	enlèvement
commodity	une marchandise, une denrée, un bien
common carrier	un transporteur (général)
consign (to)	envoyer, expédier
consignee	le destinataire
consigner*	le chargeur, l'expéditeur
consignment	cargaison, envoi, expédition
contract of carriage (the)	le contrat de transport
crossing	traversée
delivery*	la livraison
delivery bay	aire de livraison, d'enlèvement
despatch (to), dispatch	envoyer, expédier
door-to-door delivery	livraison porte à porte, enlèvement et livraison à domicile
exporter	chargeur, exportateur
forward (to)	envoyer, expédier
forwarding agent	un transitaire
freight*	le fret, le port, la marchandise
freight collect*	fret payable à destination
freight forwarder	un transitaire
freight prepaid*	port payé
freight rate	le tarif du fret
freight terms	les conditions d'expédition
goods* (plural.)	des marchandises
involve (to)	impliquer
journey	voyage (général)
land carriage	transport terrestre
link (to)	relier
middleman	un intermédiaire

M.T.O.* (multimodal transport operator)	opérateur de transport multimodal
NVOCC* (non vessel operating/owner common carrier)	opérateur de transport non armateur
on reception	à réception
payment on reception of the goods	paiement à la réception
premises* (invar.)	les locaux
remove (to)	enlever
require (to)	nécessiter, réclamer
road haulier (GB)	transporteur routier
send (to)	envoyer, expédier
sender* (the)	le chargeur, l'expéditeur
ship (to)	envoyer, expédier
shipload, truckload, wagonload	chargement, cargaison (contenu)
shipment	cargaison, envoi, expédition
shipper*	le chargeur, l'expéditeur
shipping agent	agent maritime, consignataire
shipping company	compagnie maritime
shipping terms	les conditions d'expédition
store (to)	stocker
surface transport	transport de surface
transporter	un transporteur
trip	voyage (court)
trucker (USA)	transporteur routier
voyage	voyage (uniquement maritime), traversée
warehousing*	entreposage, stockage

Commentaires

- *cargo, freight* : généralement au singulier.
- *to collect* : nom associé : *collection* = enlèvement de la marchandise
- *consigner* : notez le suffixe "*–er*" qui indique celui qui fait l'action. À opposer au suffixe "*–ee*" qui désigne celui qui la subit. On distinguera ainsi consigner (celui qui envoie la marchandise) et consignee (celui qui la reçoit).

- *delivery* : *to take delivery* = prendre livraison.
- *freight* : ne pas confondre les différents sens du terme (voir ci-dessus).
- *freight collect* : aussi *carriage forward.*
- *freight prepaid* : aussi *carrriage paid.*
- *goods* : ce mot s'emploie toujours au pluriel. Pour l'emploi au singulier, il vaudra mieux employer le terme *commodity*.
- *MTO, NVOCC* : ces expressions sont le plus souvent utilisées sous leur forme abrégée.
- *premises* : s'emploie au pluriel *our premises are located in the free trade zone* (Nos locaux se trouvent dans la zone franche).
- *to remove* : nom associé : removal (plus souvent employé dans le sens de "déménagement").
- *shipper* : ne pas confondre avec les autres noms formés à partir de *ship*. Par ex. : *shipowner* (l'armateur, celui qui "possède" les navires).
- *shipper, consigner, sender* : on préfèrera ces deux termes pour une utilisation professionnelle. *Sender* s'appliquera plutôt à un contexte plus "général" que celui du transport international : la poste, par exemple.
- *warehousing* : nom associé (*warehouse* = entrepôt).

2. Different means of transport

The transport of goods may be classified according to the countries where the operation takes place or to the **means of transport** – **transport facilities** – involved.

If the shipment takes place **within** a given country, it is classified as "**inland traffic**". Conversely, if the goods leave the country, the movement is known as "**international traffic**".

The choice of the **means of conveyance** depends on the communication **network** of the countries concerned as well as on the nature of the goods and the cost of the transport operation. An **operator** may choose between **air transport, road transport** – or **haulage** –, **rail transport** or **shipping.**

Inland waterways (**navigable** rivers and **canals**) can also be of use for certain types of **freight**. The operator must however consider the time spent going through **locks** (devices closed by **sluice gates**, barring the river or canal in order to slow down the current). Also, some rivers may only be navigable on part of their **course** because they be too **shallow** or because of the presence of **dams**.

Associating different means of transport gives rise to what is now known as **multimodal transport** – or **intermodal/combined transport** – which has become more and more common with the development of containerization.

Finally, one must be careful not to confuse two words describing the end of a trade route: a **terminal** is an expression used in air transport and shipping (for instance, an oil terminal) whereas the **terminus** is used in rail and road transport (a bus terminus)!

Vocabulary exercise

Can you fill in the gaps with the right expression?

(Use exclusively the vocabulary that has been introduced in this text.)

1. A synonym to "domestic" traffic: .... traffic
2. You speak of road transport, rail transport and air transport but for the sea, you should say ....
3. The end of a rail or bus route is the ....
4. The port at the end of a maritime trade route is the ....
5. Canals and navigable rivers can be referred to by as ....
6. The flow of a river can be artificially stopped by a ...., often used to produce electricity, or a .... whose aim is to slow it down and which can be opened or closed by means of ....
7. The complete system of roads, railroads, canals, and navigable rivers, forms the .... of communications.
8. A synonym for "means of transport": ....
9. The door-to-door service taking charge of all formalities and co-ordination of all the possible means of transport to be resorted to: .... transport.
10. A term referring to a professional in the world of international transport: a ....

Fiche terminologique

air transport*	le transport aérien
canals	des canaux
course	cours (d'une rivière)
dam	un barrage
deep	profond
freight	cargaison, fret, marchandises

inland traffic*	les transports intérieurs, domestiques
inland waterways	les voies navigables
international traffic	le transport international
land carriage*	transport terrestre
lock	une écluse
means of conveyance* (invar.)	moyen de transport
means of transport* (invar.)	moyen de transport
multimodal/intermodal/ combined transport	transport multimodal/ intermodal/combiné
navigable river	le fleuve nagigable
network	un réseau
rail transport	le transport ferroviaire
road transport/haulage	le transport routier
shallow	peu profond
shipping*	le transport maritime
sluice gates	les portes de l'écluse, le sas
surface transport	transport de surface
terminal	un terminal (port, aéroport)
terminus	un terminus (rail, bus, gare)
transport facility	moyen de transport
within	à l'intérieur de

Commentaires

NOTE GÉNÉRALE : les expressions ci-après formées à partir des mots *traffic*, *transport*, *carriage*, gardent le plus souvent un sens abstrait, et ne prennent donc pas d'article en anglais.

- *a means of transport/conveyance* : attention, *means* est invariable, et garde son "s" même au singulier !
- *shipping* : remarquez la différence d'expression : *rail transport, road transport, air transport*, mais pas *sea transport* !

3. Air transport

As all other means of transport, planes can be used to carry both **freight** and passengers. An **air terminal** may either be a large **airport** or a smaller **airfield**. To be **efficient**, an airport must be well planned and **sited**, with convenient **access roads** linking it to the nearby city.

Airport activities and traffic are organized by the **control tower**, where **air-traffic controllers handle** the traffic by co-ordinating the **arrivals** and **departures** of the various **flights scheduled** all through the day. Co-ordination of flights does not only concern the management of the **runways**, that is the organization of **take-offs** and **landings**, but also the attribution of **air lanes** which avoid any accident between planes **cruising** on similar **air routes**.

Before loading the goods in a **freight plane's** cargo hold, operators should **ensure** the **air cargo's** – or **air freight's** – transport documents (especially the **air way bill**) have been correctly **completed**.

Although the freight may be **stored** in the airports **sheds**, it is generally loaded on board the **aircraft** when it is parked on the **apron**, just near the airport's buildings.

At the same time, the plane is prepared for its flight: **tanks** are filled up with **fuel**; all necessary food for **crew** and passengers is brought in containers by **catering trucks**.

While this preparation is going on, passengers must **check-in** in the **reception hall**, after which they are given a **boarding pass**, make sure no **delay** is shown on the **schedule** and **register** their **luggage**. They are of course allowed to take their **hand-luggage** with them in the **cabin**, for their own use during the flight. Once all these formalities have been carried out, passengers are required to go to the appropriate **gate** – or **gateway** – and walk up the ramp to **board** the plane.

The main problem which passengers will then be faced with is the **jet lag**, they will feel **on arrival** at a distant place!

Vocabulary exercise

Can you fill in the gaps with the right expression?

(Use exclusively the vocabulary that has been introduced in this text.)

1. An airport building for planes: a ....
2. The various roads linking the airport to the nearby city: the ....
3. Because of some ...., the .... number 101 to Bangkok will leave at 3 P.M. instead of 11 A.M. as originally ....
4. A synonym for a plane: an ....
5. A .... plane is specially designed to carry goods; in other planes, the passengers' luggage and other parcels are stowed in the cargo ....
6. The area where planes are parked in front of the airport buildings is called the ....
7. To leave the ground: to ....
8. To arrive at an airport after a flight: to ....
9. The time difference between distant countries: the ....
10. A firm providing air companies with food for the planes: a .... company.
11. The strip of ground used by planes at take-off and landing is the ....
12. A member of the airport staff dealing with the coordination of the traffic: an ....
    His job is to .... the traffic.
13. The building from which the life of the airport is organized: the ....
14. A well defined part of the sky to which a plane has to keep when following its route: an ....
15. The general word for goods transported by air: ....
16. The part of the airport building where passengers can get information or register their luggage: the ....
17. The door or passage through which passengers have to go to board a particular flight: the ....
18. The card passengers need to get on the plane is called the ....
19. Before boarding the plane, passengers should .... all their luggage except the cabin luggage allowed during the flight.

Fiche terminologique

access roads	les voies d'accès
air cargo	fret aérien
air freight*	fret aérien
air lane	couloir aérien
air route*	route aérienne
air space	espace aérien
air terminal	terminal aérien
air-traffic controller	contrôleur aérien
air way bill	la lettre de voiture aérienne
aircraft* (invar.)	avion
airfield (non commercial)	aérodrome
airline	compagnie de transport aérien
airport	aéroport
aisles (the)	les ailes (sièges sur le côté)
apron	l'aire de stationnement
arrival	l'arrivée
be scheduled (to)	être prévu, programmé
board the plane* (to)	embarquer dans l'avion
boarding pass	la carte d'embarquement
cabin	la cabine
cabin crew*	le personnel de cabine
cargo hold	la soute
caterers	les services d'avitaillement
• **catering company**	• entreprise d'avitaillement
• **catering truck**	• camion d'avitaillement
check-in (to)	se présenter au contrôle
complete (to)	remplir (des formalités)
control tower	tour de contrôle
crew	équipage
cruise (to)	voler, être en vol
delays	des retards
departure	le départ
disembark from the plane (to)	débarquer de l'avion
efficient	efficace

engines	les moteurs, réacteurs
ensure (to)	s'assurer (de qq chose)
flight*	vol
fly (to), cruise (to)	voler
freight	cargaison, fret
freight plane	avion cargo
fuel	carburant
fuselage/body	le fuselage
gateway/gate	la porte d'embarquement
get off the plane (to)	débarquer de l'avion
handle the traffic (to)	diriger le trafic aérien
hand-luggage	les bagages à main
jet lag	le décalage horaire
jet thrust	la poussée des réacteurs
land (to)	atterrir
landing	l'atterrissage
landing slot	fenêtre, créneau d'atterrissage
luggage* (invar.)	les bagages
medium-range aircraft	avion à rayon d'action moyen, moyen courrier
propeller	une hélice
ramp	la passerelle
reception hall	le hall d'entrée
register luggage (to)	enregistrer les bagages
runway	la piste
schedule*	l'horaire
schedule (to)	programmer, prévoir
shed*	un hangar
sited (to be)	être situé, localisé
store (to)	stocker, entreposer
take-off	décollage
take off (to)	décoller
tank	réservoir
wings	les ailes

Commentaires

- *air cargo/air freight* : mots abstraits, sans article en anglais.
- *air route* : il s'agit ici de l'itinéraire suivi par l'avion. À ne pas confondre avec *air lane*, qui correspond au couloir aérien, c'est-à-dire la zone précise du ciel que doit respecter un appareil en vol.
- *aircraft* : mot normalement invariable.
- *to board the plane* : notez bien la construction : *to board* est un verbe transitif direct (ce qui n'est pas le cas de *to disembark*).
- *the cabin crew* : comme pour les autres modes de transport, *crew* désigne l'ensemble de l'équipage, et reste au singulier. (*the new crew has just arrived*).
- *a flight* : si l'on veut désigner un vol en particulier (par son numéro), on n'utilisera pas d'article devant l'expression ainsi formée : *flight number 505*.
- *luggage* : mot invariable, suivi d'un verbe au singulier *my luggage has been lost*.
- *shed* : ce terme désigne plus précisément le bâtiment, qui abrite avions, etc. On emploiera de préférence le terme *warehouse* lorsque l'on se réfèrera à la notion plus particulière d'entrepôt (pour marchandises).
- *the schedule* : ce mot d'origine US semble de plus en plus avoir remplacé son équivalent britannique *timetable*.

4. Road transport

Road transport is perhaps the most visible and common **means of conveyance** because of the presence on our roads of a great number of **lorries** (GB) or **trucks** (US), whose variety stems from the necessity for carriers to **meet** the wide **range** of needs from shippers.

A **road haulier** (GB) or **trucker** (US) may own a **fleet** of vehicles, but part of their equipment can be **rented** from specialized firms for special shipments. They usually **set up** their business by determining a specific **route** and **serving** a few well-defined area. Lorry drivers then commonly **ply between** the same cities and the experience they gain by so doing reinforces the **efficiency** of the service.

A **semi-trailer** – or **articulated lorry** –, with an important **payload**, is mostly **resorted to** for a **long haul** in order to reduce transport costs. When an **open-top trailer** is used, a **tarpaulin** – or **tilt** – will protect the goods from the rain. A **removal van** carries all the furniture and belongings of a family moving houses. A **tanker lorry** is especially designed for the transport of liquid cargoes, whether **foodstuff, oil products** or **chemicals**. Retailers and shopkeepers often have their **orders** brought to them by means of a **delivery van**.

More and more goods are transported in containers by both road and rail. This **bimodal** transport makes it necessary to **tranship** the goods from trains onto lorries in a **piggy-back terminal**.

Road transport depends on the road **network**. Not all roads can be used by any sort of lorry and if **motorways** and **main roads** – or **trunk roads** – are generally available, as well as **dual carriageways** in Great Britain, there may be a few limitations on **secondary roads** in order to prevent lorries from causing **obstructions** – or "**hold-ups**", "**traffic-jams**", "**congestions**". This may indeed be the case at certain **junctions** – or "**crossroads**" –, which is one of the reasons why these are gradually being replaced by **roundabouts**. In the same way, **level crossings** which halt the traffic at regular intervals tend to disappear in modern road networks. **Roadworks** are another cause of **delays** and a **diversion** may have to be set up to avoid **inconvenience**.

Finally, when planning a **route,** hauliers must remember that not all the roads and bridges are **free**, and they may have to pay a **toll** for part of the route.

Vocabulary exercise

Can you fill in the gaps with the right expression?

(Use exclusively the vocabulary that has been introduced in this text.)

1. A transport on a long distance is referred to as a ....
2. A haulier may organize a regular service between two cities. You can then say that his lorries .... these two cities.
3. In case of very large consignments, the haulier will have to use a bigger type of lorry: a(n) ....
4. Some lorries are especially fitted to offer specific services:
   - the .... is used for people moving houses.
   - the .... carries liquid goods.
   - the .... is conveniently used by merchants or shopkeepers to carry limited quantities of goods.
5. When two roads meet, they form a ....; but these are more and more often organized into circular .... that help the traffic flow more easily.
6. A synonym for an English main road: a .... road.
7. A motorway-looking road, very common in Britain: a ....
8. An accident on the road usually causes a large ....

9. Cars and lorries sometimes have to pay to use specific bridges: these are called .... bridges.
10. When works are undertaken on a particular section of the road, a .... may have to be organized to prevent delays.
11. The terminal where lorries can be loaded directly from trains, and vice-versa, is called a .... terminal.
12. On open-top lorries, the driver may have to place a .... on top of the goods to protect them from the rain.
13. Large-scale hauliers commonly have an important .... of vehicles to meet the various shippers' needs.
14. The maximum weight that a lorry can carry is called the ....
15. A transport operation that uses both rail and road can be described as .... transport.

Fiche terminologique

articulated lorry	un semi-remorque
axle	un essieu
be diverted (to)	être dévié
bimodal transport	transport bimodal
cartage* (US)	camionnage
cause an obstruction (to)	provoquer un embouteillage
chemicals	produits chimiques
coach	un car
delay	retard
delivery van	camionnette de livraison
diversion	déviation
dual carriageway	route à chaussées séparées
efficiency	efficacité
expressway	voie express
fleet of vehicles*	parc de véhicules
flow (to)	être fluide
foodstuff	denrées alimentaires
free	gratuit
halt traffic (to)	interrompre la circulation
haulier (GB)	un transporteur routier
highway (GB)	une grand-route

highway, freeway (USA)	une autoroute
inconvenience* (invar.)	gêne
juggernaut	mastodonte (très gros poids-lourd)
junction/crossroads	carrefour, croisement
level crossing	passage à niveau
long/short haul	transport longue/courte distance
lorry (GB)/**truck** (US)	camion
main road/trunk road	route nationale
means of conveyance (invar.)	moyen de transport
meet the needs (to)	satisfaire les besoins
motorway (GB)	une autoroute
number plate	la plaque d'immatriculation
obstruction/hold-up/traffic-jam/congestion	embouteillage
oil products	produits pétroliers
open-top trailer	remorque ouverte
order	commande
payload	charge utile
piggy-back terminal*	terminal ferroutier
ply between (to)	desservir
registration number	le numéro d'immatriculation
removal van	camion de déménagement
rent* (to)	louer
rental	la location (activité)
resort to (to)	recourir à
road haulage agent	affréteur routier
road haulier (GB)/**trucker** (US)	transporteur routier
road network	réseau routier
road-worthiness	bon état de marche
roadworks*	travaux de voirie
roundabout	rond-point, un sens giratoire
route*	l'itinéraire
rush hour, peak time	heure de pointe
secondary road	route départementale

semi-trailer/articulated lorry	semi-remorque
serve* (to)	desservir
set up (to) (business)	s'installer (en affaires)
swapbody unit	remorque fer-route
tanker lorry	camion citerne
tarpaulin/tilt	bâche
toll	péage
• **a toll-bridge**	• un pont à péage
traffic	la circulation
trailer	une remorque
tranship (to)	transborder
trucker (USA)	un transporteur routier
trunk road, main road	une route nationale
turnpike (USA)	péage
weighing bridge	un pont à bascule

Commentaires

- *cartage* : mot abstrait, sans article en anglais.
- *a fleet of vehicules* : attention au faux-ami anglais ! *a fleet* peut se référer à des navires, mais aussi à des véhicules, des conteneurs... (un parc de conteneurs).
- *inconvenience* : mot abstrait (sans article en anglais) et invariable.
- *a piggy back terminal* : il est possible également de parler de *piggy-back trailers* pour des remorques adaptées à ce type de transport bimodal (fer-route).
- *to rent* : ce verbe s'emploie le plus souvent pour louer un bien (*to rent a flat* — louer un appartement —, *car rental* — location de voiture). On peut rencontrer aussi "*car hire*" (USA). L'emploi de "*to lease*" implique le recours à un bail ou une forme de "location-vente".
- *road works* : cette expression s'emploie toujours au pluriel.
- *the route* : à ne surtout pas confondre avec *the road* (la route) !
- *to serve* : verbe transitif direct : *to serve a destination*.

5. Rail transport

Rail transport is organized along two main activities: passenger traffic and **freight** traffic.

Passenger trains, made up of **carriages pulled** by an engine, are classified according to the number of **stations** they halt at before the **terminus**. **Intercity services** are the most common ones in Britain, with trains that **ply between** cities at regular intervals. Some of these trains, **express trains**, only **call at** a few stations, while **through trains serve** their **termini** (plural of "terminus") without halting on their way at all.

Freight traffic is **run** differently, according to the types of goods to be carried. Originally, the **rolling stock** (that is the engines and wagons) had to be adapted to the different sorts of **packaging**. Hence, **goods trains** were made up of various **trucks** – or **freight cars** (US) – such as **refrigerated vans** or **tank wagons** – or **tankers** –, for example. When arriving at the **goods depot**, the **truckload** – or **wagonload** – was **discharged** on the **platform** and could either await **collection** or be **transhipped** onto other **means of conveyance**.

With the development of containerization, these **goods trains** are gradually replaced by **freightliners** carrying all sorts of goods in **standardized containers**. In some countries, such as the United States, these containers can be **piled up** on the same truck to form "**double-stack trains**".

Whether for passengers or freight, trains are formed in the **marshalling yard**, where the various **tracks** are linked by way of **switches** – or **points**.

In ports, a special line may be directly connected to the **wharf** and **warehouses** where goods can be loaded or unloaded without **waste** of time. It is called a "**dockside railway**" (also: "**docksiding**", "**dockline**").

International rail transport however has to meet material problems, such as, for instance, the difference of **gauge** between the French and Spanish rail **networks**.

Vocabulary exercise

Can you fill in the gaps with the right expression?

(Use exclusively the vocabulary that has been introduced in this text.)

1. Modern rail transport uses containerized units, and such a train is called a ....
2. Various railways can be linked by way of ....
3. Wagons and locomotives, or engines, are referred to as a whole as the ....
4. Traditional wagons of course still exist; when they are used for the transport of goods, they are called goods .... (in Britain) or .... (in the States).
5. When used for the transport of passengers, they are then called passenger ....
6. A goods truck especially fitted to keep the goods at a low temperature is called a ....
7. A goods truck especially fitted to carry liquid bulk consignments is called a ....
8. The rail terminus for freight is called the ....
9. When trains are formed, wagons are despatched into the different tracks in the ....
10. When possible, trains are diverted to the port where goods can be transhipped more easily. Such a railway is called a ....
11. One of the major problems concerning international rail transport between France and Spain is that the .... of the tracks, i.e. the distance between the rails, is different.
12. If you want your goods to arrive rapidly at their place of destination, send them by an .... train.
13. When a train does not halt on its way, it is called a .... train.

Fiche terminologique

bogie	bogie
call at (to)	s'arrêter (en gare)
carriage	wagon de voyageurs
collection	enlèvement
discharge (to)	décharger
dockside railway/ docksiding/dockline	voie portuaire

double-stack train*	train à deux étages de conteneurs
engine*	la locomotive
express train	train express, un express
freight car (USA)	un wagon de marchandises
freight traffic	trafic marchandises
freightliner*	train de marchandises conteneurisées
gauge	écartement/gabarit des voies
goods depot	gare de marchandises
goods train*	train de marchandises diverses
goods truck	un wagon de marchandises
marshalling yard	gare de triage
means of conveyance	moyen de transport
network	réseau
packaging	conditionnement
(**passenger**) **carriage**	une voiture de voyageurs
passenger traffic	trafic passagers
payload	charge utile
piggy-back terminal	un terminal ferroutier
pile up (to)	empiler, gerber
platform	quai (rail)
ply between (to)	desservir
point/switch	la voie, les rails
pull* (to)	tirer, remorquer
rail head	terminus, point de redistribution
railyard	gare de marchandises
(**railway**) **station**	la gare
railway station of destination	gare de destination
refrigerated van	wagon réfrigéré
rolling stock	matériel roulant
run traffic (to)	organiser le trafic
securing point	point de fixation, d'arrimage
standardized container	conteneur ISO
station	gare
swapbody unit	remorque fer-route
switch/point	aiguillage

tank wagon/tanker	wagon citerne
tare weight	tare
terminus	terminus
through train	train direct
track	voie, les rails
track laying	pose de rails
transhipped (to be)	être transbordé
truck/freight car (US)	wagon de marchandises
truckload/wagonload	contenu du wagon, chargement
warehouse	entrepôt
waste of time	perte de temps
wharf (port)	quai (port)

Commentaires

- *double stack train* : vient du verbe *to stack* (gerber, empiler des conteneurs).
- *the engine* : notez que *engineer* peut indiquer le chauffeur de la locomotive !
- *goods train/freightliner* : souvent traduits par la même expression française, ces deux termes désignent en fait des réalités différentes. *goods train* se réfère au train de marchandises conventionnel (wagons de différents types), tandis que *freightliner* s'applique à un transport ferroviaire de conteneurs.
- *to pull* : noter aussi *to pull up* : s'arrêter (*the train pulled up in the station* : le train s'arrêta dans la gare).
- *the rolling stock* : expression à sens global, employée normalement au singulier.

II. Reading texts

1. The port of Le Havre: assets

The **assets** of the Port of Le Havre have been decisive for its expansion. Situated at a short distance from the **route** followed by ships **sailing** up or down the English Channel, its **deep water** quays can receive the largest ships, **fully laden** and without any **draught** limitation, 24 hours a day with no waiting in the **roads**.

On the **threshold** of the busiest sea in the world, Le Havre attracts ships in search of **profitable** freight with no additional sailing time as well as modern super **efficient** vessels which cannot be allowed to **waste** time.

To these nautical advantages, we can add that it is **located** in an ideal **site**: first large port to be reached for imports, last **call** for goods at export, it offers **shippers** the shortest **transit time** of all North European ports in the Le Havre/Hamburg **range**.

As a matter of fact, thanks to its privileged geographical position at the top of the line of European ports, at the intersection of two maritime axes, North-South and East-West, Le Havre makes it possible for shippers and **forwarders** to **cut down** navigation time, and thus transit time of goods and transport **costs**.

For example, for a **feeder service** operation between the Iberian Peninsula and North America, or a maritime **consignment** for West Africa – North America, a passage through Le Havre can **save** a week to ten days compared to other **competing** North European ports.

Comprehension exercise

Choose the best answer

1. a) The port of Le Havre is well served by the road network.
   b) The port of Le Havre is situated at a short distance from the English Channel.
   c) Ships transiting through the English Channel sail only at a short distance from the port of Le Havre.
2. a) The port of Le Havre offers berths for ships of all sizes.
   b) Ships calling at Le Havre can be fully loaded in less than 24 hours.
   c) Ships can be accepted at any time of the day and their goods sent by road without any delay.
3. a) Le Havre is one of the busiest ports in the world.
   b) Le Havre makes it possible for all ships to save time or money.
   c) Le Havre is a modern and super efficient port situated at the entrance of the busiest sea in the world.
4. a) The port offers the shortest transit time between Le Havre and Hamburg.
   b) The location of the port of Le Havre is ideal for both European importers and exporters.
   c) Le Havre and Hamburg offer shippers the shortest possible transit time.
5. a) European ports are privileged because of their geographical position.
   b) European ports form two maritime axes.
   c) Le Havre is located at the junction between two maritime axes.

6. a) Shippers and forwarders have decided to reduce navigation time and transport costs.
b) Shippers and forwarders can reduce navigation time and transport costs by transiting through Le Havre.
c) Shippers and forwarders like the port of Le Havre because it makes it possible for them to cut down transport costs.
7. a) It takes about ten days to operate a feeder service between the Iberian Peninsula and North America.
b) Transiting through Le Havre makes it possible for shippers and forwarders to save about ten days on such a feeder service.
c) It takes between a week to ten days to send a maritime shipment from Le Havre to West Africa or North America.

Vocabulary exercise

Complete the blanks with an expression from the text

1. The port of Le Havre developed thanks to its strong points.
The port of Le Havre developed thanks to its ....
2. Ships sailing up and down the Channel must keep to a fixed itinerary.
Ships sailing up and down the Channel must keep to a fixed ....
3. There is no limitation to the underwater part of the ships.
There is no limitation to the .... of the ships.
4. Any boat can enter the harbour fully loaded.
Any boat can enter the harbour fully ....
5. This port is situated in an ideal site.
This port is .... in an ideal site.
6. Shippers and forwarders can reduce navigation time thanks to a passage through le Havre.
Shippers and forwarders can .... navigation time thanks to a passage through Le Havre.
7. Le Havre is not located on the trade route between the Iberian Peninsula and North America so a .... service has to be organized.
8. A passage through Le Havre can save time for some maritime shipments.
A passage through Le Havre can save time for some maritime ....

2. The port of Le Havre and its hinterland

The geographical situation of Le Havre at the **entrance** of the river Seine estuary is an important **asset**. The river, thanks to its **cheap** transport **facilities**, offers the Paris **area** a direct **outlet** to major **exchange currents** beyond the sea.

The Tancarville Canal and the river Seine **make up** one of the few **large gauge** French **navigable waterways**, accessible to 5,000 t **pushed** trains of **barges**.

The port and its **hinterland** are perfectly **connected** by means of electrified **railway lines**. The line to Paris, accessible to complete trains of 1,800 t up to 2,400 t can transport goods to the capital in less than two hours and thus to the main national and international railway lines, particularly to Germany and Italy, which have contributed to the development of international **transit** through the port.

All **wharves** and **quays** of the port are connected by railway lines and, as the port area is quite large, the total railway **network** is more than 400 km long.

Le Havre is equipped with an airport situated not far from the city centre and the port, with a 2,300 m **runway** accessible to **medium-range aircraft**. A **daily** service to London, Lyons, Nantes, Brussels and Rotterdam also contributes to better connections from the region.

Thanks to all the **means** of communication **available**, especially road and rail for **general cargo**, it only **takes** 24 to 36 hours to **serve** neighbouring countries, depending on the destination and the **means of transport** used. This is a strong point for **forwarders** and it will be reinforced by future improvements in the **motorway** network as well as by the change of **gauge** for the tunnels on the Le Havre-Paris railway line.

Comprehension exercise

Choose the best answer

1. a) It is an advantage for the port to be sited on the river Seine estuary.
   b) It is important for the port of Le Havre to attract the traffic going through the river Seine estuary.
   c) The port of Le Havre should concentrate more on the traffic going through the river Seine estuary.
2. a) The Paris area uses the river Seine as a direct access to foreign markets.
   b) It is cheaper to transport goods on the river than on the sea.

c) Producers of the Paris area have to use the facilities of the port of Le Havre because they are cheap.

3. a) The Tancarville canal can only accept a few 5,000 t trains of barges at the same time.
b) The Tancarville canal and the river Seine are the only French navigable waterways accessible to 5,000 t trains of barges.
c) The Tancarville canal and the river Seine are among the widest navigable waterways in France.
4. a) The port is well linked with the neighbouring region.
b) It takes at least two hours for trains to reach Paris.
c) The port is directly connected to Germany and Italy.
5. a) It takes up to two hours for freightliners to transport goods from the port to Paris.
b) By using complete trains of 1,800 to 2,400 t, it is possible to save two hours on the transport of goods to Paris.
c) Goods must be sent to Paris on complete express trains of 1,800 to 2,400 t.
6. a) The port was developed in order to meet the demand for international traffic with Germany and Italy.
b) The port is going to be linked with the international railway network.
c) International transit through the port has grown thanks to its link with foreign countries via Paris.
7. a) The port is situated 400 km away from Paris.
b) The port is equipped with 400 km of docklines.
c) The port and the area it serves are equipped with 400 km of railway lines.
8. a) Le Havre airport is located 2,300 m away from the city centre.
b) Le Havre airport is equipped with a 2,300 m fairway.
c) Le Havre airport is not accessible to the larger planes.
9. a) A day service is operated between Le Havre and other main cities in France and in neighbouring countries.
b) Planes fly from Le Havre to other main French and European cities everyday.
c) Le Havre and other main French and European cities can be connected within a day.
10. a) Break bulk cargo can be delivered to neighbouring countries within 24 to 36 hours.
b) Generally, cargo can be forwarded to neighbouring countries within 24 to 36 hours.
c) Bulk cargo can be delivered to neighbouring countries within 24 to 36 hours.

11. a) Forwarders are asking forcibly for an improvement in the motorway and railway networks of the area.
    b) Improvements in the motorway and railway networks are considered in order to please forwarders.
    c) Future improvements in the motorway and railway networks should attract more traffic to the port.

Vocabulary exercise

Complete the blanks with an expression from the text

1. The handling equipment of the area is quite cheap.
   The handling .... of the area are quite cheap.
2. The river Seine can be considered an important opening for firms in the Paris area.
   The river Seine can be considered an important .... for firms in the Paris area.
3. The Tancarville canal can accept large barges: it can be referred to as a large .... waterway.
4. The port is perfectly linked with the area it serves.
   The port is perfectly linked with its ....
5. The port can be linked with foreign countries via Paris.
   The port can be .... with foreign countries via Paris.
6. All .... and quays of the port are equipped with docksidings.
7. The total railway .... is more than 400 km long.
8. The airport is equipped with a 2,300 m ....
9. Larger planes cannot land in Le Havre. The airport is limited to .... aircraft.
10. Various means of communication are .... for different types of goods in Le Havre.
11. Road and rail transport are more commonly used for the forwarding of break bulk cargo.
    Road and rail transport are more commonly used for the forwarding of .... cargo.

THE WORLD OF INTERNATIONAL SHIPPING

I. Introducing vocabulary...

1. Shipping: the port

Do not confuse the two words "port" and "harbour"! Originally, a **harbour** is a **shelter** for ships which may be natural or artificially built by men. Although the word is often used for smaller places (e.g. a "fishing harbour"), the term "harbour" specifically refers to the **dock** in which vessels find a shelter, as well as to the complete infrastructure, such as the **breakwaters** that prevent the **swell** from entering the harbour and damaging the **piers** and **jetties** which surround the **basins**, or the **wharves** and **warehouses** where **handling operations** and **storage** (also called "**warehousing**") of the goods take place.

At the entrance of the harbour are the first **tidal docks** forming the **outer harbour**. As opposed to **wet docks** – or **locked basins** –, closed by a **lock** and **sluice gates**, tidal docks are submitted to the variations of the **tide** (the **ebb** and **flow**). As the **approach channel**, these basins are faced with the problem of **silting** and must be **dredged** at regular intervals.

On the other hand, the word "**port**" includes the harbour, the city where it is **sited** (or "**located**"), and the area which it **serves**: the **hinterland**.

The word "port" also refers to the related economic activities. These activities are co-ordinated by the **port authorities**, centred in the **Harbour Master's Office**, who manage all the **facilities** (or "**equipment**") offered.

A port offers all kinds of services to international trade, including a **shipyard** where vessels are built. **Shiprepairs** may take place in a **dry dock** (also called "**graving dock**") or **floating dock** which can **accommodate** all kinds of vessels, except the largest ones.

Different sorts of ports

• The **home port** is the port where a vessel was **registered** when **launched**, hence its other name, "**port of registry**".

• The port where a vessel starts with her cargo is referred to as the "**loading port**", or "**port of shipment**".

• On her way, the vessel stops in various **ports of call** where she receives new parcels and part of her cargo may be unloaded.

• The port where goods are finally unloaded is called the **port of discharge** – or "**port of destination**" – although the latter expression is mostly used for the port situated at the end of the complete **voyage**.

• Finally, a port may be governed by special **customs regulations** in order to **boost** trade: it is called a **free port**, so named because goods can be unloaded there **duty-free** during a given period.

Vocabulary exercise

Can you fill in the gaps with the right expression?

(Use exclusively the vocabulary that has been introduced in this text.)

1. A synonym for "a shelter for vessels": a ....
2. The area directly served by the port: the ....
3. The docks or basins nearest to the entrance of the port: the ....
4. The premises where goods are stored before loading or after unloading: a ....
5. The place where vessels are built: a ....
6. What the port authorities should organize in order to prevent the danger of silting: to ....
7. The office from where the life of the port is organized: the ....
8. A synonym for "a quay", where goods handling takes place: a ....
9. A protection from the waves: a ....
10. A common word for the port equipment: the port ....
11. A dock whose level varies with the level of the sea: a ....
12. A dock whose level does not vary significantly during the day: a ....

13. A gate that ensures a constant and steady level to a basin is a ....
14. Four names of places where ship repairs can be carried out:
    - a ....
    - a ....
    - a ....
    - a ....
15. The port where the vessel is bound is the ....
16. The port where the goods are loaded on board the vessel is the ....
17. The port where the vessel stops on her way to her final destination is the ....
18. The port where the ship was originally registered is the ....

Fiche terminologique

accomodate ships (to)	recevoir, accueillir des navires
approach channel	chenal d'accès
banana ship	bananier
barge	péniche
barge carrier	porte-barges
be registered (to)	être immatriculé
break bulk carrier	cargo conventionnel
breakwater	brise-lames
bulk carrier	vraquier, minéralier
cargo-ship	cargo
cell*	cellule
cellular ship	navire cellulaire
coaster	caboteur
collier*	charbonnier
combo vessel	navire mixte (conteneurs/divers)
container ship (full ... or part ...)	porte-conteneur (intégral ou mixte)
craft*	embarcation
deep-sea vessel (DSV)*	long-courrier
dock/basin	bassin, darse
dredge (to)	draguer
dredger, dredge	une drague

dry dock/graving dock	cale sèche, forme de radoub
ebb and flow	reflux et flux
facilities* (usually in the plural)/equipment	équipement, infrastructures
feeder vessel	navire de collecte, "feeder"
floating dock	dock flottant
free port	port franc
general purpose vessel	navire conventionnel
handling operations	manutention
Harbour Master's Office	Capitainerie
harbour	port (bassins, quais, installations)
high tide	marée haute
hinterland	arrière-pays
home port/port of registry	port d'attache
LASH	navire porte-barges
launch*	une vedette
launch (to)	lancer (un navire)
lighter	allège
liner	paquebot
loading port/port of shipment	port d'expédition
lock	écluse
low tide	marée basse
LNG carrier	transporteur de gaz naturel liquide
LPG carrier	transporteur de gaz de pétrole liquéfié
ocean-ship vessel	long-courrier
oil tanker	pétrolier
ore-carrier	minéralier
outer harbour	avant-port
pier/jetty	quai, jetée, appontement, embarcadère
port	port (ville, bassin, etc.)
port authorities	autorités portuaires
port facilities*	les installations portuaires
port of call*	port d'escale

port of discharge/port of destination	port de destination (fin du voyage)
port of registry	port d'attache
port of shipment	port d'exposition
pusher	pousseur
quay	quai (terme général)
rail ship	navire équipé de rails
reefer vessel	navire frigorifique
register (to)	immatriculer
RORO vessel (roll on/ roll off)	navire roulier
row*	rangée, tire
shelter	abri, refuge
shiprepairs	réparations navales
shipyard	chantier naval
silting*	envasement
slot*	cellule
sluice gates	sas, portes d'écluse
storage*/warehousing	stockage, entreposage
store (to)	entreposer
swell	houle
terminal	terminal
tidal dock	bassin de marée
tide	marée, le courant de marée
tier*	étage, pile
tramp (ship)	navire de tramping
voyage	voyage (par mer uniquement)
warehouse*/shed*	entrepôt, magasin, hangar
wet dock/locked basin	bassin à flot
wharf* (plur.: wharves)	quai (marchandises)

Commentaires

- *a cell/slot/row/tier* : ces expressions concernent spécifiquement le navire cellulaire, ou porte-conteneurs intégral.
- *a collier* : attention à l'orthographe. Le charbon s'écrit *coal.*
- *craft* : mot invariable, ainsi que ses composés (*aircraft*,...).
- *a deep-sea vessel* : on rencontre aussi l'expression *a short-sea vessel* pour les navires n'effectuant pas de long voyage.
- *facilities* : mot souvent employé au pluriel.
- *a launch* : ne pas confondre avec le verbe *to launch* (lancer un navire, une opération).
- *port of call* : voir aussi le verbe *to call at* (faire escale).
- *the port of discharge* : notez que le verbe *to discharge* est moins courant que *to unload.* Mais l'expression *port of unloading*, quant à elle, n'est pas fréquente.
- *shed* : se réfère plus précisément au bâtiment lui-même.
- *silting* : mot abstrait, sans article en anglais. (*silt* = la vase).
- *storage* : mot abstrait, sans article en anglais.
- *warehouse* : désigne plus particulièrement la notion d'entrepôt (pour les marchandises).
- *wharf* : s'utilise de préférence en relation avec la notion de manutention des marchandises, par opposition avec le terme plus général *quay.*

2. Calling at a port

When a vessel is going to **call at** a port, the master sends a message to his agent **ashore**, indicating his **Estimated Time of Arrival** (**E.T.A.**), so that the agent can make all necessary arrangements with the appropriate administrations.

The ship will commonly receive the help of a **pilot** who advises the captain on the **route** to follow in certain dangerous areas (in the case of a **deep-sea pilot**) or on the right way to interpret **navigational aids** when nearing the land (**beacons**, **lighthouses** and the complete **system of buoys**).

The ship may not enter the port at any time and may have to wait in a sheltered area **inshore** referred to as the **roads** – or **roadstead**. When the time has come for her to finally enter the harbour, she will then **manœuvre** and follow the **approach channel** – or "**access channel**", "**fairway**" – leading to the harbour. The **Harbour Master** gives all necessary indications concerning the traffic in and out of the port on the **signalling station** located in the outer harbour.

If the size of the ship makes it necessary, a **tug** – or "**tug-boat**" – will **tow** the ship and help her manœuvre on her way to her place at quay: the **berth**. This action is normally referred to as "**berthing**" – or "**docking**", "**coming alongside**".

When the ship is finally at her berth, **linesmen** – or "**boatmen**" – come into operation: their job is to **tie up** – or "**moor**" – the vessel by seizing her **mooring ropes** – or "**mooring lines**" – and fixing them to a **bollard** on the quay. They will again be called for if the vessel has to **leave one quay for another** – to "**shift**" – when loading various shipments.

"Before **leaving**" – or "**sailing**", "**clearing the port**" – for a new **voyage**, the agent must inform the Harbour Master of the vessels **E.T.S.** (**Estimated Time of Sailing**) – also "**E.T.D./Estimated Time of Departure**" – as well as the destination she is **bound for**, in order to **complete** all formalities concerning the ship's **call** at the port.

Vocabulary exercise

Can you fill in the gaps with the right expression?

(Use exclusively the vocabulary that has been introduced in this text.)

1. A navigable access to the port available at any moment of the tide: the ....
2. The inshore area where ships can await the right moment to enter the harbour: the ....
3. A sound or light signal designed as a navigational aid to vessels at sea: a ....
4. A pilot whose job is not limited to the immediate proximity of the harbour: a ....
5. A boat used to help larger vessels from their entrance in the port to the quayside: a ....
6. The place of the vessel at quay: the ....
7. The function of a tug is to .... incoming or outgoing vessels in the harbour.
8. The man whose job consists in tying the ship up at her berth: a ....
9. A synonym for "to tie up" a ship: to .... a ship.
10. A strong piece of metal on a ship or on the wharf to which the ship is tied up: a ....
11. For a ship, to come into her place at quay: to ....
12. A synonym for "to leave the port": to ....

13. This ship is on her way to Dakar;
    This ship is .... Dakar.
14. When a ship must load shipments from different berths, it has to ....

Fiche terminologique

approach channel/access channel/fairway	chenal d'accès
ashore	à terre
beacon	balise
berth	poste, place à quai
berth/dock/come alongside (to)	venir à quai
bollard	bite d'amarrage, bollard
bound for a destination* (to be)	partir pour une destination
call at (to)	faire escale
complete (to)	remplir (formalités)
deep-sea pilot	pilote hauturier
Estimated Time of Arrival (E.T.A.)	Heure Probable d'Arrivée
Estimated Time of Departure (E.T.D.)/Sailing (E.T.S)	Heure Probable de Départ
Harbour Master	Capitaine du port
inshore	zone maritime abritée (près des côtes)
leave one quay for another*/shift (to)	déhaler
leave/sail/clear* the port (to)	quitter le port
lighthouse	phare
linesman/boatman	lamaneur
manœuvre (to)	manœuvrer
mooring ropes/mooring lines	amarres
navigational aids	aides à la navigation
pilot/pilotage	pilote/pilotage

quayside	place à quai
roads*/roadstead	rade
route	route, itinéraire
signalling station	sémaphore
system of buoys	balisage
tie up/moor (to)	amarrer
tow* (to)	remorquer
tug*/tug-boat	remorqueur

Commentaires

- *to be bound for a destination* : ne pas confondre avec *to be bound to* = *to be due to* (notion de devoir, d'obligation).
- *the fairway* : ne pas confondre avec *runway* (la piste d'envol, dans un aéroport).
- *to leave one quay for another* : on peut parfois rencontrer également le verbe *to shift* dans ce sens.
- *to leave, to sail, to clear* : *to leave* et *to clear* sont normalement des verbes transitifs directs : *to leave the port, to clear the port* ; *to sail* sera plutôt utilisé comme verbe intransitif : *the vessel will sail at 3 P.M.*
- *the roads* : ne pas confondre avec *road* (la route), ni avec "route" (l'itinéraire).
- *to tow* : ne pas confondre avec le verbe *to stow* (arrimer).
- *a tug* : attention à ce mot. Le verbe associé n'est pas *to tug*, comme beaucoup le croient, mais *to tow*.

3. Cargo handling

Once the ship is at her **berth, stevedores** (also called "**dock workers**", "**dockers**" or "**dock labourers**") start the **handling operations** (or "**stevedoring**", "**goods handling**"). Working in **gangs** (or "**teams**", "**shifts**"), their job is to **unload** (or "**discharge**") the parcels shipped to this particular port, and **load** those **bound for** other destinations on the ship's **route**. When necessary, they also undertake **transhipment** (or "**transhipping**") operations (rail, road,...).

Their **efficiency** determines the **handling rate** – or "**throughput**" – which, together with the number of berths available, defines the **handling capacity** of the port, i.e. the number of vessels that can be handled in a port within a given period.

The **length** of the ship's call therefore depends on the time necessary for the stevedores to carry out the handling operations (the **lay-days**). The **turn-round time** includes both the lay-days and the time **required** to perform all other tasks related to the call. To reduce transport costs, it is necessary to try and reduce turn-round time as much as possible.

While the **tally clerk** checks the number of parcels or boxes handled, the other dockers use the port's **handling facilities** to perform their tasks. **A crane** can be used for different purposes. It is constituted of a **tackle**, which makes it easier to **lift** the parcels, and a **hook** to which the dockers fix the **sling** tied around the parcel. A **gantry crane** or a **travelling gantry crane** is specifically **designed** for container handling, in which case it is **fitted** with a **spreader** adapted to the size of the boxes.

When dealing with bulk cargoes (e.g. grain,...), stevedores often **resort to** a **conveyor belt** carrying the goods directly from the stocking area into the ship's hold. Pallets are more commonly handled by means of a **forklift truck**.

On the other hand, containers that must be left in the **marshalling area** of the terminal are **stacked** the one on top of the other by a **straddle carrier**. Alternately, they may be directly loaded onto a **slave trailer towed** by a **tugmaster** which will take them to the required area within the port.

Stevedores also work **on board** the ship and it is their responsibility to place, or "**stow**", the parcels correctly in the ship's **hold**. Indeed, if the **stowage plan** has not been properly thought out, the ship will not be well **trimmed** and she may **show a list** to one side during the voyage.

Once the place of each parcel has been defined, the stevedores must **lash** – or "**secure**" – them (also: "**make them fast**") so as to avoid **shifting** of the cargo in **rough** weather.

It is important that stevedoring firms perform their tasks in such a way as to avoid **breakage** and limit the risks of **pilferage** (stealing). However, mistakes are always possible and some parcels are sometimes lost, or "**mislaid**". In case of **mishandling**, goods may be **damaged** – or "**spoilt**". When unloading parcels, some of them may also be **overlanded** (i.e. unloaded in the wrong port) or found to be **shortlanded** (i.e. missing). Conversely, when loading goods, part of them may be **shortshipped** – or "**left on quay**".

Vocabulary exercise

Can you fill in the gaps with the right expression?

(Use exclusively the vocabulary that has been introduced in this text.)

1. A worker engaged in goods handling: a ....
2. A group of dock workers working together: a ....
3. The number of ships or goods which a port can handle at the same time: the .... of the port.
4. The number of parcels, containers, etc., that can be handled during a given period: the ....
5. The man in charge of checking the number of parcels loaded or unloaded: the ....
6. The apparatus used for lifting heavy parcels: a ....
7. The part of the crane to which parcels are hung: the ....
8. A piece of equipment used to lift and handle pallets: a ....
9. A piece of equipment used to handle containers in the marshalling area: a ....
10. A tractor used to handle trailers in the port: a ....
11. To fix parcels or goods so that they won't move: to ....
12. To arrange goods correctly in the ship's hold: to ....
13. To place containers the one on top of the other: to .... containers.
14. Mistakes in goods handling: ....
15. This parcel was mistakenly unloaded in the wrong port; this parcel was ....
16. This parcel has not been unloaded from the ship by mistake: this parcel has been ....
17. This parcel has been damaged;
    This parcel has been ....
18. No trace of this parcel can be found;
    This parcel has been ....
19. The time between the arrival of the ship and her departure from the port: the .... time.
20. The time necessary for loading or unloading operations: the ....
21. The rope or cable used for lifting or lowering a parcel: the ....
22. The act of transferring goods from one ship, train or truck to another: ....
23. A device used to handle bulk cargoes automatically in order to transport them from the ship to the storage area: a ....

24. A trailer belonging to the handling contractors and which is only used for loading or unloading operations: a .... trailer.
25. A crane especially adapted to the handling of containers: a ....
26. A frame fixed to the crane, which makes it possible to catch, secure and lift the container automatically: a ....

Fiche terminologique

aboard*	à bord
apparatus*	appareil, engin
breakage*	casse, bris
conveyor belt	transporteur à bande
crane	grue
crane operator	grutier
damaged goods/spoilt goods	marchandises avariées
damaged/spoilt (to be)	être abîmé
discharge (to)	décharger
efficiency	efficacité
fit with (to)	équiper
forklift truck	chariot élévateur, un "clark"
front handling unit, front handler	chariot frontal
gantry crane	portique à conteneurs
goods handling	manutention
handling	manutention
handling capacity of a port	capacité d'accueil d'un port
handling contractor	entreprise de manutention
handling facilities	infrastructures, équipement
handling operations	manutention
handling rate/throughput*	cadence de (dé)chargement/déchargement
heavy lift	colis lourd
hold	cale du navire
hook	croc, crochet
lash/secure/make fast* (to)	arrimer (fixer)

lay-days*	jours de planche
length	longueur
lift (to)	soulever
lift capacity, lift power	capacité de levage
load* (to)	charger
lower (to)	baisser, descendre
marshalling area	aire de triage
mishandling*	erreur de manutention
mislay a parcel (to)	égarer un colis
on board*	à bord de
outreach*	portée d'une grue
overlanded (to be)	être débarqué dans le mauvais port
perfom a task (to)	effectuer un travail
pilferage*	vol, chapardage
require (to)	nécessiter, réclamer
resort to (to)	utiliser, avoir recours à
rough weather	gros temps
shifting*	rippage
shortlanded (to be)	marchandise manquante, non déchargée
shortshipped/left on quay (to be)	être laissé sur le quai, "shortshippé"
show a list (for a ship) (to)	gîter, donner de la bande
side loader	chariot latéral
slave trailer*	remorque de port
sling	élingue
spreader* (20', 40')*	palonnier, palan à conteneurs
stack/pile up (to)	empiler, gerber
stevedores/dockers*	manutentionnaires, dockers
stevedoring	manutention
stow (in the hold)* (to)	arrimer (répartir)
stowage plan	plan d'arrimage
straddle carrier	cavalier pour conteneurs
tackle	palan
tally clerk	pointeur
team/gang/shift*	équipe, bordée, quart

tow (to)	remorquer
transhipping/transhipment	transbordement
travelling gantry crane	portique à conteneurs mobile
trim (to)	équilibrer
tugmaster*	tracteur de port
turn-round time*	jours d'immobilisation
unload (to)	décharger

Commentaires

- *aboard* : deux emplois possibles : *all the containers are now aboard the vessel* ou *all the members of the crew are now aboard !*
- *apparatus* : le pluriel irrégulier de ce terme ("apparati") n'est jamais réellement utilisé.
- *on board* : notez la construction la plus courante, en anglais : *to load goods on board the vessel.*
- *docker* : les puristes distingueront *docker*, qui désigne toute persone travaillant sur le quai d'un port, quelle que soit son activité, de *stevedore*, dont la tâche consiste essentiellement à charger et décharger le navire.
- *lay-days* : les jours de planche correspondent aux jours prévus pour les opérations de chargement/déchargement du navire. Tout dépassement de cette période entraine des frais supplémentaires appelés *surestaries* (*demurrage* en anglais).
- *to load* : ne pas confondre avec *to charge* (faire payer, facturer).
- *to make fast* : le sens étymologique de *fast* est "serré", que l'on retrouve dans *to hold fast* (tenir fort, tenir serré) ou encore dans le verbe *to fasten* (attacher, lier serré).
- *mishandling, breakage, pilferage* : mots abstraits, sans article en anglais.
- *the outreach* : correspond à la distance jusqu'à laquelle s'étend la flèche de la grue. Pour les portiques à conteneurs, cette distance détermine la taille maximum (largeur) des navires susceptibles d'être chargés/déchargés.
- *a shift* : ce terme désigne à l'origine l'équipe qui travaille par rotation, en "quart". On parlera ainsi du *morning shift* (l'équipe du matin, le quart du matin).
- *shifting* : le rippage est le déplacement accidentel dans la cale d'une cargaison mal arrimée. Ce risque concerne plus particulièrement le vrac, pour lequel on utilisera parfois des "bardis" ou "planches anti-rippage" (*shifting boards*).
- *spreader* (20', 40') : le chiffre qui peut accompagner ce terme correspond à la taille du conteneur chargé ou déchargé (conteneur de 20 ou 40 pieds).
- *to stack* : selon le nombre de conteneurs empilés (gerbés), on pourra décliner ce verbe, par ex. *to double stack.*
- *stevedore* : (parfois aussi *longshoreman* — USA).
- *to stow* : ne pas confondre avec *to tow* (remorquer).
- *the throughput* : notez bien l'orthographe de ce mot, souvent confondu avec la préposition *throughout* (partout, durant,...).

- *the tugmaster/the slave trailer*: ces deux termes désignent des engins de manutention destinés à rester dans l'enceinte du port.
- *turn-round time* : les jours d'immobilisation correspondent au temps pendant lequel le navire reste au port. Ne pas confondre cette expression avec to *turn round* (éviter, c'est-à-dire changer de position, de sens, dans un "bassin d'évitage" — *turning ou swinging basin*).

4. Organizing the world of international shipping

Shipping companies trading on similar destinations commonly organize and co-ordinate their activities in **pools** or **conferences**. These associations make it possible to reduce the **cut-throat competition** which used to be the rule on certain **profitable** trade **routes**.

Under the authority of a **chairman**, lines belonging to a conference sign **rate agreements** by which **member lines** are **bound to charge** the same **rates**. If the conference deals with regular lines, it is then referred to as a **liner-conference**. If all the lines operating on the same destination decide to avoid any competition, it is a case of **trade-sharing**, or **cartel**. However, most destinations, although dominated by conferences, are also served by **non-conference operators** – or **outsiders**.

To keep an eye on all member lines and avoid **malpractice** (i.e. non-respect of the agreements) such as **overquoting** or **underquoting**, conferences have set up a system of mutual **check** called the **self-policing system**. **Infringements of contract** on the part of a member line could lead to serious **penalties**.

Other arrangements can also be agreed on between lines and customers: **loyalty arrangements** – or **service contracts** – refer to **discounts** – or **rebates** – **granted** to customers by a shipping line for being the sole carrier of their goods. Normally, in such cases, the customers have to agree to send a minimum volume of cargo with the line.

In some cases, international transport may also be governed by the **Cargo Allotment Scheme**. This refers to the advice of **good practice** given by UNCTAD (United Nations Council for Trade and Development), which states that in the shipping trade between two countries, 40% of the total volume of cargo should be carried by ships of one country and another 40% by ships of the other country. The remaining 20% can be carried by ships from any other country.

This advice has been particularly **issued** for use in **developing countries**.

Vocabulary exercise

Can you fill in the gaps with the right expression?

(Use exclusively the vocabulary that has been introduced in this text.)

1. When several shipping companies agree to share their fleet of vessels in order to provide a more efficient service for shippers, they form a ....
2. When various shipping companies agree to observe mutual agreements on rates for certain lines, they form a ....
3. Some transport operators choose not to join liner conferences. They are called ....
4. The transport costs which shipping companies should charge shippers should be based on the .... of the conference they belong to.
5. When a company or its agent uses a rate which is superior to normally accepted ones, it is said to ....
6. If a company does not observe the rules of the conference it belongs to, it will be accused of ....
7. The .... is the repartition of freight on a given line between the companies of the different countries concerned.
8. A .... is the complete domination of trade over a given line or area by a limited number of agreeing companies.
9. The person who presides over a conference is the ....
10. An .... of contract takes place when an operator does not observe the terms of the contract of carriage.
11. Some conferences ask an independent firm to ascertain that all member lines conform to the conference's legislation. This is called the .... system.
12. Conferences, rate agreements, etc., all aim at reducing .... between individual companies.
13. A company that wishes to escape the legislation of its country commonly uses a .... for its vessels
14. When freight space must be regularly booked over a given period, shippers and companies can agree on .... so that the shippers will benefit of lower rates.

Fiche terminologique

bound to (to be)	être tenu de
cargo allotment scheme*	répartition des chargements
chairman	président du conseil d'administration
charge* (to)	faire payer
check (to)	vérifier
competition	concurrence
• cut-throat competition	• concurrence acharnée
conference	conférence maritime
discount*/rebate*	réduction, remise, rabais
infringement of contract	violation de contrat
join* (to)	s'affilier
flag of convenience	pavillon de complaisance
good practice	bonne conduite (entre compagnies)
grant (to)	accorder
liner-conference	conférence régulière
loyalty arrangements/ service contracts	contrat de service, de fidélité
malpractice	non-respect du règlement
member line	ligne membre
non-conference operator/ outsider	ligne hors-conférence
overquote (to)	sur-coter
penalty	pénalité
pool	pool
preside over* (to)	être à la tête, diriger
profit*	bénéfice
profitable*	avantageux, rentable
rate	tarif
rate agreement	accord tarifaire
rule*	règle, règlement
self-policing system	système de contrôle interne
set up (a system) (to)	mettre en place, instaurer
shipping company	compagnie maritime

sole	unique
trade (to)	faire du commerce
trade route	ligne commerciale
trade-sharing/cartel	partage du marché, cartel
trade with* (to)	commercer avec
UNCTAD (United Nations Council for Trade and Development)	Conseil des Nations Unies pour le Commerce et le Développemennt
underquote (to)	sous-coter

Commentaires

- *cargo alloment scheme* : cette expression désigne un programme de répartition des chargements recommandé par le CNUCED — Conseil des Nations Unies sur le Commerce et le Développement (en anglais *UNCTAD — United Nations Council for Trade and Development*), dans le cadre d'accords commerciaux avec des pays en voie de développement (*developping countries* ou *LDC's — Less Developped Countries*).
- *to charge* : attention au faux-ami ! Ne pas confondre avec *to load.*
- *to join* : verbe transitif direct : *to join a conference*.
- *to preside over* : notez la construction indirecte de ce verbe en anglais : *he is presiding over the conference*.
- *profit* : attention au faux ami ! En anglais *benefit* désigne des indemnités, et non des "bénéfices".
- *profitable* : on trouve également l'expression *cost-effective.*
- *a rebate, a discount* : se rencontrent souvent dans l'expression *to grant a discount* (accorder une remise).
- *a rule* : noter également le terme général *regulations* (les règlements, la règlementation).
- *to trade with* : on notera également l'expression *trading partners* (partenaires commerciaux).

5. Shippers, shipowners and shipping companies

Although a few expressions in the **shipping business** look alike, one should be careful to avoid confusion between such words as, say, "**shipper**" and "**shipowner**"!

Obviously, **shippers** do not own any **fleet of vessels** or vehicles. The vessels used for the transport of goods **belong to** and are **commissioned** – or "**fitted out**", "**equipped**" – by the **shipowner** who may either deal with their **management** – or "**husbanding**" – himself or leave this task to the **shipping companies** who **operate** them.

Shipping companies, then, may either decide to acquire their fleets, thus becoming shipowners, or choose to **charter** vessels in order to gain more **flexibility** in **meeting the demand** from shippers, even when operating **liner services**.

To avoid any **litigation** arising from **maintenance** problems, (for instance a few vessels may not be really **sea-worthy**), shipowners and companies sign a contract called the **charter-party**. Whether the company **hires** the vessel for a given period or for a given **voyage** on a particular **route**, this document is referred to as either a **time charter-party** or a **voyage** – or **trip** – **charter-party**.

Vocabulary exercise

Can you fill in the gaps with the right expression?

(Use exclusively the vocabulary that has been introduced in this text.)

1. The person or company that hires a vessel from the shipowner: the ....
2. An agreement between a shipowner and a carrier for the commercial lease of a ship: a ....

   – When referring only to a particular trip or voyage, it is called a ....

   – When referring to a particular period of time, it is then called a ....
3. The management of a ship: the ....
4. To put a vessel into service: to .... a ship.
5. The itinerary followed by a liner is commonly referred to as the ....
6. A vessel in a good state of repair is said to be ....
7. A shipping company should be organized in such a way as to .... the demands of shippers as completely as possible.
8. Shipping companies do not all necessarily run – or .... – regular services.

Fiche terminologique

belong to (to)	appartenir à
charter (to)	affréter
charter-party	charte-partie
commission/fit out/equip (to)	armer (un navire)
fleet of vessels	flotte de navires
flexibility	adaptabilité, flexibilité
hire (to)	louer
liner service	service de ligne régulière
litigation (invar.)	litiges
maintenance	maintenance, entretien
management/husbanding	gérance d'un navire
meet the demand (to)	satisfaire la demande
operate (to)	exploiter un navire
sea-worthy	en état de naviguer
shipowner	armateur
shipper	chargeur
shipping business	le monde du transport maritime
shipping company	compagnie maritime
time charter-party	charte-partie à temps
voyage	voyage (maritime uniquement)
voyage/trip – charter-party	charte-partie au voyage

II. READING TEXTS

1. Handling Operations

Bulk traffic

A multipurpose bulk terminal is **located** in the port **industrial area**, making it possible to **operate** all kinds of bulk cargoes, heavy ones as well as **foodstuff**, both on **export** and **import**.

Accessible to the largest ships, it offers real advantages to **shippers** who can **benefit from** the **money savings achieved** on maritime transport by the use of such vessels.

Operators can there find **facilities** which are technically and commercially **suited** to the **forwarding** and **dispatching** of their goods, and possibly to their **processing**. Linked up to the **waterway**, the **railway** and the **road networks**, this terminal should **strengthen** the position of the port for bulk traffic, a large part of which is at present transiting through **foreign** ports.

General cargo traffic

This type of traffic is very important both because of the **added value** it **provides** and of the employment it creates: as an indication, it **accounts for** about 90% of the dockers' employment and nearly 60% of the use of port facilities. However differences should be noted according to **packaging**.

Containers: the port has confirmed its position as first **domestic** container port, **handling** almost 50% of the traffic for all national ports. In **figures**, the port reached 687,427 TEU's in 1990. With three specialized terminals, it **ranks** as a leader among European ports. The three terminals are equipped with a large amount of **stacking** equipment for **shore handling** as well as railway **cranes** for rail traffic.

As a result of new transport technologies, **conventional traffic** in 1990 **significantly decreased** and only accounted for 5% of the **general cargo** whereas it exceeded 50% in 1979.

Labour force

To **improve** handling **competitiveness**, a plan **was set** up in 1989 which allowed for a 25% reduction in the number of **dock workers** in 1990. Furthermore, the development of more **efficient working conditions** (smaller **gangs**, more flexible hours), has led to a considerable **decrease** in **handling costs**, and thereby **operational costs**.

Today, 2,100 professional dock workers **carry out** ship loading and unloading operations, and all the related activities in **back-up areas** and **sheds** (reception, **deliveries**, **sampling**, dividing into **lots**, **palletizing**, **weighing**, container **stuffing** or **stripping**). They work in co-operation with the **quay** gangs in charge of operating the handling equipment (**gantry cranes**, **forklift trucks**,...).

Comprehension exercise

Choose the best answer

1. a) The industrial area of the port is designed for bulk cargo traffic.
   b) Thanks to a special terminal, the industrial area can handle all sorts of bulk cargoes.
   c) The multipurpose terminal of the industrial area makes it possible for bulky cargoes to be handled conveniently.

2. a) Shippers can save money by using the industrial area.
   b) Shippers can save money by using the multipurpose terminal.
   c) Shippers can save money by using bulk carriers.
3. a) Operators are offered the necessary equipment for transport and processing of the goods.
   b) Operators have to suit their commercial or technical needs to the facilities offered on the industrial area.
   c) Operators can find all necessary forwarders and processing plants in the area.
4. a) The terminal should be soon linked to the waterway, road and rail network.
   b) The terminal should represent an important asset for a large part of the bulk traffic.
   c) The terminal should help the port gain new markets related to bulk cargo traffic.
5. a) General cargo traffic represents the main activity of the port.
   b) General cargo traffic gives the port a new value.
   c) General cargo traffic has been developed to offer better employment facilities to dockers.
6. a) The activity related to this traffic bears no direct relation to the type of packaging.
   b) A development of the different types of cargoes has been noted.
   c) The different types of cargoes do not reflect a similar trend.
7. a) The port alone handles more than half the total domestic container traffic.
   b) The port reached the position as first domestic container port in 1990.
   c) The port has been a leader for container traffic in the country for more than a year.
8. a) The port is one of the best equipped ones for containers in Europe.
   b) The port terminals are equipped with the best facilities available in Europe.
   c) The terminals are well equipped for the stocking and transhipment of containers.
9. a) In 1990, conventional traffic only played a minor part in the port's activities.
   b) Conventional traffic used new technologies to try to stop decreasing.
   c) General cargo traffic has been divided by ten from 1979 to 1990.
10. a) In 1989, the port authorities decided to improve handling competitiveness by 25%.
    b) In 1990, handling competitiveness was improved by 25%.

c) A plan to improve handling competitiveness in 1990 was designed in 1989.

11. a) The number of dock workers was reduced by 25% in 1990.
b) The dock workers' activity was reduced by 25% in 1990.
c) Handling competitiveness in 1990 was reduced by 25% because of the dock workers.

12. a) There has been a decrease in the number of working gangs.
b) Working conditions have been altered in order to reduce handling and operational costs.
c) It would be necessary to improve the efficiency of the dockers' working conditions in order to reduce handling and operational costs.

13. a) Today, professional dock workers and quay gangs represent a labour force of 2,100 men.
b) The professional dock workers are in charge of operating the handling equipment.
c) The professional dock workers are in charge of loading and unloading operations.

Vocabulary exercise

Complete the blanks with an expression from the text

1. This terminal makes it possible to handle all kinds of bulk cargoes.
This terminal makes it possible to .... all kinds of bulk cargoes.
2. Perishable goods often consist of ....
3. Using bulk carriers enables shippers to benefit from important money ....
4. The transformation of raw material or foodstuff is referred to as the .... of these goods.
5. General cargo traffic .... for 90% of the dockers' employment.
6. The port is among the most important container ports.
The port .... as a leader for container traffic.
7. Part of the equipment is designed for goods handling on the land.
Part of the equipment is designed for .... handling.
8. Terminals require specialized equipment to pile containers the one on top of the other.
Terminals require specialized equipment to .... containers.

9. Conventional traffic has decreased in an important proportion.
   Conventional traffic has ………. decreased.
10. A plan was designed to improve handling competitiveness.
    A plan was ………. to improve handling competitiveness.
11. Dock workers as a rule are organized into working shifts.
    Dock workers as a rule are organized into working ……….
12. The total cost of the transport operation is referred to as the ………. cost.
13. The quay workers are in charge of ………. the handling equipment.
14. The device used to load or unload containers into or from a ship is called a ………

2. The port of Longmouth

The port of Longmouth, in the Forth Estuary, has been **handling** oil for over sixty years and the experience gathered in that time is **reaping benefits**. Access to the port for most vessels is **available on a 24-hour basis** so that Longmouth remains the Forth's principal port for **liner services**. Forest products, bulk cargo traffic and manufactured goods such as whisky and steel products are regularly handled. **Sheds** at Longmouth provide the necessary **facilities** for the **storage** of cargoes, the **stuffing** and **stripping** of containers and the **palletising** of whisky **consignments** destined for **overseas consumers**.

Container **handling capacity** in recent years has been **improved** and moulded to **suit the needs** of both **current** and **potential shippers** and this will continue. A new quayside container handler has been **ordered** for Longmouth. Costing £200,000, it is a **multipurpose** machine with a 27-tonne capacity which can handle 20' – 40' containers **overhead**.

The port of Longmouth **operates** a liner service **every four days** to **meet the demand** for space to Holland, Belgium and Germany, with **transhipment** to Portugal and Italy. Seavan provides Scotland's principal direct container **link** with the EEC but most other world ports can be **serviced** by transhipment. As the eighties have progressed so **TEU throughput** has **steadily increased** – whisky dominates the export trade but imports do form a **significant** percentage of the lines' total throughput.

LCL consignments carried by Seavan are **consolidated** at Longmouth prior to **despatch** at Merth. Seavan **improved** on its **carryings** in 1994, and is now also handling **reefer boxes**. The port authority has **responded, supplying** several **reefer points** on the **wharf**.

In 1993, the cranes were the object of a development programme which **entailed** increasing the **box weight capacity** from 25 to 27 tonnes. It also increased the **outreach** to enable easy access to the **off-side deck slots** of the larger vessels. Incorporated into each of the crane controls is a **safety device** checking the weight of each container **lifted**.

Comprehension exercise

Choose the best answer

1. In the Forth Estuary:
   a) The port of Longmouth is over sixty years old.
   b) The port of Longmouth has a long experience as an oil terminal.
   c) Oil was found near the port of Longmouth over sixty years ago.
2. a) The port of Longmouth is making a lot of money out of the oil traffic.
   b) The port of Longmouth has been financially successful in the last sixty years.
   c) The port of Longmouth is now thriving thanks to the experience it has gained in the oil traffic.
3. a) All vessels can berth in Longmouth at any time of the tide.
   b) Liners can berth in Longmouth at any time of the day.
   c) Almost any ship can berth in Longmouth whatever the moment of the tide.
4. a) The port's main traffic consists of timber, bulk cargo, and liner services.
   b) The port's main traffic consists of timber, manufactured goods and bulk cargo.
   c) The port's main traffic consists of timber, manufactured goods, liner services and bulky cargoes.
5. a) The port facilities make it possible to handle bulky cargoes, as well as pallets and containers
   b) The port facilities make it possible to handle standardized unit loads as well as bulk traffic.
   c) The port facilities make it possible to handle whisky consignments bound for foreign destinations.
6. a) The quality of container handling operations is now better than it was.
   b) The number of containers handled in the port is now higher than it was.
   c) It is now easier to handle containers than it was in recent years.

7. a) The facilities for container handling have been adapted to the needs of big shipping companies.
   b) The facilities for container handling have been adapted to the needs of current large ships.
   c) The facilities for container handling have been adapted to the requirements of the shippers.
8. a) A new quay has been built for container handling.
   b) A new gantry crane has been purchased for container handling.
   c) A crane on the quay has been specially adapted for the handling of new containers.
9. a) The new machine can only handle 20 and 40 footers.
   b) The new machine can handle 27 containers an hour.
   c) The new machine can handle a wide variety of containers and parcels.
10. a) There is a demand for space from Longmouth to Holland, Belgium and Germany every four days.
    b) Ships leave Longmouth for Holland, Belgium and Germany every four days.
    c) It takes four days for this liner service to satisfy the demand for space to Holland, Belgium and Germany.
11. a) Most of the container traffic from Scotland to EEC countries is organized by Seavan.
    b) Seavan can organize transhipment for traffic from major world ports bound for EEC destinations.
    c) All container traffic from Longmouth to the EEC and other world ports is handled by Seavan.
12. a) The container traffic in the port has grown by 80% in the last few years.
    b) The port's container handling rate has grown by 18% in the last few years.
    c) The container traffic in the port has grown regularly in the 1990's.
13. a) The port of Longmouth is largely dependent on exports.
    b) The port of Longmouth has specialized in whisky imports and exports.
    c) A significant percentage of the whisky trade is handled in the port of Longmouth.
14. a) Shipments from the LCL company must be grouped in Longmouth before being sent to Merth.
    b) Container groupage operations are performed in Longmouth.
    c) Seavan groups its various shipments in Longmouth then sends them to Merth.
15. a) Seavan started operating new container services in 1994.
    b) Seavan is now offering a better service on refrigerated containers.

c) Seavan handled a larger number of containers in 1994.

16. a) The port authority answered Seavan's request for refrigerated container points.
b) The port authority agreed to build a new quay for refrigerated containers.
c) The port authority reacted to Seavan's development by adding new facilities to the port.

17. a) New cranes were installed in 1993 as part of the development programme.
b) The development programme resulted in increasing the weight of the containers.
c) The development programme resulted in adapting the existing cranes to heavier containers.

18. a) Previously, with large vessels, the cranes could not handle containers stowed in the cells opposite the quay.
b) The cells of some ships were enlarged so that the cranes could reach them more easily.
c) An easy access was provided for larger vessels so that the cranes could reach all the containers stowed on board.

19. a) The crane driver must control the weight of the containers he lifts.
b) The crane lifts each container after its weight has been safely controlled.
c) During each operation, the crane automatically makes sure that no container is overweight.

Vocabulary exercise

Complete the blanks with an expression from the text

1. Their experience in the field of oil traffic is paying off.
Their experience in the field of oil handling is ....
2. Ships can enter the harbour at any time of the day.
Ships can enter the harbour ....
3. There is a variety of specially designed warehouses.
There is a variety of specially designed ....
4. The function of warehouses is the .... of goods.
5. The port of Longmouth offers the necessary equipment for the handling of bulk cargo traffic.
The port of Longmouth offers the necessary .... for the handling of bulk cargo traffic.
6. The port provides the equipment for the packing and unpacking of the goods in and out of containers.
The port provides the equipment for the .... and .... of containers.

7. Whisky is exported to foreign destinations.
Whisky is exported to .... destinations.
8. The port of Longmouth handles a lot of whisky shipments.
The port of Longmouth handles a lot of whisky ....
9. The buyers of the exported goods are referred to as ....
10. The number of containers liable to be handled in the port has been raised.
The container .... of the port has been improved.
11. The equipment has been improved to adapt the port to the needs of its users.
The equipment of the port has been improved to .... of its users.
12. The port authority is thinking both of current and prospective shippers.
The port authority is thinking both of current and .... shippers.
13. The new crane can be adapted to different types of cargoes.
The new crane is a .... machine.
14. The port of Longmouth .... regular services between Scotland and EEC countries.
15. A liner service was created in order to satisfy the demand for space to Holland.
A liner service was created in order to .... the demand for space to Holland.
16. Although Seavan handles traffic with EEC countries, it can also organize transport to other ports of the world.
Although Seavan handles traffic with EEC countries, other world ports can also be ....
17. The container handling rate has been increasing steadily.
The container .... has been increasing steadily.
18. Seavan handles both FCL and LCL shipments.
Seavan handles both FCL and LCL ....
19. LCL shipments are grouped in Longmouth.
LCL shipments are .... in Longmouth.
20. These shipments are first grouped in Longmouth, then sent to Merth.
These shipments are grouped in Longmouth .... being sent to Merth.
21. These shipments are then sent to Merth.
These shipments are then .... to Merth.
22. Seavan also handles refrigerated containers.
Seavan also handles .... boxes.
23. New facilities have been installed on the quayside.
New facilities have been installed on the ....

24. The cranes can lift heavier containers than before.
    The .... of the cranes was increased.
25. The modified cranes can lift containers situated further away on the ship.
    The .... of the cranes was extended.
26. The cranes can now reach the containers stowed on the side of the ship opposite the quay.
    The cranes can now reach the .... containers.
27. In some vessels, containers are stowed in specially adapted cells.
    In some vessels, containers are stowed in specially adapted ....
28. The cranes are fitted with a safety system to check the box weight.
    The cranes are fitted with a safety .... to check the box weight.

ORGANIZING TRANSPORT

I. Introducing vocabulary...

1. Carriers and Operators

A shipper wishing to **send** his goods to a destination must contact a **transporter**, also called a **common carrier**.

A transport firm such as a **road haulier** or a **shipping company** (represented in the various ports by the **shipping agent**) specializes in particular types of transport.

Other firms organize transport operations **on behalf of** the shipper and contact the carriers themselves:

• The **forwarding agent** looks after the goods for the transport operation. He acts as a **middleman** between the **shipper** or exporter and the transport firm.

• A modern development of the freight forwarding business is the supervision of the various transport operations that may take place for a single **shipment**, particularly when different **means of transport** are used. In this particular case, the operator is referred to as a **M.T.O.** (**Multimodal Transport Operator**). His actual function is merely to **book** freight space for punctual shipments with the various operators **involved**. He does not **hold responsibility for** the goods carried.

• Nearer to the **shipowner** is the **N.V.O.C.C.** (**Non Vessel Operating/Owner Common Carrier**), who acts as a shipowner and organizes transport from end to end, but who does not **own** any **fleet** of ships or even containers. N.V.O.C.C.'s **hire** the services of other companies. Their role is more similar to that of the shipowner than to the one of the freight forwarder. The

N.V.O.C.C. is a real transporter and as such, is responsible for the goods carried.

In all these cases, the shipper and the operator he has chosen are **bound by** a specific **contract of carriage** listing explicitly the **shipping terms** which have been agreed on.

The **freight**, i.e. the cost of the transport operation, may be payed either by the **shipper** (in the case of "**freight prepaid**") or at the other end of the chain, by the **consignee** (in the case of "**freight collect**"). This price is fixed according to the **freight rate** applied by the carriers involved.

Vocabulary exercise

Can you fill in the gaps with the right expression?

(Use exclusively the vocabulary that has been introduced in this text.)

1. Firms do not as a rule organize shipments themselves. Instead, they contact a .... (general expression).
2. In the case of road transport, the operator is more especially called a ....
3. A firm dealing with maritime transport is called a ....
4. A word meaning either the price paid for carrying goods or a shipload of cargo: the ....
5. A person who looks after transport, warehousing and delivery of goods to their destination is a ....
6. The specific conditions of a contract of carriage: the ....
7. An expression used when the transport charges should be paid on reception of the goods: ....
8. An expression used when the transport charges have been paid by the consigner: ....
9. An expression referring to the different prices to be paid according to the type of freight: the ....
10. The person in charge of representing the shipowner or company in the port, and to co-ordinate all activities related to the ship's call: the ....
11. Many companies own their means of transport, but they may sometimes .... special equipment for particular shipments.
12. The person more especially engaged in the complete organization for the door-to-door delivery of a given shipment: the ....
13. The person, or firm, who is the owner of a fleet of vessels is referred to as the ....
14. A firm dealing with maritime transport: a ....

15. For the time of the transport operation, the carrier is .... for the goods transported.
16. A road haulier may own or hire his .... of vehicles.

Fiche terminologique

book (to)	réserver
bound by (to be)	être tenu, lié par
contract of carriage	contrat de transport
fleet	flotte
forwarding agent	transitaire
hire (to)	louer
hold responsibility (to)	être responsable
involve (to)	impliquer
M.T.O. (Multimodal Transport Operator)	opérateur de transport multimodal
means of transport (invar.)	moyens de transport
middleman	intermédiaire
N.V.O.C.C. (Non Vessel Operating/Owner Common Carrier),	opérateur de transport non armateur
on behalf of	au nom de
own (to)	posséder
road haulier	transporteur routier
send (to)	envoyer, expédier
shipment	envoi, cargaison, expédition
shipowner	armateur
shipper	chargeur
shipping agent	consignataire
shipping company	compagnie maritime
shipping/freight terms	contrat d'expédition
transporter/common carrier	transporteur

2. Port occupations

Port operations are so varied that they can give rise to numerous individual private firms each **fulfilling** a specific occupational function. These different aspects of port life can commonly be found within the same **shipping agency**.

The first occupation of an agency is obviously to find freight to be carried as well as new **prospective** customers: this is the function of the **canvassing department**.

Once **freight** has been found, the **booking department** gives the **shipper** a **quotation** – or "**estimate**" – of the total cost of the transport operation and makes sure appropriate room can be found on board a ship. The function of the **logistics department** is to ensure that the right sort of **facilities**, containers for instance, will be **available** for the goods at the right time and at the right place.

All formalities are then **carried out** either by the **export department** for **outward freight**, or the **import department** for a **homeward cargo**. The **stevedoring department** deals with the organization of the handling operations. If the consignment is to be brought to the port (or **removed**) by another carrier, the **forwarding department** will co-ordinate the operations.

When the ship is going to **call at** the port, everything must be carefully planned to avoid any waste of time. The **shipbroker** – or "**customs broker**" – and the **customs declarant** – or "**customs agent**" – are each responsible for **clearance** of ship and cargo, respectively, while the **shipping clerk** – or "**water clerk**" – visits the ship immediately on her arrival and provides for the needs of both captain and crew. Any problem with the ship itself will be dealt with by the **technical services department**, that will get any necessary **spare part** from the **shipchandling department**.

Finally, the **accounts department** – or "**accountancy department**" – is responsible for all financial matters while the **claims department** has to deal with any subsequent **litigation**.

As opposed to the shipping agency, which acts as its **representative** in the port, the **shipping company** may **own** or **charter** its vessels and manages the **sea-going personnel** through its **crew and manning division**. The **personnel department** – or "**staff department**" – is mainly involved in the management of the **ground staff**.

Large companies are often **located** in large cities where they can establish their **headquarters**, and organize a **network** of **branches** in the various ports where important business is carried out. Such a company may prefer to divide its activities by creating a specialized **subsidiary**, financially controlled by the **mother company** – or "**parent company**".

Vocabulary exercise

Can you fill in the gaps with the right expression?

(Use exclusively the vocabulary that has been introduced in this text.)

1. The department dealing with financial matters: the .... department.
2. The department involved with the prospection of new freight: the .... department.
3. The department dealing with the actual reservation of freight: the .... department.
4. The department dealing with litigation: the .... department.
5. The department of a shipping company involved in the organization of ships' crews and needs: the .... division.
6. The department involved with incoming goods: the .... department.
7. The department dealing with outgoing goods: the .... department.
8. The department specializing in ship repairs, etc.: the .... department.
9. The department dealing with the general management of all employees of the firm: the .... department.
10. The expression referring to the people working ashore: the ....
11. The expression referring to the people actually working on the ship: the ....
12. To answer queries about the prices of particular shipments: to ....
13. A large shipping company may be composed of a main office representing the .... company, and of delegations – or .... – situated in various ports.
14. The employee of the shipping agency whose job it is to actually get in touch with the ship's master and provide for his needs ashore: the ....
15. The agency employee responsible for declaring the ship to the customs: the ....
16. The department responsible for the provision of all necessary items and parts for the ship: the .... department.

17. The department responsible for the follow-up and provision of such things as containers in the various ports of call according to the rotation of the vessels: the .... department.

Fiche terminologique

(customs) clearance	dédouanement
accounts/accountancy department*	service comptabilité
available	disponible
booking department*	service réservation de fret
branch	succursale
call at (to)	faire escale à
canvass (to)	démarcher
canvassing department	service prospection
carry out (to)	entreprendre (une tâche), remplir (formalités)
charter (to)	affréter
claims department	service contentieux
crew and manning division	armement
customer	client
customs declarant/customs agent	courtier en douane (marchandises)
export/outward freight department	service export
facilities	équipement
forwarding department*	service transit
freight	fret (marchandise)
freight	fret (prix du transport)
fulfil (to)	remplir, effectuer (une tâche)
give a quotation/estimate	donner une cotation, devis
ground staff	personnel à terre
headquarters	siège de la compagnie
head office	siège de la compagnie
homeward cargo	marchandises à l'import
import department	service import
inward freight department*	le service import

litigation (invar.)	litiges
located (to be)	être situé
logistics department	service logistique
main office	siège de la compagnie
mother/parent company	compagnie mère
network	réseau
outward freight	marchandises à l'export
own (to)	posséder
personnel/staff department	service du personnel
prospective	futur, potentiel
quotation/estimate	cotation
quote (to)	coter
remove (to)	enlever (marchandises)
representative	représentant
sea-going personnel	personnel navigant
shipbroker*/customs broker*	courtier en douane (navire)
shipchandling department	service approvisionnement
ship agency department*	service consignation
shipper	chargeur
shipping agency	agence maritime, consignataire
shipping clerk*/water clerk*	commis de consignation
spare part	pièce détachée, de rechange
stevedoring department	service manutention
subsequent	ultérieur
subsidiary	filiale
technical services department	service technique

Commentaires

- *accounts department*: notez que le terme *accounts* est invariable lorsqu'il signifie "comptes, comptabilité". Au singulier, il prend le sens de "compte" (bancaire, d'escale,...).
- *booking department*: *to book* = réserver.
- *forwarding department*: voir également *to forward* et ses composés (*freight forwarder, forwarding agent,...*).

- *inward freight department* : *inward* signifie "vers l'intérieur", "à l'entrée" ; le contraire en est : *outward* ("vers l'extérieur", "à la sortie").
- *the ship agency department* : on trouve aussi *ship's agency department*.
- *the shipbroker/customs broker* : il semble que l'on utilise le premier de ces termes au sein de l'agence, et le second dans le milieu de la douane. En fait, il s'agit de la même activité. (voir aussi *customs declarant/customs agent*).
- *shipping clerk/water clerk* : *a clerk* = un employé de bureau.

3. Transport documents

All transport operations **entail** the **completion** of **transport documents** – or "**shipping documents**".

As soon as shippers **book** their freight near a shipping agent or a freight forwarder, a **booking note** will be **issued** to officialize the transaction. This document will be further complemented by another **form** acting both as a **contract of carriage** and a **document of title** for the goods transported. This document is commonly referred to as the **Bill of Lading** – or "**B/L**" – in the case of shipping, the **air way bill** for air transport or the **consignment note** for road or rail transport. These names may themselves vary slightly according to the type of transport and the operators involved.

In all cases, the documents should clearly show the **cancelling date** (i.e. the limit after which the shipper may not change his mind without paying **compensation**) and the **closing date** (i.e. the last day when the goods must be at the carrier's **disposal**. **Antedating** a document is of course strictly prohibited by law.

When the goods are **entrusted to** the agent, the latter will issue a **proof of receipt** – or "**acknowledgement**" – certifying that he has actually received them.

The shipping agent will then **draw** the **cargo manifest**, i.e. the list of goods to be loaded on board a given vessel, and the **packing list**, i.e. the description of all the parcels transported.

The captain of the vessel that will carry these consignments is expected to produce other documents such as the **crew manifest** – or "**crew list**" – and the **log book** in which all events related to the voyage must be written down.

When the goods have been loaded, the ship's mate will sign the **mate's receipt** showing he is taking responsibility for the goods carried. The **shipment note** (or "**shipping advice**") may then be sent to the shipper to ensure him of the safe despatch of his goods. The shipping agent's role being over, he can now send his company the **disbursement account** listing all the costs and **charges** he had to meet during the ship's call, before final **invoicing** to the shipper. The consignee or shipper (depending on the type of contract) may then use any **means of payment**, including the **letter of credit**, to **settle the account**.

On arrival of the goods in the port of destination, the **consignee** is sent the **advice note** informing him that his goods are **available** for **delivery**. Once a suitable date has been agreed on, the shipment will be brought to the consignee's **premises**. The **delivery note** will then be signed as a **proof of acceptance** of the goods.

A "**clean signature**" on the part of the consignee means that he accepts the goods in the state they are in. However, if in doubt, the consignee may **take exceptions** by giving a **qualified acceptance** which makes it possible for him to **claim** some compensation should the goods prove to be damaged.

Vocabulary exercise

Can you fill in the gaps with the right expression?

(Use exclusively the vocabulary that has been introduced in this text.)

1. The document listing the different items of a cargo: the ....
2. The document given to the consigner certifying that his goods have been duly loaded: the ....
3. The document acting as a receipt, contract of carriage and document of title for the goods: the ....
   – In the case of rail or road transport, it is called the ....;
   – In the case of air transport, it is called the ....
4. The document recording the reservation by the shipper of shipping space for freight: the ....
5. The date after which the reservation of freight cannot be nullified: the ....
6. The list of all the ship's personnel: the ....
7. The official document on which the ship's captain must consign everything related to a particular voyage: the ....
8. The document informing the consignee that his goods are available for collection: the ....
9. The document to be signed by the consignee certifying that the goods have been duly delivered: the ....
10. The consignee marks the full acceptance of the goods which are delivered to him by giving a ....

11. The consignee accepts the delivery of the goods provided they do not turn out to be damaged by giving a ....
In other words, the consignee is said to ....
12. After the ship's call, the agent shall list all his expenses and send this .... to the shipper.
13. The document informing the interested parties that the goods have been properly despatched is the ....
14. The latest date when the goods have to be delivered on the wharf for shipment is the .... date.
15. To .... a document is to stamp it before the actual date shown on the form.

Fiche terminologique

NOTE GÉNÉRALE : la plupart des documents cités ci-après correspondent aux formalités requises par les différentes phases d'une opération de transport. Chaque mode de transport pourra nécessiter des documents spécifiques, dont les plus courants sont reproduits dans cette liste.

advice note*	lettre d'avis
air way bill*	lettre de voiture aérienne
antedate a document (to)	antidater un document
available	disponible
Bill of Lading*/B/L	connaissement
book (to)	réserver
booking note	engagement de fret
cancelling date	date d'annulation
cargo manifest	manifeste de fret
charge	frais
claim (to)	réclamer
clean B/L	connaissement sans réserve
clean signature	acceptation sans réserve
closing date	clôture, dernier délai de remise à quai
compensation	indemnité
complete (to)	remplir (formulaires ...)
consignee	destinataire
consignment note*	lettre de voiture
consular invoice	facture consulaire

contract of carriage	contrat de transport
crew manifest/crew list	rôle d'équipage
delivery	livraison
delivery note*	bordereau de livraison
disbursement	débours
disbursement account	compte d'escale
disposal	disposition
document of title	titre de propriété
documentary credit	crédit documentaire
documentation	documents
draw (to)	rédiger (un document)
entail (to)	entraîner, impliquer
entrust sthg to sby (to)	remettre qqchose à qqun
file a document (to)	classer un dossier, un document
fill in a form (to)	remplir un formulaire
form	formulaire
Forwarder's Certificate of receipt (FCR)	certificat de prise en charge
Forwarder's Certificate of Transport (FCT)	certificat de transport
(FCT) warehouse receipt	récépissé d'entreposage
invoice	facture
invoice (to)	facturer
issue (to)	émettre (un document)
letter of credit	lettre de crédit
log book	livre de bord
mate's receipt*	billet de bord
means of payment* (invar.)	mode de paiement
nullify (to)	rendre nul et non avenu, annuler
on completion	une fois rempli, terminé
packing list	liste de colisage
premises (invar.)	locaux (bâtiments)
proof of acceptance/receipt	reçu, récépissé
proof of receipt/ acknowledgement	accusé de réception
qualified acceptance*	acceptation sous réserves
settle the accounts (to)	régler les comptes

shipment note/shipping advice	bordereau d'expédition
shipping order	bon d'embarquement
stamp	timbre, cachet, tampon
stamp (to)	apposer un tampon, viser, affranchir
take exceptions (to)	émettre des réserves, prendre des réserves à la livraison
through BL	connaissement global (multimodal)
transport/shipping documents	titres de transport

Commentaires

- *the advice note* : *informs the consignee that his goods are available for delivery.*
- *air way bill* : pour l'aérien.
- *bill of lading* : ce document de base dans toute opération de transport voit sa fonction évoluer avec le développement du multimodal. On trouvera donc également l'expression *through BL* (connaissement global), c.a.d. valable pour toutes les phases de l'opération concernée, et pour tous les modes de transport utilisés.
- *consignment note* : pour le rail ou la route.
- *the delivery note* : *to be signed by the consignee on reception of goods.*
- *mate's receipt* : on notera que ce document est signé par le second (*the mate*), et non par le commandant (*the captain*).
- *a means of payment* : notez bien l'orthographe ! le terme *means* est invariable (*a means*) quand il signifie "un moyen". Voir également *a means of transport, a means of conveyance.*
- *qualified acceptance* : s'emploie souvent dans l'expression *to give a qualified acceptance* (synonyme de *to take exceptions*).

4. The Customs

Any sort of international trade **entails** import or export operations and all goods must **go through customs** before being allowed to **enter** a country.

Customs officers are in charge of checking that all goods **at entry conform to** – or **"comply with"** – the existing **customs regulations**, which are meant to control the country's **balance of trade**.

Some goods are **prohibited** at import or export but most goods are **dutiable** – or **"liable for duty"** – (that is a **tax** is **levied** on them) as soon as their value exceeds a given allowance of **duty-free** goods.

The **customs duties** – or **"dues"** – which must be paid at the **border** or at the **port of entry** are regulated by **tariffs** defined by the government's economic policy. They are generally paid in the country's national **currency**.

As soon as a ship berths in a harbour, it should be declared to the customs by the **customs broker** – also called **"shipbroker"**. Meanwhile, the **customs declarant** – or **"customs agent"** is responsible for the **customs clearance** of the goods and he must **complete** – or **"fill in"** – the necessary **form**, or **"documentation"**. In recent years, formalities have tended to be reduced by using the new **S.A.D.** form (**Single Administrative Document**), as the customs were often accused of slowing down transport operations because of **officialdom** – or **"red tape"**.

When the goods have been properly **cleared**, the **bill of entry** is **issued** by the customs administration.

In some cases, goods may be allowed to **transit through** the country without any tax being levied on them. These **bonded goods** await collection in a **bonded warehouse**, or travel in lorries to which **customs seals** have been fixed to avoid anybody opening the trailer doors while still on the national territory.

Sometimes, when **searching** a vehicle or a ship, customs officers find shipments which have been **smuggled** into the country (imported illegally). Such a discovery generally results in a **fine** or, in more serious cases, in the **seizure** of the goods and the vehicle themselves.

Vocabulary exercise

Can you fill in the gaps with the right expression?

(Use exclusively the vocabulary that has been introduced in this text.)

1. The act of declaring imported goods and of paying the corresponding taxes: ....
2. Taxes are normally raised – or "........" – on imported goods.
3. The legislation related to the importation and exportation of goods: ....
4. The official mark used to ascertain that a consignment has not been modified while in transit through a country: the ....

5. If you do not declare commodities to the customs at import or export, you are said to .... goods in or out of the country.
6. In this case, customs officers are entitled to ....your premises and belongings.
7. The port where imported goods are declared: the ....
8. The official form stating that the goods have gone through customs in a regular way: the ....
9. A synonym for "taxes" raised on imported goods: ....
10. A company employee whose job it is to deal with customs formalities concerning the ship itself: a ....
11. Goods that have not yet been properly declared are referred to as .... goods; they will be stored in a ....
12. Goods that are not allowed at import are referred to as .... goods.
13. A certain quantity of goods may be imported duty-free: it is referred to as an ....
14. The list or system of taxes placed by a government upon imports and exports: the ....
15. The difference in value between a country's imports and exports: the ....
16. The act of not declaring a commodity properly to the customs may result in a .... to the company, or in extreme cases, in the .... of the goods.
17. The official representative of the state responsible for the control of the traffic in and out of the country: the ....
18. Goods on which a tax will be raised – or .... – are referred to as .... goods.
19. The official limit between two countries: the ....
20. An employee working in an independent company dealing with the declaration of the goods to the customs: a ....
21. The international set of customs documents now used for customs clearance within the EEC: the ....
22. The type of money used in each individual country: the ....
23. All goods at entry into a country must .... existing regulations.
24. Any passenger or goods entering a country should normally .... customs.
25. The person in charge of clearing the goods should .... a set of document also referred to as "..........".
26. The general word used to describe official forms and routines, often accused of causing delays: ....

Fiche terminologique

allowance	tolérance
(customs) clear (to)	déclarer en douane
balance of trade*	balance commerciale
bill of entry	déclaration d'entrée
bonded goods	marchandises sous douane
bonded warehouse	entrepôt sous douane
border*	frontière
complete/fill in (to)	remplir (documents)
conform to/comply with (to)	respecter un règlement
currency	monnaie (d'un pays)
customs broker/shipbroker*	déclarant en douane (navire), courtier en douane
customs clearance	déclaration en douane, dédouanement
customs declarant/agent*	déclarant en douane (marchandise)
customs duties/dues	droits de douane
customs entry	déclaration en douane
customs officer*	douanier
customs procedure	régime douanier
customs regulations	réglementations douanières
customs seals	scellés, plombs de douane
customs value/dutiable value	valeur en douane
documentation (invar.)	documents
drawback	remboursement des frais de douane
dues/duties	droits de douane
dutiable/liable for duty (to be)	être redevable, soumis à taxe
dutiable goods	marchandises soumises aux droits
duty-free	en franchise
economic policy*	politique économique
entail (to)	entraîner, impliquer
enter a country* (to)	entrer dans un pays

entitled to (to be)	être en droit de
examination by customs officers	visite douanière
fine	amende
form	formulaire
free trade zone, area	zone franche
go through customs (to)	passer la douane
goods at entry*	marchandises à l'import
issue (to)	émettre un document
levy (to)	percevoir, lever un droit
officialdom/red tape	paperasserie
port of entry	port douanier
prohibited	interdit, prohibé
S.A.D. form (Single Administrative Document)	D.A.U. (Document Administratif Unique)
search* (to)	fouiller
seize (to)	saisir, confisquer
seizure	saisie, confiscation
smuggle (to)	faire entrer en contrebande
tariffs	droits, barrières douanières
tax/levy	droit, taxe
transit through (to)	transiter par

Commentaires

- *Balance of trade* : le sens étymologique de balance est "l'équilibre". Voir aussi *balance* = le solde d'un compte.
- *The border* : ne pas confondre avec le terme *frontier*, dont l'utilisation se limite souvent à des notions plus abstraites (*the American frontier* — la "frontière" officielle de la colonisation pendant la conquête de l'Ouest ; *the new frontier* — conquête de l'espace,...)
- *A currency* : à ne pas confondre avec *money* (argent), ni avec *change* (la monnaie que l'on rend).
- *Customs officer* : noter le terme *the customs* (la douane) toujours au pluriel. En Grande Bretagne, l'administration douanière est désignée par le terme *customs and excise*.
- *economic policy* : ne pas confondre *policy* (une politique) et *politics* — invariable (la politique).
- *to enter a country* : verbe transitif direct. (Attention à ne pas confondre avec la construction française !).
- *at entry* : par exemple *goods at entry*.

- *To search* : verbe transitif (*to search a vehicle for smuggled goods* — fouiller un véhicule pour rechercher des marchandises en contrebande). Verbe souvent confondu avec "to look for" (chercher quelque chose, quelqu'un).
- *The shipbroker/customs broker; the customs declarant/customs agent* :
  Il semble que l'on utilise le premier de ces termes au sein de l'agence, et le second dans le milieu de la douane. En fait, il s'agit pour chaque paire de termes de la même activité.
  The shipbroker s'occupe de la déclaration en douane du navire, à son arrivée dans le port ; *the customs declarant* est, quant à lui, spécialisé dans la déclaration en douane des marchandises.

5. Fees, Taxes and Charges

Any **invoice** or **pro-forma invoice** should not only list the various items contained in the parcels, but should also indicate the different **fees**, **taxes** and **charges** which are commonly added to the cost of the transport itself (the **freight**).

Transport charges are calculated according to the **freight rate** (or passenger **fare** when passengers are concerned) in use in the shipping company involved.

Furthermore, the final invoice should clearly show the different items related to a given operation:

• The assistance of a pilot when approaching and entering the harbour is referred to as "**pilotage dues**", to which "**towage charges**" may be added.

• Loading and unloading operations are listed as "**handling charges**". For containers, these may be referred to as **C.S.C.** (**Container Service Charge**) or **T.H.C.** (**Terminal Handling Charge**). In certain ports where the ship's **draught** does not allow her to come directly alongside the **wharf**, **lighterage charges** are **invoiced** for the use of a lighter which helps bring the cargo **ashore**.

• In the case of Less than Container Load shipments, the agent will add **LCL fees** to the final document.

• Loading new cargo on board a vessel also implies **stowage charges**.

• The use of the port's facilities is charged as "**harbour dues**" – or "**port dues**", "**port billing**" – and "**wharfage**" – or "**quay rent**" – typically based on a percentage of the value of the cargo. The number of lay-days planned by the agent is also taken into account and should this period be longer than planned, **demurrage** will have to be paid for.

To all these operations, the shipping agent who **draws up** the final invoice will add the following items:

- **F.A.C.** (**Forwarding Agent's Commission**) when such services were required for the operation;
- his own fees, known as the **Agency Commission**.

In certain cases, a **surcharge** is applied to the basic rate, for example **C.A.F.** (**Currency Adjustment Factor**) whose function it is to **cover** the operator against variations in the **currency exchange rates, B.A.F.** (**Bunker Adjustment Factor**) if the vessel had to sail out of her normal route or as a **coverage** against variations in the price of fuel, or **War Risk Surcharge** when the vessel travels to or near conflicting countries.

Finally, let us notice the difference between the "**operational cost**" and the "**overheads**". Operational costs represent the cost of a transport operation, including **wages, fuel, maintenance, depreciation** or any other immediate payments. Overheads, on the other hand, represent all the company's costs, excluding operational costs, for example **rent** of offices, **staff**, telephone and **postage**, and so on…

Vocabulary exercise

Can you fill in the gaps with the right expression?

(Use exclusively the vocabulary that has been introduced in this text.)

1. The cost of the transport service as a whole is known as the ....
2. The price to be paid to a stevedoring firm: the ....
3. An indicative list of services and their respective costs, or of the goods and their prices: a ....
4. The list of possible costs according to the type and quantity of goods to be shipped: the ....
5. The cost of transport for passengers: the ....
6. The cost of the service offered by smaller boats sometimes used in low water ports for loading or unloading operations: ....
7. The cost of running a company, including such requirements as rent, staff salaries or taxes: ....
8. The cost of the service offered by pilots: ....
9. The taxes to be paid to the port's authorities during a vessel's call: ....
10. The cost of the service offered by tugboats: ....

11. In case of delays in handling operations, the company will have to pay ....
12. If the vessel leaves the port on a week-end or during a bank holiday, a .... will be added to the basic charges invoiced by the company.
13. The cost of placing the cargo properly in the ship's hold: ....
14. The taxes paid for the use of the wharf during the call: ....
15. The cost of carrying out a transport operation, including wages, maintenance, fuel, etc.: ....
16. The surcharge applied for vessels plying near conflicting countries: ....
17. A surcharge which enables the company to cover itself against variations in exchange rates: ....
18. A surcharge which enables the company to cover itself against variations in the price of the bunker oil used by vessels: ....

Fiche terminologique

Agency Commission	commission d'agence
ashore	à terre
B.A.F. (Bunker Adjustment Factor)*	surtaxe soute
balance	solde
C.A.F. (Currency Adjustment Factor)*	surtaxe monétaire
C.S.C. (Container Service Charge)	frais de manutention
charges	frais (à payer)
coverage	couverture
currency exchange rates	taux de change
demurrage*	surestaries
depreciation	amortissement
draft	traite
draught/draft	tirant d'eau
draw up (to)	rédiger (un document)
F.A.C. (Forwarding Agent's Commission) C.T.	commission transitaire
fare	tarif (voyageur)

fees	frais, honoraires
flat-rate tariff	tarif au forfait
free of charge	sans frais
freight	fret (coût du transport)
freight rate	tarif du fret, tarif marchandises
fuel	carburant
handling charges	frais de manutention
harbour dues/port dues/port billing	droits de port
invoice	facture
item	élément, article
landing charges	frais de déchargement
lay-days	jours de planche
LCL fees*	frais d'empotage (pour groupage)
lighter	allège
lighterage (charges)	frais d'allège
loading charges	frais de chargement
lumpsum rate	prix forfaitaire
maintenance	entretien, maintenance
operational costs	coûts d'exploitation
overheads*	frais généraux
overpaid	surpayé, trop perçu
passenger fare*	tarif voyageurs
pilotage dues	frais de pilotage
postage	frais de port (postes)
price current	prix courant
price list	liste de prix
pro-forma invoice*/estimate	facture pro-forma, devis
rebating*/rebate	remise
rent	location
staff	personnel
stowage charges*	frais d'arrimage
surcharge	surtaxe
T.H.C. (Terminal Handling Charge)	frais d'embarquement/ débarquement au terminal à conteneurs

take into account* (to)	prendre en compte
taxes	taxes
terms of payment	conditions de paiement
towage charges*	frais de remorquage
trading partners	partenaires commerciaux
transport charges*	frais de transport
wages (invar.)	salaires
War Risk Surcharge	surtaxe risques de guerre
wharf	quai
wharfage/quay rent	droits de quai

Commentaires

- *B.A.F.* : surtaxe permettant de couvrir les variations de prix du carburant (*bunker oil*).
- *C.A.F.* : surtaxe permettant de couvrir les variations de taux de change entre les monnaies (*currencies*).
- *demurrage* : les *surestaries* sont les frais entraînés par le dépassement de la période prévue pour le chargement/déchargement du navire. Voir aussi *lay days*.
- *LCL* : *Less than Container Load*, conteneur de groupage.
- *operational costs* : il s'agit là des frais correspondant à une opération particulière. (voir *overheads*).
- *overheads* : ces frais sont directement liés à la gestion de l'entreprise, et non à une opération particulière (voir *operational costs*).
- *the passenger fare* : *fare* s'emploie toujours au singulier.
- *a pro-forma invoice* : également *an estimate, a quotation*.
- *rebating* : pratique de rabais pour attirer le client.
- *stowage charges/towage charges* : attention à ne pas confondre ces deux expressions.
- *to take into account* : construction : si le C.O.D. est court, on le placera juste après le verbe — *we should take this situation into acount*.
- *transport charges* : attention aux faux-amis ! *to charge* = faire payer, facturer ; *to load* = charger.

II. READING TEXTS

1. Multimodal transport

Multimodal, intermodal or **combined transport** – the names may differ but the idea and techniques are the same.

Combined transport techniques **cut transit time** and costs and **improve** cargo **security**. Physical handling of the goods during transport is reduced. When the movements **involve deep-sea** transport, the goods are most often placed in containers. In some cases they are loaded on **barges** at a **river port**, and the whole barge is **stowed** on the ocean-going vessel at the seaport. For shorter voyages, **roll-on-roll-off** techniques may be the best answer – a **lorry** or railway **truck** loaded **aboard** ship.

Trailers are being developed to **run** both on road and rail. Air transport handling equipment can move containers and **pallets** direct from the plane to the airport building.

This technique **requires** special port **facilities**, container terminals and **standardization** of transport methods. In the case of a rail container service, the **track gauge** may change at the **border**, so containers have to be **transhipped** between **wagons**.

A **single shipment** may today be carried for part of its **journey** by road, part by water, part by rail – and part by air.

Juggling all these elements is the **multimodal transport operator** (**MTO**), who **takes responsibility for** the **movement** of goods from the beginning to the end of their journey. He makes his own contracts with **carriers** at each stage; the original **shipper** receives from him only one document for the whole movement.

The rise of the MTO has blurred old distinctions. Transport used to be divided neatly between the carriers and the **freight forwarders**. Today, the freight forwarder may act as an MTO, **undertaking** the **contractual responsibilities** of a carrier; and **shipping companies** sometimes **issue bills of lading** that **cover** freight movements before, during, and after the sea **voyage**.

Bills of lading, combined transport documents, air and sea **waybills**, rail **consignment notes** and other documents showing **receipt** of the goods for shipment are issued by both carriers and by forwarders.

A carrier **undertakes responsibility for** the **safe** transport of the goods, whereas the forwarder's basic role is restricted to **collecting** goods from different shippers, **consolidating** them, agreeing **freight charges** with the carrier and **handling the goods over** to the carrier for shipment.

This division between carrier and forwarder is complicated by the development of modern multimodal transport techniques and the diversification of operators' activities. Forwarders often double up as multimodal transport operators, negotiating with the **actual** carrier for each successive **leg** of a combined transport operation, and issuing carrier-style documents to the shippers. Maritime shipping companies issue **through bills of lading** and similar documents, covering transport movements before and after the **sea leg** or the sea voyage.

Comprehension exercise

Choose the best answer

1. a) Multimodal transport makes it possible for the goods to arrive more rapidly to the consignee's.
   b) Intermodal transport reduces transport charges and security.
   c) Combined transport reduces transit time and cost compared to multimodal transport.
2. For long voyages:
   a) the goods must be placed in containers.
   b) the goods are commonly placed in containers.
   c) the goods are sometimes placed in containers.
3. When starting from a river port:
   a) it is possible to load the barge itself on the DSV.
   b) the goods have to be transhipped from the barge to the DSV.
   c) the goods must be stowed on barges, then stuffed into containers onto the DSV.
4. a) The RoRo technique is the best answer to multimodal transport.
   b) The RoRo technique cannot be used for long voyages.
   c) The RoRo technique is well adapted to short voyages.
5. a) It will be necessary to adapt handling facilities to the new techniques.
   b) The adaptation of the handling equipment to these techniques is on its way.
   c) The adaptation of the handling equipment to these techniques is under study.
6. a) Intermodal transport techniques require the use of special containers.
   b) Intermodal transport cannot include rail transport because of differences in track gauge between countries.
   c) The development of multimodal transport implies the standardization of transport methods.
7. a) The MTO's role is to organize part of the journey for a given shipment.
   b) The MTO's role is to organize the complete journey for part of a shipment.
   c) The MTO's role is to organize all the parts of the journey for a given shipment.
8. a) The MTO signs different contracts with different carriers; the shipper is only sent one single transport document.
   b) The MTO signs different contracts with different carriers; the shipper is sent a copy of each.

c) The MTO signs one single contract involving the different carriers; the shipper can thus be sent one single transport document.

9. a) The MTO is quite a distinct person altogether.
b) It may sometimes be difficult to separate the MTO from the carrier or the freight forwarder.
c) MTO's, carriers and forwarders are the same people altogether.
10. a) Carriers and forwarders are allowed to issue transport documents.
b) Carriers and forwarders must issue common transport documents
c) Carriers and forwarders issue transport documents for air, sea and rail transport.
11. a) Both carriers and forwarders are responsible for the transport of the goods.
b) Only the carrier is responsible for the transport of the goods.
c) Only the forwarder is responsible for the transport of the goods.
12. a) The carrier undertakes responsibility for the consolidation of the goods.
b)The forwarder is responsible for groupage operations.
c)The forwarder is responsible for the safe transport of the goods.
13. a)The job of carriers and forwarders is complicated by the development of multimodal transport.
b) Multimodal transport makes it difficult to diversify the operators' activities.
c) The transport operators' activities are getting more and more diversified.
14. a) Nowadays, forwarders often work in cooperation with MTO's.
b) Nowadays, forwarders negotiate with the carrier on behalf of the MTO.
c) Nowadays, forwarders commonly act as MTO's.
15. a) Forwarders, carriers and shipping companies may issue the same type of transport document for a complete voyage.
b) Only forwarders and shipping companies may issue transport documents for a complete transport operation
c) Only carriers and shipping companies may issue transport documents for a complete transport operation.

Vocabulary exercise

Complete the blanks with an expression from the text

1. Intermodal transport reduces transit time and costs.
   Intermodal transport ………. transit time and costs.
2. The complete barge may be loaded on board the DSV.
   The complete barge may be ………. on board the DSV.
3. These techniques imply the use of special equipment.
   These techniques ………. the use of special equipment
4. Special port equipment must be developed for this new type of transport.
   Special port ………. must be developed for this new type of transport.
5. The distance between the rails may vary from one country to another.
   The track ………. may vary from one country to another.
6. Standards in infrastructure may differ when you change countries.
   Standards in infrastructure may differ at the ……….
7. The MTO accepts the liability for the complete transport of the goods.
   The MTO ………. for the complete transport of the goods.
8. The freight forwarder may sometimes accept the contractual responsibilities of a carrier.
   The freight forwarder may sometimes ………. the contractual responsibilities of a carrier.
9. Shipping companies may also write out bills of lading for the whole transport operation.
   Shipping companies may also ………. bills of lading for the whole transport operation.
10. The transport document used for rail transport is called the rail ……….
11. The document showing the carrier is taking the goods in charge is the ………. of the goods.
12. One of the forwarder's tasks is to get consignments from shippers.
    One of the forwarder's tasks is to ………. consignments from shippers.
13. The carrier should make sure transport operations take place in good conditions for the goods.
    The carrier should make sure transport operations are ………. for the goods.
14. Forwarders and carriers should discuss the price of the transport operation.
    Forwarders and carriers should discuss the ……….

15. A B/L may cover all parts of a given multimodal transport.
    A B/L may cover all .... of a given multimodal transport.
16. A B/L covering the complete transport operation is referred to as a .... B/L.

2. Industrial areas and Free Trade zones

The port is equipped with an **industrial area** of 8,000 ha where firms have **settled down**, and which contributes to the **increase** of the port traffic, either by importing **raw material** or by exporting **manufactured goods**.

Maritime access to the industrial area is **secured** by a new **lock** which is the largest one in the world. The lock is the essential link between the **tidal basins**, subject to the **ebb** and **flow**, and the **wet docks** and **canals** which connect the industrial area to the **inland waterway network**. **Fully laden** ships of 250,000 t can use the lock so as to be able to **dock** directly at the factory's door.

The concept of **Free Trade** zones developed in 1984 has allowed for the subsequent creation of a **storage** and **distribution centre** for **duty-free** goods in the port. These goods are not **subject to** French **regulations**, for a duration of **up to** five years.

The **approval** of the "Free Trade Zone User" is given by the Port Authority as it was given authority to do so by the General Customs Board. This approval is **meant** for permanent use, and there are no **quotas**. A real extension to the ship's **hold**, the free trade zone thus offers the operators the best **opportunities** for acting on the international market.

Comprehension Exercise

Choose the best answer

1. a) The port and its industrial area cover an area of 8,000 ha.
   b) The port's total area has increased to reach 8,000 ha now.
   c) The port's industrial area alone covers 8,000 ha.
2. a) The port's traffic consists mainly in importing raw material and exporting processed goods.
   b) The development of the industrial area has made it possible for the port to import more raw material or export more processed goods.
   c) The firms in the industrial area are specialized in the import of raw material and export of processed goods.

3. a) The new dock in the industrial area is the largest dock in the world.
   b) The inland waterway network and the industrial area are connected by constant level basins and canals.
   c) The industrial area's basins are subject to the ebb and flow.
4. a) Ships of 250,000 t can be fully loaded at the new dock.
   b) Ships of 250,000 t can load or unload their goods directly at the manufacturers' premises.
   c) Ships of 250,000 t can berth directly at the factory's door provided they are fully laden.
5. a) The Free Trade zones were created in 1984.
   b) The Free Trade zones were designed in 1984.
   c) The Free Trade zones were subsidized in 1984.
6. a) Goods allowed in the Free Trade zone do not have to conform to French trade legislation.
   b) Goods allowed in the Free Trade zone cannot remain there for more than five years.
   c) Goods allowed in the Free Trade zone are accepted duty-free for a limited period only.
7. To become a "Free trade Zone User", one must apply to:
   a) the Port Authority
   b) the General Customs Board
   c) both the Port Authority and the General Customs Board.
8. a) The Free Trade Zone should help promote international trade for firms located in the port area.
   b) The "Free Trade Zone User" has to apply for the renewal of his approval at regular intervals.
   c) Only a limited number of operators can apply for approval as "Free Trade Zone User".

Vocabulary exercise

Complete the blanks with an expression from the text

1. The industrial area has been designed so that firms can .... in the best possible conditions.
2. The industrial area makes it easier for firms to export processed goods.
   The industrial area makes it easier for firms to export .... goods.
3. Access to the sea is made possible by a new lock.
   Access to the sea is .... by a new lock.
4. The basins subject to the ebb and flow are called .... basins.
5. The constant level basins are also called .... docks.

6. Goods in these zones are not subject to French trade legislation for 5 years.
   Goods in these zones are not subject to French .... for 5 years.
7. Port users can also be referred to as port ....
8. The Free Trade zone can be seen as a good .... to act on the international market.
9. The new lock is so large that even .... ships of 250,000 t can use it.
10. Goods are allowed to enter the Free Trade zone without any duty being levied on them.
    Goods are allowed to enter the Free Trade zone ....

COMMUNICATION TOOLS

I. Introducing vocabulary...

1. The post

International transport does not normally **resort to** the post as a means of transport, although this administration tends to **compete** with private firms by offering **courier services** for urgent messages and parcels. However, the post is a means of communication which operators use as a daily routine in their jobs.

All the **mail** is organized in England by **GPO's** (**General Post Offices**) and transit through **sorting offices** before being **despatched** to its destination. Different **collections** take place throughout the day in order to offer a more **efficient** service, but in most cases, only one **general delivery** is organized everyday.

When documents should arrive quickly at destination, the **sender** had better send them by **first-class mail** rather than by **second-class mail**. Important messages are preferably sent by registered letters (or parcels), as the sender will get a **proof of receipt** from the post for the documents.

Of course, the post does not only deal with letters: the **Parcels Delivery** service can transport parcels as well and even **collect** the payment for the goods in the case of a **C.O.D.** (**Cash-On-Delivery**) parcel. Also note that when sending "**no-commercial value**" **samples**, **postage** can be lower.

The post also operates an **air mail** and **air parcels** service to distant destinations and a **telegram** – or "**wire**", "**cable**" – service for urgent and short messages. However, these tend to be replaced nowadays by the **fax**.

Sending documents "**under cover**" – **in a sealed envelope** – is often the easiest method of sending information as they can be addressed to either the **addressee's home** or **business address** (if the **full address** has been correctly indicated on the envelope!). They can even be sent "**posterestante**" where they can be **called for** by the addressee at the G.P.O. In some cases, you may have to

enclose various documents in the same letter, unless they are too heavy and have to be sent **under separate cover**.

Here are a few hints of various ways to start or end a typical business letter:

Addressing your correspondent

• "dear Sir"/"dear Madam": if you do not know your correspondent's name.
• "dear Mr/Mrs/Miss/Ms Brown": if you know your correspondent's name.

Note that you will use the correspondent's first name very rapidly, as soon as you have met him/ her, without any trace of familiarity.

How to start the letter

• In answer/reply to your letter dated February 3rd,...
• With reference to your letter dated February 3rd,...
• Your letter dated February 3rd has been passed to me...
• Thank you for your letter dated February 3rd,...

How to ask for something

• I would be very grateful to you if you could...
• Could you possibly send me...?
• Would you mind sending me...?

Closing the letter

• I am looking forward to hearing from you very soon, ...
• Sincerely yours;
• Yours faithfully;

Enclosing documents

• Please, find enclosed...
• You will receive the documents under separate cover.

Vocabulary exercise

Can you fill in the gaps with the right expression?

(Use exclusively the vocabulary that has been introduced in this text.)

1. If you want your mail to be sent before the end of the day, make sure you know the time of the last ....
2. You should write the .... address of your correspondent on the envelope so that it won't get lost anywhere in the post.
3. When doing business with a partner, you do not as a rule give him your .... address unless you really want to be contacted even outside business hours.
4. Instead, you generally give him your .... address.

5. When posting urgent documents, do not send them by .... mail, but preferably by .... mail.
6. It may not always be convenient to send all your documents in the same letter; you might then have to send the remaining part under ....
7. A postcard may be sent on its own; when writing more confidential information, send it ....
8. You should send a .... letter whenever you want to make sure your correspondent receives it, as he will have to sign a .... when the letter is delivered to him.
9. When ordering an item through the post, it is sometimes possible to pay for it only on reception if it is sent as a .... parcel.
10. If a parcel is not to be sent directly to the consignee's premises, it may be sent to a post office where it can be ....
11. Short and urgent messages can be sent even more rapidly by .... than by normal mail.
12. Urgent business mail and parcels are more and more commonly sent by special ....
13. When a document must accompany a letter, you may .... it in the same cover.

Fiche terminologique

"no-commercial value" sample	échantillon sans valeur commerciale
addressee*	destinataire
air mail/parcel	poste aérienne/par avion
business address	adresse du bureau
C.O.D. (Cash-On-Delivery)	contre-remboursement
call for (to)	aller chercher son courrier
called for (at ...) (to be)	livraison poste restante
collect (to)	relever (son courrier)
collection	levée (du courrier)
compete with (to)	entrer en concurrence avec
courier service	messagerie express
despatch (to)	envoyer, expédier
efficient	efficace
enclose (to)	joindre (un document)

enclosed...*	ci-joint
fax	télécopie
first-class mail	courrier grande vitesse
full address	adresse complète
general delivery	distribution du courrier
GPO (General Post Office)	poste centrale
home address	adresse du domicile
mail	courrier
parcel	colis
Parcels Delivery	Messageries
P.O. clerk	employé de la poste
postage	port, frais de port
proof of receipt	reçu, récépissé
registered letter	lettre recommandée
resort to (to)	utiliser, avoir recours à
second-class mail	courrier petite vitesse
send "posterestante" (to)	envoyer poste restante
sender	expéditeur
sorting office	centre de tri postal
telegram/wire/cable (US)	télégramme
under cover*/in a sealed envelope/under separate cover	sous pli cacheté
under separate cover	sous pli séparé

Commentaires

- *the addressee* : on reconnait ici le suffixe *–ee* qui indique celui qui subit l'action. (voir aussi *consignee*). On l'opposera au suffixe *–er* qui désigne celui qui fait l'action (*the sender, the consigner*).
- *a courier* : attention à l'orthographe : un seul "r". Ne pas confondre avec le français "courrier" (= *mail*).
- *enclosed* : *Please find enclosed a list of our current prices...*
- *under cover* : *to send a document under cover.*

2. Telecommunications

The post makes it possible to carry a lot of **information**. However, messages can be transmitted even more rapidly in any part of the world by means of the telephone.

Whether he **phones** – or "**rings up**", "**calls up**" – someone from home, the post office or a **call box** – or "**phone box**" –, the **caller** needs to **look up** his correspondent's **personal** and **code numbers** in the **directory** to avoid **dialling** a **wrong number**. The directory's function is to **list** all the phone **subscribers**, i.e. all the people who **are on the telephone** to the exception of "**ex-directory numbers**" that remain confidential.

Never forget to wait for the **dialling tone** before starting dialling your number on the phone!

The **charge** of the call depends on its nature: **local calls, trunk calls** and **long-distance calls** are of course submitted to different **rates**. In certain cases when the caller wants his correspondent to be charged for the call, he may ask the operator for a "**collect call**" or, in other words, he may ask the operator **to reverse the charges**.

In a firm, the person who generally **answers** external phone calls is the **receptionist** – or the **switchboard operator**. After **lifting** – or "**picking up**" – the **receiver** and identifying the caller, the receptionist **puts the call through to** the right correspondent's **extension**. However, it is not always possible to get one's correspondent **on the phone** as soon as one would like: the line may be **engaged**, in which case one either has to **hold on** – or "**hold the line**" – for a while or **ring back** – "**call back**" – at a later time.

Finally, do not get surprised if the line is abruptly **cut off**: modern technology has not yet eliminated all incidents!

Teleprinters, or "**telexes**", are still in use in a number of firms, although they are more and more superseded by the fax or the e-mail. They enable **subscribers** to communicate instantly by just **typing** abbreviated messages on the machine's **keyboard**.

Although there are no fixed rules for telex abbreviations, here are a few examples of common abbreviations. Remember that a telex should be kept as short as possible while remaining comprehensible to the correspondent.

ATTN	attention
RE YR TLX NO	with reference to your telex number...
PLS/PLSE	please
APPROX	approximately
WK	week
WC	week commencing...
WE	with effect from...
MOM	moment
HRS	hour(s)
BL, B/L, BLADING	bill of lading
ACCT	account
FRT	freight
THKS	thanks
RDGS	regards
BIBI	goodbye
...	

More recently, the **telephone network** has been put to a new use with the development of the **telefax** – or "**fax**" – which makes it possible to avoid **resorting to** these abbreviations and to send a copy – or "**facsimile**" – of any sort of document instantly to any other office in the world **fitted with** this device. The writing of a fax, then, bears a strong resemblance to that of a normal letter.

Vocabulary exercise

Can you fill in the gaps with the right expression?

(Use exclusively the vocabulary that has been introduced in this text.)

1. A synonym for "to phone" (someone): to ....
2. When phoning a firm, you do not usually get your correspondent directly; instead, it is the operator who will first ....
3. You must .... the number of your correspondent in the list of the people on the telephone, called the ....
4. A person listed as being on the telephone is referred to as a telephone ....
5. When you lift the receiver, you first hear the ....; then you can .... the .... number for your correspondent's town, followed by his personal number.
6. A call within the same city is a .... call.
7. A call outside your town is a .... call.
8. A call to a distant place is a .... call.
9. The .... you will have to pay for the call varies according to the distance and the time you speak.

10. When phoning someone working in an office, you must tell his .... number to the switchboard operator.
11. "The line is ...." means that your correspondent is already on the phone In this case, the operator will ask you: "Can you .... later?"
12. "You want to speak to Mr Brown? He's not here yet. Oh, ... a minute, I think I can hear him come!"
13. "Can you ask Mr Brown to talk to me over the phone please?" "Can you .... Mr Brown .... for me, please?"
14. When using a telex – or .... – you must type your message on the ....
15. A modern way of transmitting a document rapidly is to send a .... through the telecommunication network, or even an .... on your computer.

Fiche terminologique

(switchboard) operator	la standardiste
"a call for you"	"un appel pour vous"
"hold on"/"hold the line"/ "hold the phone"	"attendez un instant"
"the line is engaged"	"la ligne est occupée"
answer a call/answer the phone (to)	répondre au téléphone
call box/phone box	cabine téléphonique
caller*	demandeur
charge	coût de la communication
code number	indicatif régional
cut off (to be)	être coupé
cut off (the line)* (to)	couper, raccrocher
dial (to)	composer (un numéro)
dialling tone	tonalité
directory	annuaire
device*	système
e-mail	courrier électronique, courriel, mél
ex-directory number	numéro sur liste rouge
extension*	numéro du poste (dans une entreprise)
facsimile/fax/telefax	fax, télécopie

fax machine	fax, télécopieur
fit (to)	équiper
fitted with (to be)	être équipé de
get someone on the phone (to)	obtenir quelqu'un au téléphone
have an ex-directory number/have a private number (to)	être sur liste rouge
in the directory (to be)	être dans l'annuaire
information (invar.)	informations
keyboard	clavier
lift/pick up the receiver (to)	décrocher le combiné
list	lister, établir une liste de
local call	communication locale/urbaine
long-distance call	appel longue distance
look up (to)	vérifier, chercher un numéro
make a collect call (to)	appeler en PCV (existe toujours dans certains pays)
on the phone (to be)	être occupé au téléphone
on the telephone (to be)	être abonné au téléphone
personal number	numéro personnel
phone/ring up*/call up* (to)	appeler au téléphone
put the call through to* (to)	passer un numéro à qqun
rate	tarif des communications
receiver	combiné
receptionist	standardiste, hôtesse d'accueil
resort to (to)	utiliser, avoir recours à
reverse the charges* (to)	appeler en PCV
ring back*/call back* (to)	rappeler plus tard
subscriber	abonné au téléphone
switchboard operator/receptionist	standardiste, hôtesse d'accueil
telephone network	réseau téléphonique
teleprinter/telex	télex
telex/teletype/teleprint (to)	envoyer, passer un télex
telex subscriber	abonné au télex

trunk call*	communication interurbaine
type (to)	saisir au clavier
walkie talkie	talkie-walkie
wrong number	faux numéro

Commentaires

- *to call back/ring back : Mr Smith is on the phone at the moment ; could you ring back later?*
- *to call up/to ring up : I must ring the agent up* (C.O.D. court) ou *I must ring up the people with whom we are working* (C.O.D. long).
- *the caller* : noter le suffixe "*–er*" qui indique celui qui fait l'action (voir aussi *sender, consigner*).
- *to cut off* : également au passif : "*we've been cut off!*" (nous avons été coupés).
- *to dial a number* : *a dial* = un cadran.
- *an extension : my phone number is 457898, extension 45.*
- *to fit/a device : our office has just been fitted with a fax machine ; it is a very convenient device.*
- *to put a call through : Can you put me through to the director, please?* (en s'adressant au standardiste).
- *to reverse the charges* : tous les pays n'ont pas aboli ce service téléphonique.
- *a trunk call* : voir aussi *a trunk road* (Vocabulary Card : "ROAD TRANSPORT").

3. Data-processing and computers

Most offices and agencies nowadays have **taken up to computers** and **data-processing** for the **running** of their business. Though one needn't be a **computer engineer** – or "**programmer**" – to use such machines, it is a good thing for office **clerks** and other **users** to **gain** some basic knowledge of this equipment.

The **hardware**, i.e. the machine itself, is made up of a **keyboard** used to **type in** – or "**enter**", "**input**" – the **data** by **hitting** the appropriate **keys**, of a **central unit** which carries out all the **computing** work before **displaying** the information on a **screen** – or "**monitor**", "**V.D.U**" (**video display unit**)" –, or directing the **output** to a **printer** (text) or **plotter** (maps), as the case may be.

Working on a computer is easy provided you understand that the screen replaces the paper and that the **cursor**, which you can move about on the screen by means of the **mouse**, indicates the place of your pen on the sheet.

The **software** required to make the computer work is made up of programmes and **files** which are either **saved** and **stored** in the computer's **hard disk** or **loaded** from a **disk inserted** in the **disk**

drive. By choosing the appropriate software, operators can work on **figures**, **graphs** and **charts**, when using a **worksheet,** or even text, if they **resort to** a **word processor** that makes it possible for them to **type** and **edit** documents directly on the screen.

Firms can also get access to large sources of information by using multimedia **data-banks** which are **updated** at regular intervals, or design their own **tailor-made** programmes to **suit the particular needs** of the company, for example, the SOFI system for international trade in major ports.

Computers will **play** a growing role in the office thanks to the **communication facilities** they **offer**: **access to** the Internet **enables** operators to **search for information** all over the world or **exchange messages** with their corresponds by **e-mail**. For **specific topics**, they may directly **subscribe** to **mailing lists** and **forums** in order to **keep informed** of the latest **state-of-the-art** in their **fields**. All they need is a **connection** to the telephone line via a **modem** and a **registration** near a **provider** to get access to the World Wide Web.

Vocabulary exercise

Can you fill in the gaps with the right expression?

(Use exclusively the vocabulary that has been introduced in this text.)

1. Computer information technology is generally referred to as ....
2. After you have bought your computer, you must usually buy some .... to make it work.
3. The computer itself is composed of a .... where computing is actually carried out, a .... on which the user types the data, and a .... where he can visualize his work.
4. If you want to get your work on paper, you will need a ...., or even a .... for technical drawings or plans.
5. You can store information on a .... which you must .... in the drive each time it is required.
6. Secretaries now resort to .... machines as a more efficient way of working with texts. They just have to .... data into the computer, ... the document if there are any mistakes, and get the .... on the printer.
7. Once you have finished working on a particular task with the computer, you should .... your work as a .... The next time you need it, you just have to .... it into the computer's memory and start working immediately.
8. You may use a floppy disk or a hard disk to .... all your information.

9. You generally use ready-made softwares unless your firm employs a ……… who can design ……… programmes to ……… its specific needs.

Fiche terminologique

access to	accès à
bar codes	codes en barres
central unit	unité centrale
chart	un tableau, une table, un graphique
communication facilities	possibilités de communication
compute (to)	calculer
computer	ordinateur
computer engineer	informaticien
computer programmer	programmeur
connection	connexion
cursor	curseur
data* (invar.)	données
data-bank	banque de données
data-processing	l'informatique
disk	disque, disquette
disk drive	lecteur de disquette
display (to)	afficher
e-mail	courrier électronique, courriel, mél
edit (to)	modifier, saisir, corriger (un document)
E.D.I.* (electronic data interchange)	E.D.I. (échange de données informatisées)
enable (to)	permettre, donner la possibilité de
exchange messages (to)	échanger des messages
field	champ, domaine
figures	chiffres
file	fichier
flow of information	flux des données
forum	forum de discussion
gain knowledge in (to)	acquérir des connaissances en

graph	graphique
graphics pad	palette graphique
hard disk	disque dur
hardware	matériel
hit (a key) (to)	frapper (une touche)
hit return (to)	valider une saisie
insert (to)	insérer
keep informed (to)	se tenir informé
key	touche (du clavier)
keyboard	clavier
light pen	crayon optique
load (to)	charger
low power laser beam	un rayon laser à faible puissance
mailing list	liste d'envoi, mailing
modem	modem
mouse	souris
offer (to)	offrir, donner la possibilité de
office clerk	employé de bureau
output	sortie, résultat
play a role (to)	jouer un rôle
plotter	table traçante, traceur
printer	imprimante
provider	fournisseur d'accès (Internet)
registration	inscription, enregistrement
resort to (to)	utiliser, avoir recours à
save (to)	enregistrer, sauvegarder
scan the lines (to)	lire les codes en barre
screen/monitor/V.D.U "(video display unit)"	écran, moniteur
search for information	recherche d'informations
software	logiciel
specific	particulier, spécifique
state-of-the-art	dernier cri
store (to)	stocker, emmagasiner
subscribe (to)	s'abonner
suit the needs (to)	répondre aux besoins

tailor-made	fait sur mesure
take up to (to)	se mettre à, se lancer dans
topic	sujet (de conversation,...)
type in/enter/input (to)	entrer, saisir (des données)
updated	mis à jour
user	utilisateur
word processor	traitement de texte
working sheet	feuille de travail
worksheet	tableur

Commentaires

- *the data* : le singulier serait "datum", mais on n'utilise cette expression qu'au pluriel. Notez que le terme "data" prend de plus en plus une valeur générale : on le rencontre fréquemment suivi d'un verbe au singulier !
- *EDI* : *Electronic Data Interchange*/échange de données informatisées. Les documents professionnels utilisent simplement l'expression sous sa forme abrégée.

II. READING TEXTS

1. Le Havre data-processing system

For several years, the port of Le Havre community has been working to set up a community **data-processing** system in order to **optimize** the physical **customs**, **documentary** and commercial operations of the goods and ships during their **transit** through the port. It was connected to the SOFI system (computer system for international **freight**) in 1982.

The complete data-processing system in Le Havre is based upon two essential applications:

• the **follow-up** of goods by the ADEMAR system: **operated** since 1983, this system directly **forwards** the **customs status** of the goods to the **quay**. Its extension, ADEMAR PLUS developed in 1987, enables all port operators to follow the transit of cargo from the time it is **due to** arrive in the port right up to its effective **removal**, both on **import** and **export**.

• the follow-up of ships by the GINA system: this system **gathers** all the useful information relative to the ship's **call** enabling port operators to be better and more rapidly informed, and to continually **update** the data commonly **required** by **brokers** and such administrations as the **Customs** or the **Maritime Affairs**.

Comprehension exercise

Choose the best answer

1. a) The data-processing system was set up by the port authorities.
   b) The data-processing system was set up by the port operators.
   c) The data-processing system was set up by the port authorities and operators together.
2. a) The aim of this system is to help follow the goods during their transit through the port.
   b) The aim of this system is to help follow the ships during their transit through the port.
   c) The aim of this system is to help follow both goods and ships during their transit through the port.
3. The complete system in Le Havre is developed around different applications:
   a) SOFI, ADEMAR, GINA.
   b) SOFI, ADEMAR, ADEMAR PLUS, GINA.
   c) ADEMAR, GINA.
4. The ADEMAR system:
   a) automatically forwards the goods on import and export.
   b) puts all information concerning the goods at the operators' disposal.
   c) is used to inform port operators of the times when the goods are due to arrive or to be shipped.
5. The GINA system
   a) enables all port operators to know all the necessary data concerning a ship's stay in the port.
   b) enables all port operators to enter data concerning ship's stay in the port.
   c) enables all port operators to know and/or enter data concerning a ship's stay in the port.

Vocabulary exercise

Complete the blanks with an expression from the text

1. In order to optimize all port formalities, a .... system has been developed in Le Havre.
2. The interest of such a system lies in the fact that it makes the control of the goods' position much easier.
   The interest of such a system lies in the fact that it makes the .... of the goods much easier.
3. This system allows transport operators to keep track of the goods as soon as they are supposed to arrive in the port.

This system allows transport operators to keep track of the goods as soon as they are .... arrive in the port.

4. With GINA, operators can continually enter new data about the goods in order to keep the information accurate.
With GINA, operators can continually .... the data.
5. ADEMAR PLUS has been .... since 1987.
6. Thanks to these computer systems, the movement of the goods can be traced from their arrival to their .... from the port.
7. Computer systems have become necessary because of the large amount of information .... for transit operations.

2. The information revolution

As a product passes along the **supply chain**, its movement from one **stage** to the next is triggered by a **transfer of information** – as, for example, when a customer **places an order**. Problems **arise** when needs do not **match** what is **available** – the **items ordered** are **out of stock**, or cannot be found in the **warehouse**, or have been **held up** on the **production line** because **parts** are not available.

Ten or twenty years ago, the only way to stop the chain **breaking down** was to make and **store** enough of everything to **cope with** most eventualities – a "**Just In Case**" approach. Problems could still arise; goods were lost in a large warehouse, for example. **Response time** was slow at every stage, and enormous **costs** were **tied up** in holding so much stock.

The competitive edge

Today this approach seems archaic. Ian Pattison pinpoints two main elements which have combined to fuel a revolution in logistics. One is the rapid development of **microcomputers** and **information technology** and their application to logistics and distribution. The second is a **drive** towards better **standards** of customer service.

As managers came to realize that logistics is an area where **cost savings** and **efficiency** can make a company more **competitive**, and discovered the way in which in which information technology can help in **achieving** this, they began to invest heavily in IT systems.

Investment in IT

Some of this **investment** is highly visible. In **automated warehouses**, **inward** and **outward movements** of goods is **achieved** without human intervention. **Cranes** and **pallet trucks** are controlled by computer, and **bar codes** on containers are used to identify not only what a product is but also where and when it was

manufactured. In **partially automated warehouses**, **staff** receive instructions and **log** information via hand-held computer terminals.

Less visible but more **far reaching** is the investment in **electronic data interchange** (**EDI**). This **involves** the automatic communication of information from customer to **supplier** and vice versa through computer systems, **removing** the need for paper, telephone, telex or fax. Information **flows** faster and more cheaply, and delays and errors are reduced.

As the supermarket **checkout** operator **scans** bar codes to indicate price, the computer **feeds** details of the item sold through to the supplier so that that item is automatically replaced in the next **delivery**. Information on **sales** makes it possible to **monitor customer habits** and **sales trends**, giving very **accurate forecasts** of likely **demand**. This in turn can be **fed back** to manufacturers and suppliers of **components** or **raw materials**. Now all along the supply chain, the different **links** work **closely** together and "Just In Case" is replaced by "**Just In Time**".

In the 1990's and beyond, the most successful companies will be those with the most **effective** supply chain, and this will **require** among other things, highly effective information systems. With the **Single European Market**, pressure on distribution companies to develop pan-European information systems will **increase**. Technical innovation is a also a vital **feature** of military logistics, where operations depend on **swift**, **reliable** communications across long distances. The revolution has only just begun; the **scope** for **dedicated** professionals is immense.

Comprehension Exercise

Choose the best answer

1. a) it is the customer who orders a product to move along the supply chain.
   b) any movement of goods along the supply chain entails a transfer of information.
   c) the customer must get all the necessary information as the goods pass from one stage of the supply chain to another.
2. Which of the following events may cause problems?
   a) a match prevents employees from working.
   b) the order does not correspond to the level of the stocks.
   c) the order is sent to the wrong warehouse.
   d) the employee cannot find the product where it was supposed to be stored.
   e) the products have not been manufactured.
3. The "Just In Case" approach is:
   a) a way of solving all possible distribution problems.

b) the latest approach in production planning.
c) a method consisting in manufacturing and storing as many lines of a product as possible to make sure all orders can be satisfied.

4. The revolution in logistics is mainly due to:
a) the development of computers and distribution.
b) the development of information technology and the desire to offer a better service.
c) the development of computers and technology for drivers.
5. a) the development of IT leads to greater profits for firms.
b) logisticians are now very competitive.
c) managers have discovered new IT systems.
6. In an automated warehouse:
a) the flow of goods is entirely controlled by computers.
b) the flow of goods is entirely controlled by human beings.
c) the flow of goods is partially controlled by human beings.
7. In a partially automated warehouse:
a) part of the staff is working on computers.
b) information is partially transmitted by hand.
c) the warehouse is controlled by computers; workers enter information into the computers.
8. With EDI:
a) documents are automatically printed on paper thanks to the computer system.
b) cheap products can be exchanged more rapidly between suppliers and customers.
c) all information transit through computers only.
9. Thanks to EDI:
a) supermarkets can control their stocks more efficiently.
b) supermarkets can check their operators automatically.
c) supermarkets can send their orders to suppliers by using bar codes.
10. The "Just In Time" approach means that:
a) the various operators in the supply chain work in close cooperation.
b) information on sales has a direct effect on customer habits.
c) all distribution companies in Europe have become highly effective.

Vocabulary exercise

Complete the blanks with an expression from the text

1. Any movement of goods from one .... of the .... chain to another corresponds to a .... of information.

2. The first information to be transmitted to the operators is the order .... by a customer.
3. In some cases, the order cannot be satisfied because the required .... are out of stock.
4. The production .... can be stopped – or "........." – because some of the necessary .... may not be available.
5. Some time ago, manufacturers were mainly trying to .... with most possible problems.
6. The main problems of the "Just In Case" approach were that .... time was slow at every stage of the supply chain, and that costs were .... in keeping too much stock.
7. Nowadays, it is possible to note a .... towards better customer service in the firms.
8. Investing in information technology will help the company to increase the .... of the company and to make it more ....
9. Computer-assisted storage systems make it possible to control the .... and .... movements of the goods automatically.
10. The use of .... on containers and products is the basic feature of electronic data interchange. Their main interest is to enable information to .... faster because they .... the need for paper and telecommunications.
11. Getting precise – or "........." – and rapid information on sales makes it possible for firms to .... customer habits and sales ....
12. All the information gathered by supermarkets gives .... of consumer demand and is .... to manufacturers and suppliers.
13. The future of European firms lies in .... (that is, dependable) communications: this is an area where .... (or specialized) professionals can offer a large range of new services.

LOGISTICS

I. Introducing vocabulary...

1. What is "Logistics"?

The "seven R's" is sometimes called the **layman's** definition of logistics:

*"**Ensure** the **availability** of the RIGHT product, in the RIGHT quantity ant the RIGHT condition, at the RIGHT place, for the RIGHT **customer**, at the RIGHT time ant at the RIGHT **cost**."*

To **achieve** such a high service level, the operations of **sourcing, transport in, storage in, manufacture, storage out, warehousing** and **distribution** must all be managed in co-operation. This in turn can be achieved only by having at the top one department with **oversight** of all these subgroups.

More formal definitions of logistics have been developed by organizations with particular interests and this has complicated the **process** of making logistics a more readily understood subject. Here are two examples of such definitions:

*"The process of **planning, implementing** and controlling the **efficient cost-effective flow** and storage of **raw materials**, in-process **inventory**, finished goods, and related information from **point of origin** to **point of consumption** for the **purpose** of **conforming to customer requirements**" (Council of Logistics Management, US).*

*"The organization, planning, control and execution of the goods flow from development and **purchasing**, through production and distribution, to the final customer in order to **satisfy the requirements** of the market at minimum costs and minimum capital use." (European Logistics Association).*

It is **worth noting** that the various definitions of logistics vary according to the specific interests of the person at their origin. Thus the logistics of the pharmaceutical industry will include complex distribution systems and relatively simple raw materials. The car industry is very strongly **involved with inbound** products with distribution relatively minor and warehousing almost non-existent.

Vocabulary exercise

Can you fill in the gaps with the right expression?

(Use exclusively the vocabulary that has been introduced in this text.)

1. The main function of logistics is to make sure that the required goods will be .... at the right place and at the right time.
2. The person who pays for a service or buys goods is called the ....
3. A person who is not an expert in a particular field may be referred to as a ....
4. The act of keeping the goods waiting for either transport or distribution is called: ....
5. A good logistician should have .... of all processes related to a given operation from beginning to end.
6. To .... a high service level, he should be an expert in the various tasks related to his field of activity.
7. "........." is the activity that consists in tracing the origin of the goods, or taking these goods in charge from their point of origin.
8. One of the functions of the logistician is to .... in advance the various operations and processes related to a given product.
9. A .... management of the goods will ensure that production and distribution will be carried out at minimum cost.
10. The record of the amount of goods produced or stored is referred to as the ....
11. Once a decision has been formed, it should be put into practice – or ".........".
12. To be really .... in his work, the logistician should consider all the various aspects of a product's life cycle and distribution.
13. In other words, he should ensure the correct movement – or "........." – of goods from point of origin to point of ....
14. The customers are the people or firms who buy – or "........." – goods.
15. The aim of the logistician is to make sure that production will .... customers' needs – or ".........".

16. It is .... (mention) that the concept of logistics may vary from one firm to another according to the type of activity concerned.
17. Arriving goods may also be referred to as .... goods.

Fiche terminologique

achieve (to)	parvenir à, réussir
availability	disponibilité
conform to (to)	se conformer à, respecter (un règlement)
cost	coût
cost-effective/cost-efficient	rentable
customer	client
distribution	distribution
efficient	efficace
ensure (to)	s'assurer de qqchose
flow	flux
implement (to)	mettre en œuvre
inbound	à l'entrée, à l'export
inventory	inventaire
involve (to)	impliquer
layman	non-initié, personne extérieure à un domaine
logistics (invar.)	la logistique
manufacture	transformation, processus industriel
outbound	à l'export, en partance
oversight	surveillance
planning	prévision, plannification
point of consumption	lieu de consommation
point of origin	point de départ
process	processus/procédé
purchase (to)	acheter
purpose	but, objectif
raw materials	matières premières
requirement	demande, spécification

satisfy the requirements (to)	répondre aux spécifications
source (to)	trouver l'origine de
storage in	entrée d'entrepôt
storage out	sortie d'entrepôt
transport in	acheminement
warehousing	stockage, entreposage
worth (+ ing) (to be)	valoir

2. Elements of logistics

We can identify three basic activities within the term of logistics: **movement**, **storage** and communications. The **potential** logistics manager must therefore **expect to** gain a **knowledge** of the concepts and needs contained **within** these areas. Other elements of the logistics **function** then include:

Materials management

Procurement, production planning and **processing requires** that the necessary **components**, raw materials, work in progress and **parts** can be **purchased** and moved in space, time and quantity so that satisfactory **efficiency** and production **targets** are **achieved**.

Transport management

This is a major **item** which requires a knowledge of the **regulations applicable** in the various countries of operation, as well as the special circumstances associated to the various **means of transport, staff planning** and vehicle technology.

Storage and inventory management

Inventory will **involve** the need to **forecast** the materials and products needed and the times of **availability**. The manager will have to **balance** the costs of storage **against** those of transport.

Packaging and materials handling

This field involves protection of the product and defence from **pilfering**. The use of **unit loads** (pallets,...) imposes size **constraints** on the containers/packaging for the product. In turn, this will affect the means of handling the goods within the **warehouse** and on the vehicle, not to speak of the **physical costs** of the materials used.

Information processing

The time spent **drawing-up** and moving the various pieces of paper containing all necessary information to the points of action can have a **significant** effect on the **efficiency** of the whole operation. In many companies, this area is one that could show potential **savings** leading from analysis of the **current** procedures and adoption of more fluid and less bureaucratic processing.

Vocabulary exercise

Can you fill in the gaps with the right expression?

(Use exclusively the vocabulary that has been introduced in this text.)

1. Transforming raw materials into finished products is referred to as ....
2. One of the tasks of the logistics manager is also to make sure that the necessary .... of a product are available right from the start of the production process.
3. To perform his task correctly, the logistics manager should most probably learn about the basic tasks involved in this field.

   To perform his task correctly, the logistics manager should .... know the basic tasks involved in this field.
4. Transport management makes it necessary for the logistics manager to know about the various laws of the countries of operation.

   Transport management .... a knowledge of the various .... of the countries of operation.
5. It is important to make sure which laws are .... in the countries where you work, and which are not.
6. The logistics manager must be ready to act in any way that allows him to .... efficiency.
7. Movement, storage and communication are the three basic activities contained .... the field of logistics.
8. The logistics manager should have a good knowledge of the advantages and drawbacks of the various .... of transport.
9. He should also have a clear view of .... management and planning, that is, of how to deal with employees and use them for the best.
10. .... is a protection for the goods during transport as well as a way to avoid thefts – or "..........".
11. In order to manage inventory efficiently, one has to be able to .... future needs.

12. Pallets, or other such standardized means of packing goods, are referred to as .... Their aim is to make .... operations easier.
13. In order to form the best possible decisions, it is important for the logistics manager to compare the various charges and, for example, to .... the costs of storage .... those of transport.
14. For any transport operation or business transaction, various documents will have to be completed – or "..........".
15. Replacing paperwork with computers may have a .... effect on the efficiency of the whole operation, which may lead to important money .... for the firm.
16. The choice of a particular type of packaging imposes .... on the size of containers or other modes of transport.

Fiche terminologique

(spare) part	pièce détachée
achieve (to)	réussir, réaliser (un objectif)
applicable	applicable
availability	disponibilité
balance (to)	mettre en balance, équilibrer
component	composant
constraint	contrainte
current	actuel
draw up (to)	rédiger (document)
efficiency	efficacité
expect to (to)	s'attendre à
forecast	prévision
forecast (to)	prévoir
function	fonction
information processing	traitement des données, de l'information
involve (to)	entraîner, impliquer
item	élément
knowledge	connaissance
management	organisation, gestion
materials handling	manutention
means of transport (invar.)	moyens de transport

movement	mouvement (de marchandises)
packaging	conditionnement
physical costs	coûts physiques
pilfering	vol, chapardage
potential	potentiel
processing	transformation (industrielle)
procure (to)	procurer
purchase (to)	acheter
regulation	réglementation
require (to)	nécessiter, réclamer
savings (invar.)	économies
significant	important, significatif
staff planning	gestion du personnel
storage	stockage
target	cible, objectif
unit loads	marchandises unitisées
warehouse	entrepôt
within	à l'intérieur de

3. Storage

The correct **location** and number of the **storage** and **retailing outlets** (i.e. "**stores**") are essential to **minimise** costs. The **provision** of a large central warehouse distributing to geographically widely-separated retail outlets will make **savings** on the warehousing costs **at the expense** of transport costs. Changes in **interest rates**, vehicle **taxes**, vehicle **regulations** (in **size**, for instance), **fuel rates,** etc., can turn this **policy** on its head and make it more **profitable** to **convey** goods to smaller warehouses, creating savings in transport.

Logistics, then, ultimately **seeks** to **satisfy customer demand** to a degree that creates **adequate profits** for the **involved** firms. This customer demand is a function of the products concerned being **available** at a price that creates a value to the customer. The **return on investment** produced must **meet the cost** of production and distribution with a **margin** sufficient to satisfy the people that **funded** this process (**shareholders** or government) and to meet any

R&D (**Research and Development**) for new products and all the other **overheads** involved.

Thus **availability** of the product is key to the process and can be defined as the **speed** with which the customer can obtain **supplies**. This in turn depends upon the adequacy of **stocks** held at the **supply point** and the **order lead-time**, i.e. the time between the **placement** of the order and the time of **delivery**.

Vocabulary exercise

Can you complete the text, using expressions from the document?

The geographical .... of warehouses is crucial in logistics thinking. Central .... areas should be relayed at local level by a number of .... The number and disposition of these .... points should be thought in an attempt to .... costs. Variations in interest ...., taxes and .... (vehicle size, for example), may significantly affect a firm's .... Thus, the firm may choose to reduce transport costs at the .... of warehousing costs, or vice versa, according to the economic situation. In all cases, the logistics manager must take into account the order ...., that is the period between the moment when the order was .... and the moment when the goods have to be ....

The global aim of logistics is to help firms make .... by making the goods .... to customers in the shortest possible time. Once the costs of production and distribution have been ...., as well as the cost of .... for new products, there should remain a .... that will cover all other expenses (the "........."") and allow the firm's .... to get a sufficient .... on their investment.

Fiche terminologique

adequate	approprié
at the expense of	aux dépens de
available	disponible
convey (to)	transporter, acheminer
cost	coût
customer	consommateur
delivery	livraison
depend upon (to)	dépendre de
fuel rates	prix du carburant

fund (to)	subventionner, apporter les fonds
interest rates	taux d'intérêts
involve (to)	entraîner, impliquer
location/siting	situation, localisation
margin	marge
meet the cost (to)	couvrir les coûts
minimise (to)	minimiser, réduire au minimum
order	commande
order lead-time	délai de livraison
overheads (invar.)	frais généraux
place an order (to)	commander, placer une commande
policy	politique (économique, sociale…)
profit	bénéfice
profitable	rentable
provide (to)	fournir
provision	fourniture, mise à disposition
R&D (Research and Development)	recherche et développement
regulation	réglementation
retail outlet	point de vente au détail
return on investment	retour sur investissement
satisfy customer demand (to)	répondre à la demande des consommateurs
savings	économies
seek (to)	chercher à
shareholder	actionnaire
size	taille
speed	vitesse, rapidité
stocks	stocks
storage	stockage
store	magasin
supplies	fournitures
supply (to)	fournir
supply point	point d'approvisionnemnt
tax	taxe

4. The history of logistics

The history of logistics inevitably lies in military operations where the **provision** of ammunitions, equipment and food in the theatre of battle are essential to success.

Transfer of the concept of logistics to the industrial scene took shape in the 50's and early 60's and was initially oriented towards the field of **marketing**. The **logistics function supports** the marketing effort to **meet customer needs**. The **expanding** market place necessitated **increasingly** complex **distribution systems**. The **move** from simple Model T Ford philosophy of "you can have any colour as long as it is black" to today's situation of myriads of different **lines** of a **single** product, to **cater for** the various customer wishes, has generated complexity in the **warehousing** and distribution of products.

Inventory became a big **issue** during the 70's as more and more companies chose to **meet customer demand** by **holding** large **stocks** in many warehouses **close to** the main **retail centres**. Among other things the energy crisis of that time **focused** attention on the **inbound movement of goods**, in particular raw materials from places where there was political instability and other problems affecting **supply**.

From 1980 to date **substantial** changes in the industrial environment have occurred that can be **held** to be influential as regards logistics thinking. Four major factors stand out:

a – the **globalisation** of businesses;
b – changing governmental **infrastructures**;
c – structural changes in business;
d – rapid development in technology.

a. globalisation: the **saving** of costs through using **cheaper labour markets** in one country can **outweigh** the additional transport costs for the final product. This and other similar **moves** have in particular affected the isolationist attitude of shipping whose real role appears as a **salient** part of the **supply and distribution chain**.

b. Deregulation in many western countries of road, rail and air has produced a transport environment free to act like other businesses in terms of price **competition** and service **provision**.

c. restructuring of businesses has been a **feature** of the last decade. This has led management to **lay the emphasis** on **efficiency** and **cost reduction**.

d. Technology has changed **dramatically** in the last decade, which has led to better **inventory control** and **automatic warehousing**, for example. **Electronic data interchange** (**EDI**) also permits faster information exchange and more rapid **response** to customer needs.

Vocabulary exercise

Can you complete the text, using expressions from the document?

Originally, the activity of logistics was concerned only with the .... of the various types of equipment required to .... the needs of the army. With its passage from the military to the civilian field, it has now come to deal also with the storage, or ".........", and the distribution of goods.

In the 1970's, manufacturers decided to hold large .... of goods in order to meet customer .... more rapidly. The .... where the goods were kept were situated near (or ".........") small scale distribution centres, also referred to as "........." centres. Logistics, then, ... more and more on the actual movement of goods because of economic .... caused by the energy crisis. More particularly, attention was drawn on the .... movement of .... materials from exporting oil-producing countries. The energy crisis caused western countries to worry about their .... of natural resources.

In recent years, major – or "........." – changes have .... in industries, and these are .... to be influential on the concept of logistics.

Industries are trying to employ cheap .... from developing countries in order to .... costs. Although these countries may be situated further away from the places of distribution, the advantages gained commonly .... the additional transport costs. A direct consequence of these trends is to show the .... role played by shipping in the .... and distribution chain.

Furthermore, many western countries have .... transport, i.e. reduced legislation, in order to promote .... between the various operators. Together with the restructuration of businesses, which has been one of the main .... of the last few years, managements have come to .... the emphasis on work .... and cost reduction.

The last striking element of the last decade has been the .... changes brought about by the introduction of computers and ...., which makes it possible to exchange information more rapidly and bring a fast .... to customer needs.

Fiche terminologique

automatic warehousing	entrepôts automatisés
be held (to)	être tenu, considéré pour
cater for (to)	répondre, satisfaire
cheap	bon marché, peu onéreux
close to	proche de
competition	concurrence
cost reduction	réduction des coûts
deregulation	déréglementation
distribution system	système de distribution
dramatically	de manière importante
efficiency	efficacité
Electronic data interchange (E.D.I.)	échange de données informatisées
expanding	en expansion
feature	caractéristique, élément marquant
focus (to)	focaliser
focus attention on (to)	focaliser l'attention sur
globalisation	globalisation, mondialisation
hold stocks (to)	garder en stock
inbound	à l'entrée, à l'import
increasingly	de plus en plus
infrastructures	infrastructures
inventory	inventaire, stock
inventory control	gestion des stocks
issue	problème
labour market	marché de la main d'œuvre
lay the emphasis on (to)	insister, mettre l'accent sur
line	ligne, gamme de produits
logistics function	fonction logistique
marketing	marketing, mercatique

meet customer needs (to)	répondre aux besoins des clients
move	passage, changement
movement of goods	mouvement de marchandises
outweigh (to)	contrebalancer
provide so with sth (to)	fournir qqchose à qqun
provision	fourniture
response	réaction
retail centre	centre de détail, de distribution
salient	prééminent, remarquable
save (to)	économiser, réduire (les coûts)
single	unique, seul
substantial	substantiel, important
supply	approvisionnement
supply and distribution chain	chaîne logistique (approvisionnement et distribution)
support (to)	soutenir
warehousing	entreposage

5. The Total Distribution Concept (TDC)

A company **produces** plastic toys which are **packaged** in **cardboard** boxes which can be **palletised** for **unit load** handling and **transportation**. A production manager with an eye to **costs** notes that the cardboard box is an unnecessary **item** since the toys are robust and a simple **film** style **wrapping** would **offer** potential **cost savings**. The box is **discarded** and the naked toys are **shipped**. However the toys in this form cannot be **palletised** directly and special **trays** are needed to **convey** them, which are an additional unit load to be **catered for** in the **warehouse**. The additional costs **incurred** in **providing** these trays and **adjusting** the handling methods in **storage** and **delivery** imposes a higher **charge** than the saving **gained** by abandoning boxing of the product. This demonstrates the dangers inherent of sub-optimization within the total distribution **frame**.

The **total distribution concept** – or "**total cost approach**" – analyses all potential elements of the logistics **process** and **trades**

off these elements one **against** the other to **seek** the total cost **optimisation. A trade-off** is a deliberate **increase** in the cost of one element to **achieve** a reduction in the cost of another so that there is a **net gain** to the organization. In turn, this **provides opportunities** to **raise profitability** through cost-savings, increased **revenue** – or "**income**" –, or both.

Vocabulary exercise

Can you complete the text, using expressions from the document?

The total distribution concept, or "..........", consists in a comparative analysis of all the elements of the logistics .... The aim is to seek total cost .... by .... one element of the production and distribution chain against another one. Thus, it is conceivable to .... the cost of one element in order to .... a reduction in the cost of another one. The main objective is to obtain a .... to the global organization, so that more .... may be provided to raise .... thanks to cost savings and increase income – or "..........".

One example would be to change the way goods may be .... (in unit ...., for example), in order to make handling and .... easier. Thus, old methods may be .... in favour of new ways shipping – or ".........." – the goods. .... a product in a protective film instead of placing it in a box may involve new types of packages which have to be .... for in the shed – or "..........". Similarly, handling methods and storage may have to be .... New costs may then be .... and they will have to be considered before any final decision is taken by the logistics manager.

Fiche terminologique

achieve (to)	réussir, parvenir à
adjust (to)	adapter, ajuster
cardboard	carton
cater for (to)	fournir, prévoir
charge	frais
convey (to)	transporter
cost savings	économies
costs	coûts
delivery	livraison

discard (to)	rejeter
film	film (plastique…), pellicule
frame	cadre, système, environnement
gain	gain, économie
increase	augmentation
incur a cost (to)	entraîner un coût
item	élément (d'une liste)
offer (to)	offrir, présenter
opportunity	chance, occasion
optimisation	optimisation
package (to)	conditionner
palletise (to)	palettiser
process	processus
produce (to)	produire
profitability	rentabilité
provide (to)	fournir, offrir
raise (to)	augmenter, accroître
revenue/income	revenus, entrées
seek (to)	chercher à
ship (to)	expédier
storage	stockage
total cost approach	approche globale des coûts
total distribution concept	concept de distribution globale
trade-off (a)	gain, amélioration
trade off (to)	comparer, mettre en balance
transportation	transport
tray	plateau
unit load	marchandises unitisées
warehouse	entrepôt, magasin
wrapping	emballage

II. READING TEXTS

1. The supply chain

Logistics should not only be considered in terms of **distribution** and transport, although the latter (whether by sea, air, road or rail), together with **warehousing**, are important **processes** that combine to make the **flow of goods** happen and make sure that the various links in the chain work **efficiently** together. These processes that form the structure of the supply chain are not simply physical ones, however: the **flow** of information transiting through **computer networks** is equally important. The logistics manager will have to make sure he can **handle** all the various stages and operations that make up the supply chain.

One end of the supply chain may be constituted of **raw materials** such as agricultural produces or mineral **ore processed** to give a usable **commodity**, for example. The other end may extend beyond **purchase** of the commodity to **after-sales maintenance** and replacement of **parts**, in the case when the product is sold under **warranty**.

One way for a company to **guarantee** the desired **standard** of service is to take the **overall** control of the supply chain. Some of the larger supermarket chains have already adopted this approach: they specify their particular **requirements** at every **stage** and, although they may often **resort to** outside companies for the actual distribution of the goods, they themselves supervise all the processes which take place between the moment when the goods are **collected** from the manufacturer's **premises** to the time they are **delivered** in the **store**.

The logistics strategist should ideally think **forward** to the next stages in the chain and **back** to the earlier ones. It may not be the best method to continue doing something in a particular way just because things have always been done like that. Imagining new and more efficient ways of organizing the process will eventually make the **end product** more **competitive**. Every detail should **come under scrutiny** and be considered from the point of view of the **user**, not from the manufacturer's only. For example, a different **pack** size may prove to be more convenient, or deliveries may be **scheduled** to **suit** the **retailer** so that the goods can go straight onto the **shelf**.

Each link in the chain can identify areas where earlier links – **suppliers** – can help by doing something differently. For instance, the manufacturer could be led to **pack in** different quantities that would be more suited to the distributor's **storage** and **handling** systems. Sometimes, it may be necessary to find a link several stages back in order to provide the **opportunity** to alter an existing process in a more convenient and efficient way.

Comprehension exercise

A. Choose the correct answer

1. The terms "logistics" includes:
   a. production, warehousing, computer networks.
   b. production, transport, storage, distribution.
   c. production, storage, distribution, information technology.
2. Right or Wrong?
   The supply chain includes only physical operations.
3. Right or Wrong?
   The logistician must have a knowledge of all the operations involved in the supply chain.
4. Right or Wrong?
   The supply chain starts as soon as agricultural or industrial goods are produced.
5. Right or Wrong?
   The supply chain ends as soon as a product is sold.
6. Right or Wrong?
   A company may improve its efficiency by controlling the supply chain from end to end.
7. Right or Wrong?
   Food-processing industries find it necessary to control the supply chain.
8. Right or Wrong?
   Large supermarket chains own their own means of conveyance for distribution.
9. Which of the following activities correspond to the logistics strategist?
   – plan the next operations in the chain.
   – re-think the organization of the complete chain.
   – repeat an operation which has always been done in a particular way.
   – imagine new ways of improving a product's competitiveness.
   – consider every detail from the producer's point of view.
   – deliver the goods to the stores.
   – plan the distribution of goods to local shopkeepers.
10. Right or Wrong?
    The logistics strategist may alter any stage of the supply chain.

Vocabulary exercise

Fill in the blanks with the right expression from the text:

1. Production, packaging, warehousing and distribution are the main .... involved in the concept of logistics.
2. The logistician should try to optimize the movement of goods.
   The logistician should try to optimize the .... of goods.
3. The overall organization of production and distribution is referred to as the ....
4. Paperwork is being gradually replaced by interconnected ....
5. The function of industries is to process raw materials into .... that can be used by consumers directly.
6. The role of the logistician does not necessarily stop immediately after .... of the goods by the consumer.
7. A firm may find it necessary to run an .... service for the .... of the product or the replacement of .... sold under ....
8. Any logistics expert should aim at improving the firm's .... of service by achieving .... control of the supply chain.
9. Firms resorting to outside operators will have to specify their .... for each stage of the production and distribution processes which they will need to control – or "..........".
10. A finished product may also be referred to as the ....
11. Every aspect of the supply chain should .... and be evaluated by the logistics strategist.
12. Packing and packaging are two ways of making goods handling more ....
13. Ideally, goods should be .... to be delivered to .... so that they won't have to wait in a warehouse but can go straight onto the ....

2. Distribution and transport

In the U.K., physical distribution is **achieved** predominantly by road transport, either through "**own-account**" or "**third-party**" operations. This can take many forms, including road, rail, air or sea transport or a combination of these.

"Own-account" operations

Some major companies, e.g. **manufacturers** or **retailers**, **operate** their own transport and distribution **network**. Advantages include direct **feedback** and communication with **customers** and the **advertising benefits** of having a **liveried fleet**.

"Third party" operations

Specialist distribution and transport companies **provide** services in this area. These may be narrow in **scope** (eg road transport alone, **express parcels**) or broad, including management of a whole **range** of **supply** activities such as **warehousing**, **order processing** and **stock control**. Operations may be **dedicated to** one customer or shared by a number of customers.

This sector has grown as many companies can see the advantages in **contracting out** their distribution and transport activities, which include **cost effectiveness** and greater **flexibility**.

Companies which do not have an own account distribution operation still **require** a logistics function for strategic management of the supply chain. Some organizations employ specialist distribution **consultancies** to **undertake** this function for them.

Comprehension exercise

Choose the correct answer

1. Right or Wrong?
   Road haulage is a major means of conveyance in Great Britain.
2. Right or Wrong?
   Distribution in the U.K. will normally require three different carriers.
3. Right or Wrong?
   Distribution in the U.K. will commonly imply combined transport.
4. Right or Wrong?
   Major companies will require manufacturers and retailers to ensure the transport of their goods.
5. Overseeing transport and distribution may be an advantage for a firm for the following reasons (*tick the right answers from the text*):
   – contact with clients is easier
   – delivery of the goods takes less time
   – company vehicles make the firm better known
   – more profit is achieved.
6. Right or Wrong?
   Distribution and transport companies only specialize in one particular area.

7. Right or Wrong?
   A transport operation may involve several clients at the same time.
8. Right or Wrong?
   "Third-party" operations have been increasing over the past few years.
9. Right or Wrong?
   "Third-party" operations mean higher costs.
10. Right or Wrong?
    Companies resorting to "third-party" operations do not require a logistics department.

Vocabulary exercise

Fill in the blanks with the right expression from the text

1. A firm organizing the transport and distribution of its products is said to run "………" operations.
2. Large – or "………" – companies may operate their own distribution ………
3. A synonym for "a producer of industrial goods": a ………
4. The collection of the reactions of your customers to the service offered is referred to as the ………
5. A synonym for "a client": a ………
6. A ……… lorry is a lorry bearing the name and colours of the company it belongs to.
7. Specialist firms may ……… services in specific types of transport.
8. Some companies offer a large variety of services.
   Some companies offer a wide ……… of services.
9. Following an order from the moment it is placed to the final invoice is referred to as ………
10. Adjusting production to sales is described as ………
11. An operation may concern one customer only.
    An operation may be ……… to one customer only.
12. Firms that do not wish to invest in specialized equipment may ……… their transport activities.
13. A good management of distribution and transport will result in higher ………
14. Firms that do not want to develop a logistics department of their own may resort to distribution ……… in order to ……… this function for them.

VOCABULARY EXERCISES

1. Synonyms

Can you replace the expressions in bold letters with a synonymous expression?

1. The **sender** is the person who sends goods to a destination.
Synonym: ....
2. The contract of carriage lists the **shipping terms** for a particular operation.
Synonym: ....
3. **Bulk cargo** such as grain will be transported in a bulk carrier.
Synonym: ....
4. Dockers are in charge of undertaking **handling operations**.
Synonym: ....
5. Before entering a country, most goods are submitted to **customs duties**.
Synonym: ....
6. **Port dues** are the taxes paid to the Port Authority at each call.
Synonym: ....
7. Handling operations may be so complex that part of the goods may sometimes be **left on quay**.
Synonym: ....
8. The function of a carrier is to transport **goods** from one place to another.
Synonym: ....
9. Before booking freight space with a carrier, one should first enquire about the **price of transport** he will be charged.
Synonym: ....
10. An insurance policy should clearly show the **current value** of the goods.
Synonym: ....
11. Lorries, vessels, aircraft, etc., are all **means of transport**.
Synonym: ....

12. **Dockside railways** make transhipment between trains and vessels easier.
    Synonym: ....
13. Large consignments may be carried by road in a **semi-trailer**.
    Synonym: ....
14. All goods that are not part of the normal allowance at import are **submitted to taxes**.
    Synonym: ....
15. All flights must be carefully **planned** for the good running of an airport.
    Synonym: ....
16. In case of accident, the insured party should send the insurance company a **notice of claim**.
    Synonym: ....
17. Major English cities are generally linked by means of **main roads**.
    Synonym: ....
18. In rail transport, the contents of a goods truck are known as the **truckload**.
    Synonym: ....
19. When awaiting collection, goods may be stored in **sheds**.
    Synonym: ....
20. The **shipbroker** is in charge of declaring the arriving ship to the customs.
    Synonym: ....
21. The water level of a **wet dock** does not vary significantly with the tide.
    Synonym: ....
22. Some vehicles are especially designed to transport a particular type of **cargo**.
    Synonym: ....
23. The firm who wants to **send** goods to a destination must contact a common carrier.
    Synonym: ....
24. **Groupage** is one of the tasks performed by multimodal transport operators.
    Synonym: ....
25. It is a good idea to **take out an insurance** before any transport operation.
    Synonym: ....
26. Road hauliers often **travel between** the same cities.
    Synonym: ....
27. Although some maritime lines are dominated by conferences, a few "**external operators**" manage to compete with them.
    Synonym: ....

28. A **haulier** is a common carrier specializing in road transport.
Synonym: ....
29. Before starting any transport operation, you will normally contact an **insurer**.
Synonym: ....
30. The function of industries is to produce **processed goods**.
Synonym: ....
31. Railway services include passenger trains and **goods trains**.
Synonym: ....
32. It is the function of the **linesmen** to tie up a ship at her berth.
Synonym: ....
33. The function of tugs is to help the ships **come alongside**.
Synonym: ....
34. Either shipowners or shipping companies may **fit out** a ship.
Synonym: ....
35. A full-container ship is not designed to carry **general cargo**.
Synonym: ....
36. The **freight forwarder** is in charge of organizing the various aspects of a transport operation.
Synonym: ....
37. Oil tankers, tanker lorries and tank wagons may all carry **petroleum products**.
Synonym: ....
38. The **dimensions** of a container should be clearly indicated on one side.
Synonym: ....
39. An **amendment** may be added to a contract at any time if the two parties agree.
Synonym: ....
40. An efficient insurance company should **settle a claim** in as short a time as possible.
Synonym: ....
41. The **responsibility** of the logistics manager is to make sure the supply chain does not break down.
Synonym: ....
42. **Junctions** tend to disappear from all major roads.
Synonym: ....
43. Circular roads are often built to prevent **traffic-jams** in large cities.
Synonym: ....
44. A port consists of the **docks** and the surrounding city.
Synonym: ....
45. Efficient storage and warehousing require performing **equipment**.
Synonym: ....

46. The **home port** is the port where a vessel was launched.
Synonym: ....
47. The **port of shipment** should be indicated on all transport documents.
Synonym: ....
48. A rational stowage of the parcels on board a vessel should take into consideration the various **ports of destination**.
Synonym: ....
49. Incoming vessels should follow the **approach channel** when nearing the port.
Synonym: ....
50. Ships are tied to the bollard on the quay by means of a **mooring line**.
Synonym: ....
51. The Estimated Time of Departure indicates the moment when the vessel will **leave the port**.
Synonym: ....
52. Handling operations are carried out by gangs of **dockers**.
Synonym: ....
53. The efficiency of a port is defined by its **handling rate**, among other factors.
Synonym: ....
54. All parcels must be **secured** properly before transport.
Synonym: ....
55. When your correspondent's phone is engaged, you have to **call back** at a later time.
Synonym: ....
56. Vessels may have to wait in the **roadstead** before being allowed to enter the port.
Synonym: ....
57. The **shipping clerk** is in charge of organizing contacts between the crew and the shipping company.
Synonym: ....
58. A vehicle may be so damaged after an accident that it will be declared a **complete waif**.
Synonym: ....
59. Managers always try to find cheap **labour** to reduce costs.
Synonym: ....
60. A **dry dock** is a place where ships may be repaired.
Synonym: ....
61. When dealing with a carrier, shippers may try and obtain a **discount**.
Synonym: ....

62. The first thing any operator should do before signing a contract is to ask for a **quotation**.
Synonym: ....
63. Some goods may be **damaged** if not stored correctly.
Synonym: ....
64. Logistics managers should make sure the services they offer **meet the needs** of their clients.
Synonym: ....
65. **Multimodal transport** has developed rapidly in the last few years.
Synonym: ....
66. The function of the logistics department is to control all stages of the supply chain in order to **reduce** costs to a minimum.
Synonym: ....
67. Managers have come to realize that logistics is an area where **performance** can make a company more competitive.
Synonym: ....
68. In automated warehouses, the movement of goods is **realized** without human intervention.
Synonym: ....
69. Electronic data interchange **implies** the automatic communication of information from supplier to customer and vice versa.
Synonym: ....
70. Thanks to computer technology, information **travels** faster between the various points where it is needed.
Synonym: ....
71. For a smooth running of the supply chain, it is necessary that components and raw materials can be **bought** as required.
Synonym: ....
72. The manager will have to **compare** the costs of storage **with** those of transport.
Synonym: ....
73. The time spent in **completing** the various documents can have a significant effect on the efficiency of an operation.
Synonym: ....
74. The correct **situation** of warehouses is essential to minimize costs.
Synonym: ....
75. Some types of packaging may have to be **abandoned** in favour of more economical ones.
Synonym: ....

2. Opposites

Can you find an opposite for the expression in bold letters?

1. The **inward freight** department is in charge of all imports.
   Opposite: ....
2. The passengers will **board** the plane by the gangway.
   Opposite: ....
3. The shipment was sent **freight prepaid.**
   Opposite: ....
4. The tanker is carrying **refined oil**.
   Opposite: ....
5. For LCL shipments, it is necessary to **stuff** containers.
   Opposite: ....
6. A ship that is not in a good state of repair is said to be **out of commission**.
   Opposite: ....
7. Transport documents should show the **port of shipment** of the consignment.
   Opposite: ....
8. Ship repairs are more and more carried out in **floating docks** because they can be displaced anywhere in the port.
   Opposite: ....
9. After **landing**, the passengers will disembark from the plane.
   Opposite: ....
10. Any contract or policy should clearly indicate the **date of issue**.
    Opposite: ....
11. Some countries mostly export **manufactured goods**.
    Opposite: ....
12. The advantages of running a large number of warehouses may **balance** the increased costs.
    Opposite: ....
13. Every year, you should **renew** your insurance policy.
    Opposite: ....
14. **International traffic** is a thriving business.
    Opposite: ....
15. The water level of a **tidal dock** varies with each tide.
    Opposite: ....
16. The **port of discharge** is the port where a given consignment should be unloaded.
    Opposite: ....
17. A **non-conference** line is an operator that does not belong to a maritime conference.
    Opposite: ....

18. It is forbidden for a line belonging to a conference to **overquote**.
Opposite: ....
19. The ship is going to **arrive in** the port.
Opposite: ....
20. A **clean signature** means that you accept delivery of the goods without any restriction.
Opposite: ....
21. It is not necessary to pay taxes on **duty-free** goods.
Opposite: ....
22. The vessel's master should always send the shipping agent his **E.T.A.**
Opposite: ....
23. Monitoring customer habits helps firms to forecast the **demand**.
Opposite: ....
24. The **shipper** is the person who sends goods to a destination.
Opposite: ....
25. The carrier is responsible for the safe **delivery** of the goods.
Opposite: ....
26. **Dredging** is a necessary activity in any well-managed port.
Opposite: ....
27. The **outward freight** department is in charge of all exports.
Opposite: ....
28. The receptionist of the firm will most often **answer the phone**.
Opposite: ....
29. When using a computer, one should not forget to **save** one's file on a disk.
Opposite: ....
30. In order to conform to existing legislation, you should **declare** all goods to the customs.
Opposite: ....
31. When writing to a correspondent, do not forget to mention your **home address**.
Opposite: ....
32. You may want to **enclose** complementary documents in your letter.
Opposite: ....
33. Most telephone subscribers **are in the directory**.
Opposite: ....
34. When calling a correspondent outside your city, you are making a **trunk call**.
Opposite: ....

3. Right/Wrong exercise

Say whether these statements are RIGHT or WRONG. If "WRONG", write the correct expression.

1. The weight of the container and its load is the **net weight**.
Your answer: ....
2. In case of serious danger to the vessel and her crew, the master may have to decide to **abandon** the cargo, that is to throw it overboard.
Your answer: ....
3. A **shipwreck** is what remains of a vessel after a serious average at sea.
Your answer: ....
4. The end of a train or bus route is the **terminal**.
Your answer: ....
5. A country's navigable rivers and canals are referred to as **inland waterways**
Your answer: ....
6. A **lock** stops the flow of a river when the declivity is too high.
Your answer: ....
7. The asphalted area where planes land is called the **fairway**.
Your answer: ....
8. The **apron** is the part of the airport where planes are parked.
Your answer: ....
9. The **jet thrust** is the time difference passengers can feel after a long plane travel.
Your answer: ....
10. A **catering company** is responsible for the ships' or the planes' victualling.
Your answer: ....
11. **To control** the traffic in an airport means to regulate the planes' landings and take-offs.
Your answer: ....
12. An **air route** is the precise part of the sky allocated by the control tower, to which a plane must stick when flying, to avoid collisions.
Your answer: ....
13. Before boarding a plane, passengers must **register** their luggage so that it will be stowed in the plane's cargo hold.
Your answer: ....
14. A long distance road transport is referred to as a **long haul**.
Your answer: ....
15. A **removal van** is used when taking a customer's possessions to a new address.
Your answer: ....

16. The station where containers can be loaded directly from the train onto trucks is called the **goods depot**.
Your answer: ....
17. The **due** is the price you are charged on certain bridges or motorways.
Your answer: ....
18. A **diversion** is an alternative route suggested in case of road works delaying the traffic.
Your answer: ....
19. The **rolling stock**, in rail transport, refers to engines and wagons indiscriminately.
Your answer: ....
20. A wagon for the transport of passengers is referred to as a **passenger car**.
Your answer: ....
21. A wagon devoted to the transport of perishable goods is a **reefer**.
Your answer: ....
22. The area where goods trains are formed or dismantled is the **marshalling area**.
Your answer: ....
23. The **track** is the distance between the rails.
Your answer: ....
24. A train that does not stop anywhere before the terminus is an **express train**.
Your answer: ....
25. The **underland** is the area served by a port.
Your answer: ....
26. The **outer harbour** consists of the docks and basins situated just at the entrance of the harbour.
Your answer: ....
27. Ships are built or repaired in a **shipyard**.
Your answer: ....
28. In tidal docks, **dredging** is a problem because it reduces the depth available for ships.
Your answer: ....
29. Ship repairs can be carried out in a dry dock or, more and more often, in a **wet dock**.
Your answer: ....
30. A **free port** is not directly subjected to national customs regulations.
Your answer: ....
31. A shipping agent should receive the **E.T.A.** before the ship arrives.
Your answer: ....

32. If a ship has to wait before entering the port, she will lay anchor in the **roadstead**.
Your answer: ....
33. All necessary signals for the port incoming and outgoing traffic are shown on the **signalling station**.
Your answer: ....
34. An **offshore pilot** helps vessels at sea in certain dangerous areas.
Your answer: ....
35. The **tow-boat** helps larger vessels enter the harbour and berth.
Your answer: ....
36. When the ship berths, the lines are tied up to the **mooring post**.
Your answer: ....
37. This ship is leaving the port, **bound to** Cameroon.
Your answer: ....
38. A group of dockers working at the same time is referred to as a **shaft**.
Your answer: ....
39. A **tackle** is used to make the handling of heavy parcels easier.
Your answer: ....
40. **Gantry cranes** are well suited to the handling of containers.
Your answer: ....
41. The cable used to tie parcels to the crane hook is called the **rope**.
Your answer: ....
42. The **storage plan** of the ship makes it possible to make sure the boat will not show a list to one side.
Your answer: ....
43. **Stocking** containers means piling them up in the delivery bay.
Your answer: ....
44. **To pilfer** means to steal goods from a consignment.
Your answer: ....
45. **To mislay** a parcel means to loose a parcel during the transport operations.
Your answer: ....
46. A shipment that is **shortlanded** is a shipment which was unloaded in the wrong port of call.
Your answer: ....
47. The number of days allowed for loading or unloading operations is the **turn-round time**.
Your answer: ....

48. A shipping company must provide all necessary services to **answer the demand** of the market.
Your answer: ....
49. Some shipping companies only **operate** regular lines.
Your answer: ....
50. The **booking note** is the document attesting the reservation of freight space near a shipping agent.
Your answer: ....
51. The **cargo manifest** certifies that the goods have been loaded on board a particular vessel.
Your answer: ....
52. The **log book** is the list of all the members working on the ship.
Your answer: ....
53. The **consignment note** informs the consignee that his goods are available for collection.
Your answer: ....
54. The **delivery note** is a receipt for the goods signed by the consignee upon delivery.
Your answer: ....
55. The **way bill** is the document listing the goods and their prices for payment by the consignee.
Your answer: ....
56. The **booking** department of an agency is in charge of finding new freight.
Your answer: ....
57. The **inward freight** department is the same thing as the import department.
Your answer: ....
58. The **forwarding** department is in charge of co-ordinating the different means of transport.
Your answer: ....
59. The **accountancy department** is in charge of litigation with customers.
Your answer: ....
60. The **ground staff** consists of all the people working ashore in the company.
Your answer: ....
61. A **branch** of a firm is a different company financially controlled by the mother company.
Your answer: ....
62. **Customs clearance** is the activity consisting in declaring the goods to the customs and paying the related duties.
Your answer: ....

63. The **customs rules** are the set of legislation applicable to imports and exports in each country.
Your answer: ....
64. An **allowance** is an amount of goods accepted at entry duty-free.
Your answer: ....
65. Goods awaiting clearance must be placed in a **customs warehouse**.
Your answer: ....
66. The **fronteer** is the official limit between two countries.
Your answer: ....
67. A **levy** is the money you have to pay if you tried to smuggle goods in a country.
Your answer: ....
68. The **red tape** is the mark fixed by the customs on goods in transit through a country.
Your answer: ....
69. The **transport charges** are the different rates charged for the different types of goods.
Your answer: ....
70. The **stowage charges** correspond to the work of tug-boats when the vessel arrives or sails.
Your answer: ....
71. In case of delays in loading or unloading operations, a surcharge will be invoiced for **demurrage**.
Your answer: ....
72. A parcel or letter which is not sent to the consignee's address must be **Called for** at the post office.
Your answer: ....
73. You should send a **C.O.D.** parcel when you want to make sure it will not be lost on the way.
Your answer: ....
74. You'd better send an urgent letter by **high speed** mail.
Your answer: ....
75. You must **ring again** if the line is engaged.
Your answer: ....
76. If the firm's switchboard operator answers the phone, she will **put you through to** your correspondent.
Your answer: ....
77. When phoning someone working in a large company, you will often have to give the operator your correspondent's **office number**.
Your answer: ....

78. To make a phone call, you first pick up the receiver, then you should **dial** the number of your correspondent.
Your answer: ....
79. The information you enter in the computer is called the **data**.
Your answer: ....
80. After you have typed your data on the keyboard, you should read it again and **correct** it if necessary.
Your answer: ....
81. **data-banks** are available for firms wishing to get a large range of information on a subject.
Your answer: ....
82. The most efficient way to work on texts or letters is **data-processing**.
Your answer: ....
83. The **shipper** is the person or company who owns the ship.
Your answer: ....
84. A **commodity** is a singular word meaning "goods"
Your answer: ....
85. The **M.T.O.** just supervises the different transport operations carried out by other operators in the case of a door-to-door shipment.
Your answer: ....
86. The **LCL plate** indicates that the container has been checked for safety.
Your answer: ....
87. The **customs broker's** job is to declare the ship to the customs.
Your answer: ....
88. The **customs declarant** deals with the clearance of the goods only.
Your answer: ....
89. If the price of bunker oil varies significantly, the **C.A.F.** will be listed on the final invoice.
Your answer: ....
90. When the vessel leaves the harbour, the agent shall complete the **disbursement account** to be sent to the shipper.
Your answer: ....
91. The **cancelling date** is the time limit for a given consignment to be at the disposal of the transport operator.
Your answer: ....
92. The **shipment note** certifies that the goods mentioned have properly been loaded on board the vessel and shipped.
Your answer: ....

93. Conferences members should observe the rate agreements and they hire the service of a firm to make sure every one complies with these agreements: this practice is referred to as a **self-policy** system.
Your answer: ....
94. The mutual agreement between lines to share the freight and fix the rates is the **cargo allotment scheme**.
Your answer: ....
95. The mutual agreement between lines concerning the prices they will charge shippers is the **loyalty arrangements**.
Your answer: ....
96. The total number of lorries a haulier owns is referred to as the haulier's **park of vehicles**.
Your answer: ....
97. A **tarpaulin** is used to cover an open-top trailer in case it rains.
Your answer: ....
98. Handling contractors commonly resort to **master trailers** when working essentially on the terminal.
Your answer: ....
99. All the costs and charges related to a given transport are referred to as **overheads**.
Your answer: ....
100. The supply chain is activated as soon as a customer **places an order**.
Your answer: ....
101. Logistics is an area where **efficacy** can make a firm more competitive.
Your answer: ....
102. In partially automated warehouses, **stuff** receive instructions via hand-held computer terminals.
Your answer: ....
103. Electronic data interchange **removes** the need for telephone and paper.
Your answer: ....
104. Analyses of customer demand can be **fed back** to suppliers thanks to electronic data interchange.
Your answer: ....
105. The "**just in time**" approach tries to prevent the supply chain from breaking down by storing as much of everything as possible.
Your answer: ....
106. Important operations such as military logistics depend on **reliable** information systems.
Your answer: ....

107. The function of logistics is to ensure the **obtainability** of the right product at the right place for the right customer.
Your answer: ....
108. An operation carried out on economical lines is said to be **cost-efficient**.
Your answer: ....
109. The logistics manager should make sure the supply chain is organized so that it **conforms with** customer requirements.
Your answer: ....
110. It is important for a firm to **complete** production targets.
Your answer: ....
111. Transport managers should be aware of existing **regulations** in various countries.
Your answer: ....
112. Efficient monitoring of customer habits will enable firms to **schedule** future trends.
Your answer: ....
113. Once an operation is completed, the accounts department will be in charge of **drawing up** the final invoice.
Your answer: ....
114. Manufacturers do not as a rule sell their products to the general public; instead, they organize a network of **detailers**.
Your answer: ....
115. All operators **evolved** in the supply chain have to work in close cooperation.
Your answer: ....
116. The time agreed between the placement of an order and the time of delivery is known as the order **lead-time**.
Your answer: ....
117. Nowadays, firms have to make sure they can **cater for** the various needs of their customers.
Your answer: ....
118. Inventory have become a big problem – or **issue** – since the 1970's.
Your answer: ....
119. Electronic data interchange enables faster information exchange and more rapid **answer** to customer needs.
Your answer: ....
120. Alteration in the existing supply chain may **recur** new costs which may eventually result in a global cost reduction.
Your answer: ....

THE GRAMMAR OF ENGLISH FOR TRANSPORT AND LOGISTICS

1. Notion de temps : passé/présent

a. Quelques rappels

La conjugaison du verbe sert à indiquer le MOMENT où se déroule une action. Pour éviter tout malentendu dans les échanges, il est impératif de bien situer chacune des actions sur l'axe temporel.

Les fautes de temps les plus fréquentes commises par des locuteurs non anglophones concernent les temps du passé et du présent. Voici un résumé de la manière dont vous devrez utiliser les conjugaisons en anglais :

Présent :	l'action se déroule "maintenant" (NOW) Attention aux différentes valeurs de "now"

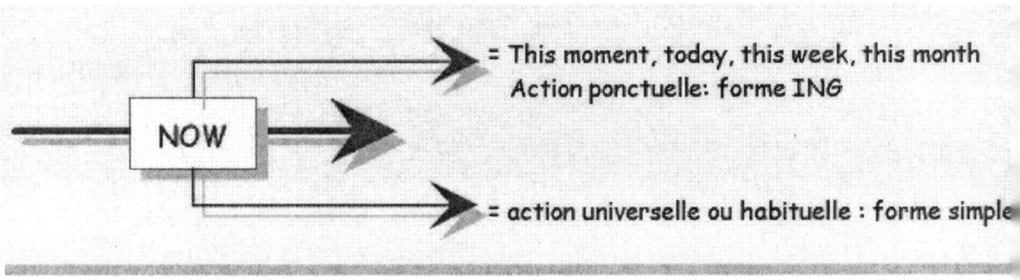

Exemple

"In this office, we usually take a coffee-break at around 10 A.M., but today, we're not having any".

Note

➨ Le présent "be + ING" peut aussi exprimer l'**insistence** du locuteur sur :

- la répétition d'une action : *"he's always making the same mistake!"*
- l'intention du locuteur : "*I'm leaving for New York next week.*"
- sa satisfaction : "*I am getting this job at last!*"

➨ Les verbes d'état (to look, to seem,...) et de volonté ("to want"...) ne se conjuguent normalement pas à la forme progressive.

Prétérite : l'action a commencé dans le passé et est terminée

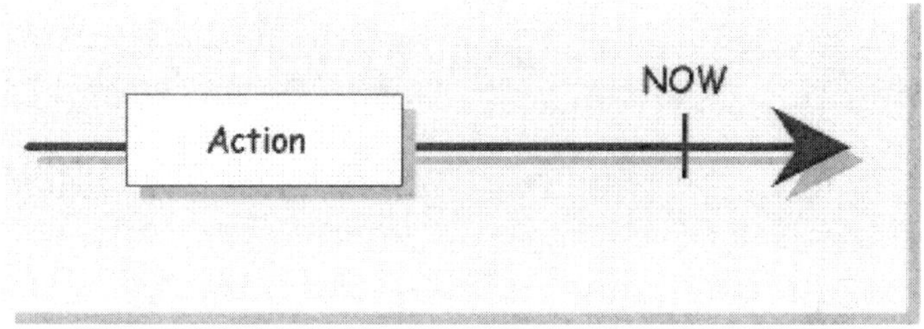

Exemple

"The goods were delivered last week."

Present perfect : l'action a commencé dans la passé et n'est pas terminée (ou elle a une conséquence directe sur le présent).

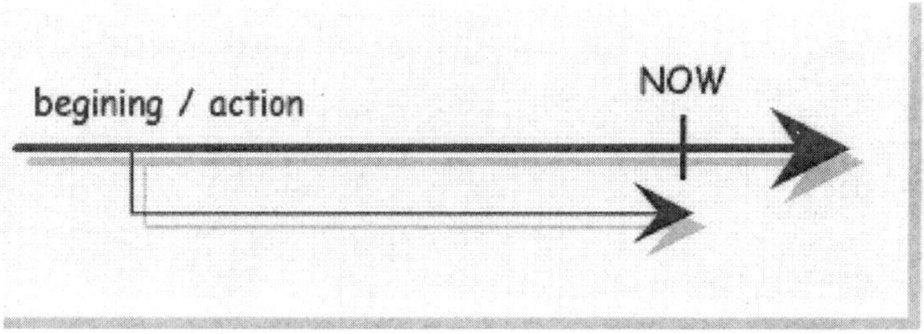

Exemple

- *"I have worked in this office for three years" (simple statement of fact).*
- *"I have been working in this office for three years" (insistence on the fact I am still working now)*
- *"I have lost my keys" ("...so I can't open the door now": relation between the past and the present).*

Past perfect : le locuteur se réfère à une action ANTÉRIEURE (action 1 : past perfect) à un point de référence situé dans le passé (action 2 : prétérite).

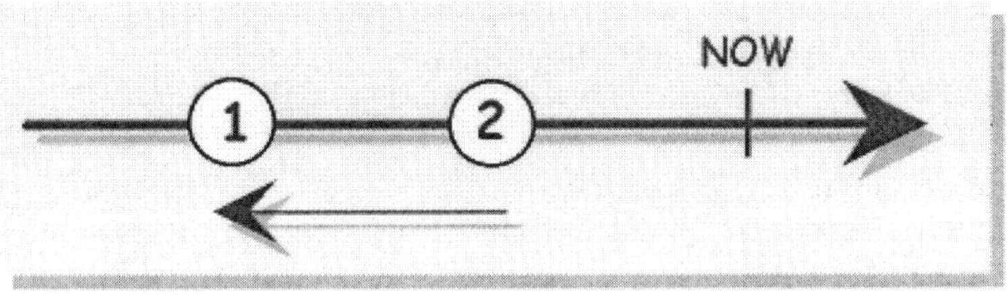

Exemple

- *"The manufacturer had sent the goods before he was asked to do so."*

b. exercice

Mettre les verbes entre parenthèses au temps correct

1. The clerk (to direct) me to the manager's office, but I (to take) the wrong door.
2. "As a matter of fact, we now (generally, to approach) our customers by phone before we actually (to meet) them."
3. "– How (you, to get) in touch with him?
   – Well, we simply happened to take the same bus one night."
4. They (not to answer) my application until I (to go) to see them two days ago.
5. I (never, to visit) Algeria although I (nearly, to go) there in 1992.
6. "– When (you, to send) the invoice?
   – I (to send) it last week, but I still (not to receive) any payment for it."
7. Before he (to settle down) in this country, he (to travel) all over the world.
8. When she (to be appointed) at the head of the firm, no woman (ever, to get) such a position before.
9. We (currently, to experiment) a new method to satisfy our customers more rapidly.

10. I (not to see) such an outstanding achievement since I started working in this firm.
11. John Stephens (to join) our company when he (to be) only fourteen.
12. Although he is rather shy, he (to talk) a lot tonight.
13. We (not to write) to each other since she (to leave) for the States.
14. Why (you, to look) so severe? You will find it difficult to get on with your collaborators.
15. Western economies (to depend) essentially on industry for about two centuries now.

2. Précisions temporelles sur une action

a. Quelques rappels

Indépendamment de la conjugaison du verbe, vous pouvez apporter les précisions temporelles suivantes sur toute action :

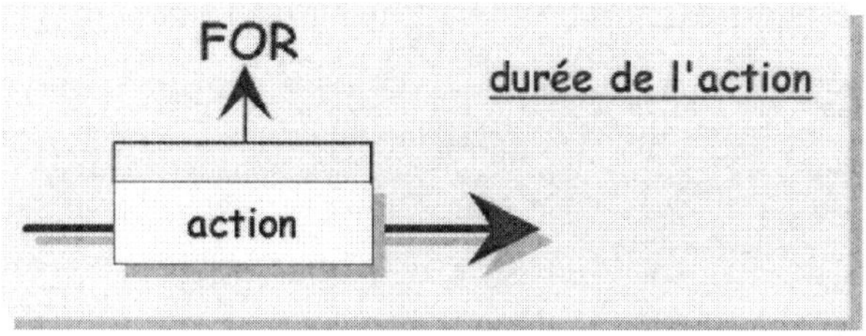

Exemple

- *"I have lived here for a year"*
- *"I lived here for a year"*
- *"I will live here for a year"*

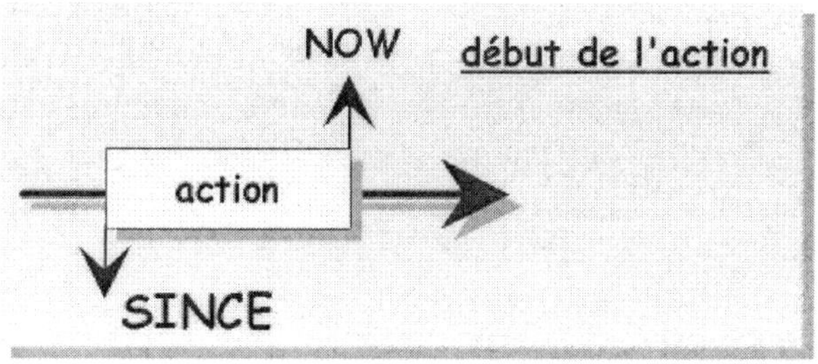

Exemple

- *"I have lived here since you went away"*
- *"I have lived here since 1987"*

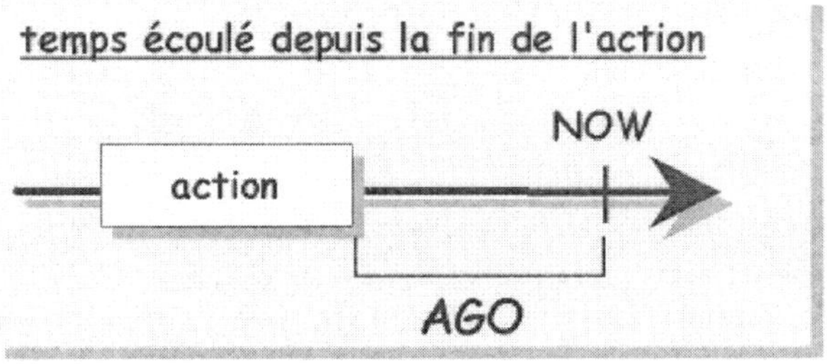

Exemple

- *"I lived here two years ago"*

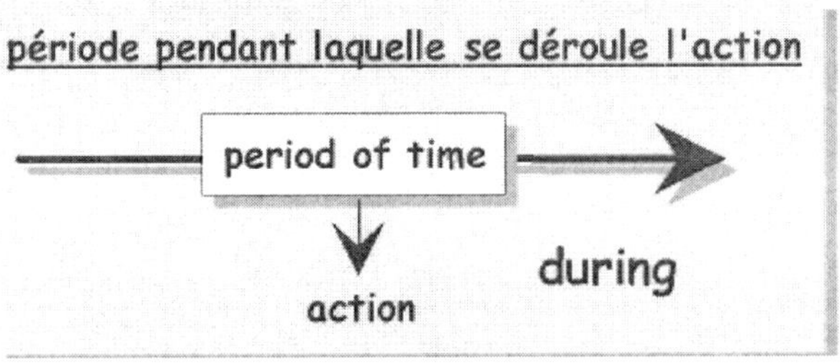

Exemple

- *"I shall call you during the holidays"*

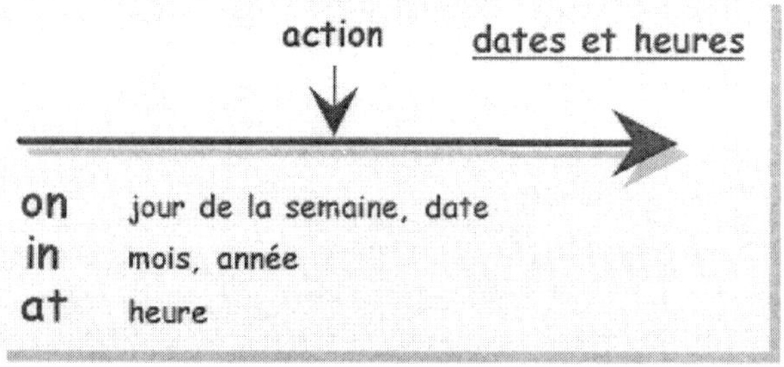

Exemple

- *"The shipment will be delivered on Monday 12th"*
- *"The invoice will be sent in March"*
- *"The carrier will arrive at 10.30"*

b. exercice

Compléter la phrase par la notion de temps appropriée

1. I have worked in this company .... several years.
2. – How long .... were you born?
   – I was born in 1955.
3. This document has been ready .... two weeks, ... you asked for it, in fact.

4. The shipping agent should call me back .... 12.
5. I have arranged for the shipment to arrive ....June 21st.
6. .... when have you had this brand new car?
7. After he explained his plan to me, three weeks ...., I started working on it .... two hours a day .... the holidays.
8. How long .... did you learn that the factory would close down?
9. They have not accepted any of our proposals .... some time now, ... we argued about our new policy a few months ....
10. The weather has been awful .... weeks, ...June in fact.
11. When the new boss takes in charge .... October, I shall get a promotion.
12. He took up a little shop in Chelsea .... some time, then joined our company a few months ....
13. The unions accepted to postpone their action .... a few days, a week ...., when the management agreed to initiate new talks.
14. After his speech at the General Meeting a week ...., the Chairman was applauded .... minutes on end.
15. I've stopped meeting customers outside working hours .... I realized I did not have enough time to spare for my children .... my free time.

3. La forme passive

a. Quelques rappels

En anglais, on place en tête de la phrase l'élément sur lequel on veut attirer l'attention.

• Si le centre d'intérêt de l'énoncé est l'AUTEUR de l'action, on utilisera la forme ACTIVE.

• Si le centre d'intérêt de l'énoncé est l'OBJET de l'action, on utilisera la forme PASSIVE.

Du fait de l'importance accordée à la MARCHANDISE dans la chaîne logistique, il est compréhensible que celle-ci soit le centre d'intérêt d'une grande partie des énoncés. La forme passive revêt donc une importance cruciale dans le domaine du transport et de la logistique.

Remarque 1

- la structure de base de la phrase ne varie pas ;
- le temps de l'action ne varie pas : seul le point de vue change.

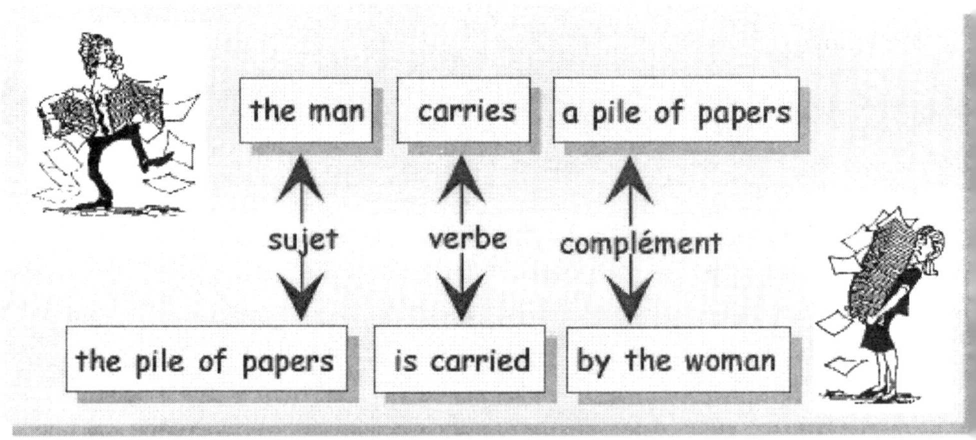

Remarque 2

- en conséquence de la remarque précédente, on ne mentionnera le complément d'agent en anglais *que s'il est explicitement important pour la compréhension de l'action.*

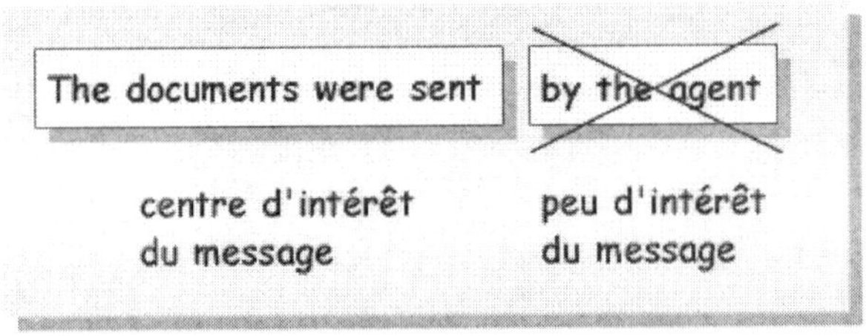

Mais on dira : *"The document was sent* ***by the agent who was responsible for the call."***

Remarque 3

- certains verbes ont deux compléments d'objet directs. Choisissez le premier de ces compléments pour transformer l'énoncé au passif, car c'est celui qui retient l'intérêt en premier.

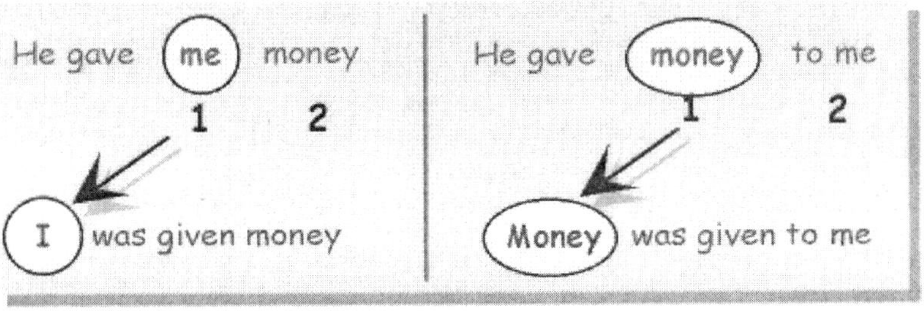

Remarque 4

• les verbes d'état ne peuvent s'utiliser au passif.

b. exercice

Transformer les phrases suivantes à la forme passive lorsque ceci est possible

1. Some special ships can transport raw materials easily.
2. Someone will have to meet our guests at the airport.
3. Somebody must account for the recent losses of the company.
4. They would appreciate some help.
5. Did the last financial crash frighten you?
6. Can someone solve this problem?
7. We'll have to go over this subject more thoroughly.
8. They raised money with a new tax on imports.
9. I trust someone will tell him about his recent promotion.
10. You look exactly like someone I know.
11. Do you think we have advertised our new product properly?
12. I'd like people to know my new position in the firm.
13. What time do they collect the mail?
14. The new organization of work has brought more profits to the firm.
15. Have you really investigated all possible solutions?

4. Expression du point de vue : notion de modalité

a. Quelques rappels

Un auxiliaire de modalité indique le POINT DE VUE du locuteur par rapport à une action. Il doit toujours être suivi en anglais d'un verbe à l'infinitif sans "to".

"These documents are heavy"
(énoncé d'un fait)

"These documents should not be so heavy"
(modulation d'un fait - énoncé d'un point de vue)

L'opérateur de transport ou le logisticien auront fréquemment recours à ces auxiliaires de modalité pour faire référence aux aléas d'une opération (probabilité), aux projets ("to be to"), etc.

Voici une liste des principaux modaux et des notions qu'ils transmettent :

NOTION	PRESENT ACTION	PAST ACTION
Degrés croissants de **probabilité**.	MIGHT	MIGHT HAVE + P. Passé
	MAY	MAY HAVE + P. Passé
	COULD	COULD HAVE + P. Passé
	MUST	MUST HAVE + P. Passé
The vessel might be delayed. *The consignment must have been sent.*		
Obligation		
• opinion du locuteur	MUST	HAD TO
• obligation externe, règlement…	HAVE TO	HAD TO
You must send this fax immediately. *You have to declare the goods to the customs.*		
Absence d'obligation	DON'T HAVE TO	DIDN'T HAVE TO
	NEEDN'T	DIDN'T NEED TO
You don't have to go if you don't want to. *You needn't complete all these files: they are not used anymore.*		
Improbabilité	MUSTN'T	MUSTN'T HAVE + P. Passé
He mustn't have understood our message.		
Forte improbabilité **Impossibilité logique**	CAN'T	CAN'T HAVE + P. Passé
They can't have forgotten to call the carrier!		
Capacité	CAN	COULD
The use of containers can speed up transport operations.		
Incapacité	CAN'T	COULDN'T
I can't lift this: it's too heavy		

Permission	MAY	MIGHT
May I ask you to send me these documents as soon as possible?		
Interdication		
• opinion du locuteur	MUSTN'T	WASN'T ABLE TO
• interdiction externe, règlement…	NOT ALLOWED TO	(au temps voulu)
• style informel	CAN'T	COULDN'T
You mustn't call me on the phone before the end of the meeting. *Lorry drivers are not allowed to drive long hours.* *You can't do that: it's not correct!*		
Conseil (présent) ou reproche (passé) **Attente logique d'un événement**		
	SHOULD	SHOULD HAVE + P. Passé
	OUGHT TO	OUGHT TO HAVE + P. Passé
Shipping agents should plan the calls very carefully. *This consigment ought to have been loaded on the plane long ago*		
Prévision, projet	TO BE (DUE) TO	(au temps voulu)
We were to meet this morning, but he didn't come.		

b. Exercice

Compléter la phrase à l'aide du modal approprié

1. You are likely to get a premium.
   You ………. get a premium.
2. I'm almost certain that profits are high at the moment.
   Profits ………. high at the moment.
3. Our guest is going: it's my duty to see him off.
   I ………. see our guest off.
4. I'm almost certain that things went wrong when Jim left the firm.
   Things ………. wrong when Jim left the firm.
5. These proposals are different from yesterday: the boss has certainly changed his mind.
   These proposals are different from yesterday: the boss ………. his mind.

6. Don't worry, it's possible for me to handle this problem.
   Don't worry, I .... handle this problem.
7. Once they had formed their opinion, it was forbidden for them to change their minds.
   Once they had formed their opinion, they .... change their minds.
8. This operation started two months ago: it was supposed to be finished by now.
   This operation .... finished by now.
9. They planned that the meeting would take place rapidly.
   The meeting .... take place rapidly.
10. Perhaps our project will be accepted, perhaps not, there's no telling.
    Our project .... or .... be accepted, there's no telling.
11. It was absolutely necessary to insist on the subject as we wanted the idea to catch on.
    We .... insist on the subject as we wanted the idea to catch on.
12. If our sums are correct, it's impossible that our account should be in the red.
    If our sums are correct, our account .... be in the red.
13. I can't see any note on my desk: I suppose my correspondent didn't call after all.
    My correspondent .... after all.
14. Think it over for a while: it's not necessary to give me an answer now.
    You .... give me an answer now.
15. It would be a good idea to put in a word for him: he deserves it.
    You .... put in a word for him: he deserves it.

5. Les articles

a. Quelques rappels

L'article défini : THE

L'article défini n'apporte aucune précision sur le nom. Il doit s'utiliser seulement si le nom est déjà défini de l'une ou l'autre des manières ci-dessous représentées :

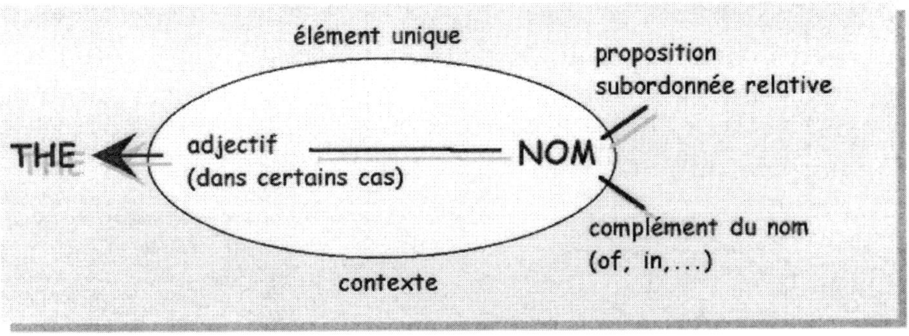

Exemple

- *Use the brakes! (une seule pédale de ce type dans un véhicule)*
- *Ours are the green lorries. (seuls ces camions sont de cette couleur)*
- *This is the operator I told you about. (relative)*
- *The lorries of the firm are all painted green. (complément du nom)*

L'article indéfini : A/AN/Ø

L'article indéfini s'emploie dans tous les cas où le nom n'est défini par aucun des moyens illustrés ci-dessus, et en particulier dans les cas suivants :

A, AN	Ø (pas d'article)
nom singulier : un élément d'un groupe. *A shipping agent has to be competent.*	**titres** : *President Clinton, Queen Elizabeth* **noms abstraits** : *Transport, shipping…* **matériaux** : *Wood, steel, coal…* **noms propres** : *France, Great Britain…* **MAIS** : *the United Kingdom, the USA, the Netherlands.* **généralités (nom pluriel)** *Ships should be kept sea-worthy*

b. Exercice

Compléter les phrases à l'aide de l'article correspondant

1. Not everybody is gifted for .... business.
2. .... length of .... ship determines her maximum speed.
3. .... crew who is now embarking is not so skilled as .... last one.
4. When you arrive in .... United States, do not forget to contact .... customs.
5. .... President McDonald will certainly apply for a new mandate at the head of the company.
6. .... airport is .... very complex organization to manage.
7. .... American airports face a lot of problems because of .... deregulation.
8. .... aircraft are generally built out of .... light alloys.
9. .... president of our company has decided to change .... structure of .... firm.
10. .... man who is now speaking has just been elected .... Chairman of the meeting.
11. When .... decision is taken, ... manager of the firm becomes responsible for it.
12. .... exchange rates of .... currencies can change at .... very high speed.
13. If you want to cover yourself against .... risk, you'd better take out .... insurance policy.
14. .... prices are fixed by .... laws of .... market.
15. .... Germany has .... more thriving economy than .... Netherlands.

6. Notion de quantité

a. Quelques rappels

Les situations de communication rencontrées dans le domaine professionnel font fréquemment référence aux notions de quantité (marchandises, temps, etc.). Une bonne connaissance est donc nécessaire des adjectifs et des pronoms de quantité, dont l'utilisation est résumée dans le tableau ci-après :

Grandes quantités

non-dénombrables	***dénombrables***
much	many
a lot of	a lot of
lots of	lots of
plenty of	plenty of
There was much traffic last week.	*There were many ships last week.*

Remarque

• seuls "MUCH"/"MANY" peuvent s'employer en association avec "too", "how", "so"...

Petites quantités

non-dénombrables	***dénombrables***
a little	a few
little	few

Note

➔ "*There were a few vessels waiting on the roadstead*" exprime un point de vue plus positif que "*There were few vessels waiting on the roadstead*".

Il en va de même entre "*a little*" et "*little*".

Quantité nulle

no ...
not ... any

none (pronom)

There is not any time left for this task.
There are no stevedores on the wharf.

Quantité indéfinie

A. questions ou énoncés incertains

any...?
some...? (if a "yes" answer is expected)

Is there anybody here?
Do you want some more tea? (I suppose you do)

B. Affirmations

some

I would like some more cake(s).

b. exercice

Compléter par l'adjectif ou le pronom de quantité adapté au sens de la phrase

1. The committee was quite disappointed as only .... people attended the meeting.
2. "My speech is now over. Do you have .... questions?"
3. I feel .... pleasure to announce the success of our firm in Toronto.
4. Although the financial crisis came as a shock to us, we still have .... cash to honour our debts.
5. Things are now very clear: there is .... doubt left as to the level of your losses.
6. With the new government's stern policy, only .... concerns will be able to survive.
7. We need some time to complete this job, although we don't know exactly how ....
8. Hardly ....-one has been told about the time of the conference.
9. It is as yet impossible to say how .... workers will be made redundant during the next reorganization.
10. It's not very far: it takes only .... time to get there.
11. I wasn't told ....-thing about your new methods so that I have .... preconceived idea.
12. Too .... people are really serious and trustworthy, that's why it is sometimes difficult to find good collaborators.
13. I won't be able to complete this task in due time: you're giving me too .... time for it.
14. Sorry, but I have .... work at the moment, so you will have to wait until we can find .... time to spare for you.
15. I'm not sure whether .... of you have heard about this subject before.

TEST YOUR ENGLISH

1. Dealing with telexes

Telex 1

Read the following telex and make sure you get the message right.

PLSE NOTE THAT THE BL FOR THIS CONSIGNT TO BE PRODUCED ASAP. IT IS URGENTLY REQUIRED BY SHIPPER. PLSE DESPATCH BL BY FIRST AVAILABLE METHOD TO MR LUXTON. INVOICE TO FOLLOW WHEN COMPLETED TO MR GORDON, LONDON, IN NORMAL WAY.

A. Comprehension exercise

Choose the best answer

1. a) The shipper must produce the bill of lading for the shipment as soon as he can.
   b) The shipping agent must produce the bill of lading for the shipment whenever possible.
   c) Mr Luxton must produce the bill of lading for the shipment as soon as possible.
2. a) Mr Luxton and Mr Gordon represent the shippers.
   b) Mr Luxton represents the shipper and Mr Gordon, the consignee.
   c) Mr Luxton represents the consignee, and Mr Gordon, the shipper.
3. a) The shipping agent will write out the final invoice.
   b) Mr Luxton will write out the final invoice.
   c) Mr Gordon will write out the final invoice.

B. Vocabulary exercise

Complete the blanks with an expression from the text

1. The Bill of Lading is urgently needed by the shipper.
   The Bill of Lading is urgently .... by the shipper.
2. The agent should send the bill by the first possible method.
   The agent should send the bill by the first .... method.
3. The agent should then write out the invoice.
   The agent should then .... the invoice.
4. PLSE = ...
5. ASAP = ...
6. CONSIGNT = ...

C. Writing time

Now, use the information contained in this telex and write out the corresponding fax

Telex 2

Read the following telex and make sure you get the message right

> 12/05/94 – 10.30 AM
> WE KINDLY REQUEST YOU TO ARRANGE PAYMENT OF FF15,000 CASH TO SHIP'S MASTER UPON VESSELS ARRIVAL IN LE HAVRE. PSE CONFIRM AND DEBIT OUR ACCT ACCORDINGLY.

A. Comprehension exercise

Choose the best answer

1. Who is sending this telex?
   a) the shipper to the shipping agent.
   b) the consignee to the shipping agent.
   c) the shipping agent to the bank.
2. a) The shipping agent should give some cash to the ship's mate.
   b) The shipping agent should give some cash to the ship's captain.
   c) The shipper should give some cash to the ship's master.
3. a) The money will be taken out of the shipper's bank account.
   b) The money will be added to the agent's invoice for the shipper.
   c) The money will be transferred to the agent's bank account.

B. Vocabulary exercise

Complete the blanks with an expression from the text

1. The shipper asks the agent to provide the ship's captain with some cash.
   The shipper .... the agent to provide the ship's captain with some cash.
2. The cash should be given to the ship's captain as soon as the vessel arrives.
   The cash should be given to the ship's captain ....
3. The agent should give some cash to the ship's captain. The agent should give some cash to the ship's ....
4. ACCT = ...

C. Writing time

Now, fax the answer to this telex to your correspondent

You will mention the following facts:

• payment made as required;
• ship's master asked for FF10,000 extra;
• ask permission to pay this sum
• will debit shipper's account.

2. Completing a fact sheet

Use the following fax to complete the included fact sheet concerning the vessels

Marius Guntherwald
Haunhofstrasse 13 b
2104 Hamburg 92
Germany

Telefax no: 10/760 70 76

Dear Sirs,
On behalf of a Polish shipyard, I would like to offer you 3 ships for sale, details as follows:

identically built – passenger/cargo ships.
Building-no: B561
5200 DWT
GRT 14200
Total length: 157m; width: 21 m; draught: 6,7 m.
Load capacity: 5000 t. Passengers: 1200. First and second class rooms. Several community cabins – total 800 passengers.
2 main engines, each 3600 PS. 5 electric power aggregates, each 1000 kw. 2 cargo spaces for containers. 1 crane 5 t; 2 cranes 25 t. Speed 16 knots. Classification Lloyd's register of shipping and Indian Lloyd. 1st ship is already available, 2nd in July 1991, 3rd in October 1992.

Pls be informed that changes in construction are still possible. Should u be interested in my offer, pls do not hesitate to contact me at a.m. address/fax.
Looking forward to hearing from u soon.
Yours faithfully

Marius Guntherwald

Fact sheet

Caractéristiques du navire

Longueur hors tout :
Largeur :
Tirant d'eau :
Jauge brute :

Type de navire (cocher la case appropriée)

- ☐ Porte-conteneurs
- ☐ Narvire mixte
- ☐ Navire conventionnel
- ☐ Navire Roulier

Charge utile :
Nombre total de passagers :
Vitesse :
Nombre de grues :

3. Completing a Bill of Lading

Use the information contained in the following telex to complete the bill of lading as accurately as you can

Telex

07/08/94
FROM CONTANK LE HAVRE
DEPT TANK
TO MARINE CONTAINERS/MR SMITH
REF.: OUR FILE N °9407

---

1 X 20' EMPTY TANK NR EXFU 199336/0

- DESTINATION: BUENOS AIRES
- CONSIGNEE: MARQUES Y COMPANIA
- VESSEL: "MONTE CERVANTES"
- ETD ANTWERP: 05/08/94
- ETA BUENOS AIRES: 24/08/94
- BL NR 504

THANKS TO ISSUE THE BILL OF LADING AND PLEASE MAKE SURE THAT THE B/L WILL BE ISSUED AS FOLLOWS:

- SHIPPER: MARQUEZ Y COMPANIA

- CONSIGNEE: SOCIEFA
87 AVENUE MARCEAU
75 PARIS

- NOTIFY: CONTANK LE HAVRE SA
25 RUE KITCHENER
76600 LE HAVRE

DESCRIPTION OF GOODS:
1 X 20' TANKCONTAINER SAID TO CONTAIN "GRAIN WHISKY 3 YEARS OLD"
REMARK:
- FREIGHT COLLECT IN LE HAVRE BY CONTANK LE HAVRE
- HAZARDOUS CARGO: CLASS 3.2 ONU 1170 OMCI 3074
- THANKS TO KEEP US INFORM

BEST REGARDS

Bill of Lading

BILL OF LADING N°	SEAVAN	
Shipper		
Consignee or order		
Notify party		
Intended vessel	Place of delivery	
Port of loading	Vessel's port of destination	
Marks and nos, containers nos	Number and kind of packages	Measurements
	Description of goods	
	Special remarks *tick if appropriate* ❑ dangerous goods	
	Freight terms	
Place and date of issue		

4. Reading invoices

Read the two documents below, then use the information to complete the fact sheet concerning the call ("Fiche d'escale")

Document 1

SEAVAN
Le Havre

Oil Exploration Norway Inc.
P.O. Box 540
4002 Stavanger
Norway

Le Havre, 09/07/94

ATT. : OIL MOVEMENT

Dear Sirs,

M/T Gilena
At Le Havre : 30.05.94

Further to the above-mentioned call at ours, please find enclosed herewith our invoic
amounting to

.... FF 698.845,7

Less your remittance
received from Oil Exploration France .... FF 713.500,00

Balance to your favour .... FF 14.654,22

Trusting you will fiond everything in order and remaining at your entire dispos

Yours faithfully ;

Seavan Le Havre
Agency Department

Document 2

SEAVAN Le Havre	Oil Exploration Norway Inc. P.O. Box 540 4002 Stavanger Norway	Invoice n° 296007 Le Havre, 09/07/94

	"M/T Gilena" AT LE HAVRE : 30/05/94 UNLOADING 128.534 CRUDE OIL	
1)	PILOTAGE : 17.268,78 + 17.268,78	34.537,56
2)	BOATMEN : 10.330,49 + 11.191,36	21.521,85
3)	TUGS : in	15.276,00
4)	HARBOUR DUES AND CUSTOMS BROKERAGE :	429.600,77
5)	AGENCY FEES (TARIFF 2A) FRS 20.430,00 less 25 pct rebate	15.322,50
6)	EXTRA FEE FOR OUTWARD SHIP ON BANK HOLIDAY	870,00
7)	TAX	160.418,68
8)	HIRE OF CRANE AND SHORE GANGWAY	5.077,00
9)	TELEPHONE ON BOARD DURING VESSEL'S CALL	850,12
10)	SHIPBROKER / TRAVELLER EXPENSES FOR MM TRENNEN AND OPOHLM	3.293,00
11)	CASH ADVANCE TO MASTER : FRS 15.000,00 less return FRS 4.900	10.100,00
12)	CAR SERVICE	600,00
13)	TELEX, EXPENSES	323,30
14)	TELEPHONE, PETTIES	700,00
15)	TAXIS EXPENSES	155,00
		698.845,78

Fact Sheet

Fiche d'escale

Chargeur :

Agence maritime/consignataire

Nom du navire :

Type de navire :

Date de l'escale :

Lieu de l'opération :

Nature de l'opération :

- ☐ Chargement
- ☐ Déchargement

- ☐ Brut
- ☐ Raffiné
- ☐ Divers
- ☐ Vrac

Détails de l'opération :

- ☐ Frais de remorquage :
- ☐ Lamanage :
- ☐ Remises éventuelles accordées (préciser)
- ☐ Surtaxe pour jours fériés :
- ☐ Somme déboursée par le capitaine du navire :
- ☐ Note de téléphone :

Règlement des frais d'escale :

- ☐ Avance du chargeur :

5. Writing letters

Write a letter for each of the following topics, using the information given below

A. Placing an order

• veuillez trouver ci-joint une commande pour 50 articles à $250 pièce
• préciser date de réception
• nécessaire de délais de livraison les plus brefs
• indiquer les prix sortie usine

B. Answering queries

• avons reçu votre demande d'information du 16 Juillet
• nos prix incluent toujours le port et l'assurance
• conditions de paiement : 30 % à la commande, solde par versements mensuels
• escompte possible pour commande avant les vacances
• ci-joint facture pro-forma

C. Lodging a complaint

• avons reçu marchandises comme prévu
• avons constaté certains appareils abîmés suite à conditionnement défectueux
• impossible de vendre ces appareils
• transporteur refuse responsabilité
• demandons ce que vous comptez faire

D. Answering a complaint

• accusons réception de votre lettre de plainte du 14 octobre
• avons contacté transporteur qui confirme n'être pas responsable
• les marchandises ont été emballées dans nos entrepôts de Paris
• faisons tout de suite nécessaire pour procéder à échange des appareils défectueux
• nous retourner immédiatement ces appareils
• recevrez nouvelles marchandises dès réception

DEUXIÈME PARTIE

LEXIQUE DE TRANSPORT INTERNATIONAL ET DE LOGISTIQUE

français/anglais
anglais/français

A

abandon aux assureurs	*abandonment*
abonné au télex	*telex subscriber*
abonné au téléphone	*subscriber (telephone)*
abri	*shelter*
abritée (zone maritime ...)	*inshore*
acceptation sous réserves	*qualified acceptance*
accessoire	*attachment*
accessoires, accastillage	*fittings*
accompte	*deposit*
accord (donner son ...)	*to give approval*
accorder	*to grant*
accords tarifaires	*rate agreements*
accrédité	*accredited*
accroître, développer	*to boost*
accroupissement	*squat*
accueillir (des navires)	*to accomodate (ships)*
accusé de réception	*proof of receipt, acknowledgement*
achat	*purchase*
acheminement intérieur	*inland haulage*
acheminement par le transporteur	*carrier haulage*
acheminer	*to route*
acheteur	*buyer*
acier	*steel*
acquérir de l'expérience	*to gain experience*
actif (finance)	*assets*
actif de faillite	*bankrupt's assets/debtor's assets*
actif défectible	*wasting assets*
actif fictif	*fictitious assets*
actif réalisable à court terme	*current assets*
activer, accélérer	*to expedite*
adaptabilité	*flexibility*
adapté, convenable	*suitable*
adresse au bureau	*business address*
adresse complète	*full address*
aération	*ventilation*
aéré	*ventilated*
aérodrome	*airfield*
aéroport	*airport*
affaire (= entreprise)	*concern, firm*
affaires (le monde des ...)	*the business world*
affaire (jurid.)	*a case*
affaire (être en ... avec)	*to trade with*
afficher	*to display*

affilier (s')	*to join*
affréter	*to charter*
affréteur	*freighter*
affréteur (prend en location)	*the charterer*
affréteur routier	*road haulage agent*
affrètement	*chartering*
agence	*agency*
agence de consignation, maritime	*shipping agency*
agencement, disposition	*layout*
agent	*agent, representative*
agent maritime, consignataire	*shipping agent*
aides à la navigation	*navigational aids*
aiguillage	*point, switch (rail)*
ailes	*wings*
aire	*area, bay*
aire de livraison/d'enlèvement	*delivery bay*
aire de stationnement (aéroport)	*apron (airport)*
aire de stockage	*depot*
aire de triage	*marshalling area*
allège	*a lighter*
amarrer	*to moor, to tie up a ship*
amarre	*mooring line, mooring rope*
amélioration	*improvement*
améliorer	*to improve*
amende	*a fine*
amortissement (du matériel)	*depreciation*
annuaire	*telephone directory*
annuel	*yearly*
annulation	*cancellation*
annuler	*to nullify, to cancel*
antidater un document	*to antedate a document*
appareil (sens général)	*apparatus*
appareil (air)	*aircraft*
appareiller	*to get underway, to sail, to leave, to clear the port*
appartenance à un groupe	*membership*
appel (faire … à)	*to resort to*
appel (téléphonique)	*a call*
appeler au téléphone	*to call (up), to ring (up), to phone someone*
appeler en PCV	*to make a collect call, to reverse the charges*
appel longue distance	*a long-distance call*
apposer un cachet,	*to stamp*
approbation	*approval*
approprié, correct	*appropriate, suitable, relevant*
approvisionnement	*supply, provision*
approvisionner	*to supply, to provide*

arbre d'hélice	*the shaft*
armateur	*the shipowner*
armement	*the crew and manning division*
armer un navire	*to commission, to fit out, to equip a ship*
arrhes	*deposit*
arrière	*aft (adj.), rear*
arrière-pays	*the hinterland*
arrimer (= fixer)	*to lash, to make fast, to secure*
arrimer (= répartir dans la cale)	*to stow*
arrivée	*arrival*
article	*an item*
assiette (du navire)	*trim*
assiette (en … nulle)	*even keel*
assurance maritime	*marine insurance*
assurance (terme général)	*insurance*
assuré	*the insured party*
assuré, titulaire d'une police	*the policy holder*
assurer (s') (d'un fait)	*to ascertain, to make sure*
assurer (s'), souscrire une assurance	*to take out an insurance, to ensure, to get insured*
assurer (s'), souscrire une assurance	*to subscribe a policy*
… auprès d'une compagnie	*… with a company*
… contre un risque	*… against a risk*
assureur	*insurer, underwriter*
atelier	*workshop*
atout	*asset, trump card*
"attendez un instant"	*"hold on", "hold the line"*
attendre	*to wait for, to await*
atterrir	*to land*
atterrissage	*landing*
attestation	*certificate*
augmenter	*to increase, to go up*
aussière	*hawser*
autorités portuaires	*port authorities*
autoroute	*motorway (GB) speedway, freeway (USA)*
avant	*fore, forward (adj.), front (n.c.)*
avant-port	*outer harbour*
avantageux	*profitable*
avarie	*average*
avarie commune	*general average*
avenant	*addendum, amendment, endorsement*
avérer (s')	*to turn out*
avion	*plane, aircraft*
avion cargo	*freight plane*

avis (bon, bordereau)	*order, note, notice*
avis d'expédition	*shipping advice*
avis de "mise à disposition" (affrètement)	*notice of readiness*
avis de "prêt à opérer" (manutention)	*notice of readiness*
avis de résiliation	*letter of cancellation*
aviser (quelqu'un)	*to notify (someone)*
avoirs, actifs	*assets*
avoirs en caisse	*cash holding*

B

babord	*port*
bâche	*tarpaulin, tilt*
bagages	*luggage (invar.)*
bagages à main	*hand-luggage*
bail	*lease*
bail (locataire à …)	*lessee, lease-holder*
bailleur	*lessor*
baisser	*to lower*
balance commerciale	*balance of trade*
balance des paiements	*balance of payments*
balisage	*system of buoys*
balise	*beacon*
balles	*bales*
bananier	*banana-ship*
banque de données	*data-bank*
barrage	*dam*
"bas"	*"this side down"*
bassin, darse	*basin, dock*
bassin à flot	*locked basin, wet dock*
bassin d'évitage	*turning, swinging basin*
bassin de marée	*tidal dock*
bassin de radoub	*dry dock, graving dock*
bau	*width*
bau maximum, maitre bau	*maximum width*
bénéfice	*profit*
bénéfices (afficher des …)	*to report profit*
bénéfices (réaliser des …)	*to achieve profit*
besoins, marché	*demand, needs, requirements*
bétail	*cattle, livestock*
bien, marchandise	*commodity*
biens (en propre)	*belongings*
bilan	*balance sheet*
bilan consolidé	*consolidated balance sheet*
billet de bord	*mate's receipt*
bite d'amarrage, bollard	*bollard*

blé	*corn (GB); wheat (USA/ GB)*
bogie (rail)	*bogie*
bois de construction	*timber*
bois (en billes)	*logs*
bon, bordereau	*order, advice, note*
bon d'embarquement	*shipping order*
bonne conduite (règles de ...)	*good practice*
bord (à ...)	*aboard, on board*
bordée	*gang, shift, team*
bordereau de livraison	*delivery note*
bordereau d'expédition	*shipment note*
bouée	*buoy*
brise-lame	*breakwater*
but	*purpose*

C

C.N.U.C.E.D. (Conseil des Nations Unies sur le Commerce et le Développement)	*U.N.C.T.A.D. (United Nations Council for Trade and Development)*
C.T. (commission transitaire)	*F.A.C.*
c'est-à-dire	*i.e., that is*
cabine (passagers/air, nav.)	*cabin*
cabine téléphonique	*call box, phone box*
caboteur	*coaster*
cachet	*stamp*
cadence de chargement/ déchargement	*handling rate, throughput*
cadre, palonnier à conteneur	*spreader*
caisse profonde	*deep tank*
caisses à claire-voies	*crates*
calage (conteneur)	*wedging*
calculer	*to compute, to figure*
cale (navire)	*hold, bay*
cale sèche, bassin de radoub	*dry dock, graving dock*
camion citerne	*tanker lorry*
camion de déménagement	*removal van*
camion d'avitaillement	*catering truck*
camionnage	*cartage*
camionnette de livraison	*delivery van*
canaux	*canals*
capacité d'accueil d'un port	*handling capacity of a port*
capacité de levage (grue, ...)	*lift capacity, lift power*
capitainerie	*Harbour Master's Office*
capitaine de port	*Harbour Master*
capital circulant	*circulating assets*
capital d'emprunt	*loan capital*

capital fixe, immobilisé	*fixed assets*
capitaux mobiles	*floating assets*
car (routier)	*coach*
carburant	*fuel*
carburant pour navire	*bunker oil*
cargaison, chargement	*cargo, freight*
cargaison, envoi, expédition	*shipment, consignment*
cargaison (contenu)	*truckload, wagonload, shipload*
cargo (navire)	*cargo-ship*
cargo de marchandises diverses	*general cargo ship*
carrosserie	*body (car, lorry)*
carrousel	*carousel*
cartel, partage du marché	*cartel*
carte d'embarquement	*boarding pass*
casier, compartiment	*bin*
casse	*breakage*
cas de force majeure	*Act of God*
causer un embouteillage	*to cause an obstruction*
caution	*deposit, security*
cavalier (pour conteneur)	*straddle carrier*
cellule (navire cellulaire)	*cell, slot (cellular ship)*
centre, cœur	*core*
centre, plaque tournante	*hub*
centre de tri (poste)	*sorting office*
céréales	*grain (invar.), corn (USA)*
certificat d'origine	*certificate of origin*
certificat de prise en charge	*Forwarder's Certificate of Receipt (F.C.R.)*
certificat de propriété	*document of title*
certificat de transport	*Forwarder's Certificate of Transport (F.C.T.)*
cession	*cession*
chaîne (de production)	*production line*
chaîne d'approvisionnement	*supply chain*
chaîne de montage	*assembly line*
chambre de commerce	*chamber of commerce*
chantier naval	*shipyard*
chapardage, vol	*pilferage*
charbonnier	*collier*
charge	*load*
chargé, à pleine charge	*laden, (fully ...)*
chargement	*truckload, wagonload, shipload*
chargement volumineux	*bulky cargo*
charger	*to load*
charger un fichier (inform.)	*to load a file*
chargeur, expéditeur	*shipper*

charge utile	*payload*
chariot	*carriage, trolley*
chariot élévateur, "clark"	*forklift truck*
chariot frontal	*front-handler, front-handling unit*
chariot "latéral"	*side loader*
charte-partie	*charter-party*
charte-partie au voyage	*trip charter-party voyage charter-party*
charte-partie à temps	*time charter-party*
chassis	*chassis*
cheminée	*funnel (GB) smokestack (USA)*
chenal d'accès	*access channel, approach channel, fairway*
chercher un numéro dans l'annuaire	*to look up a number*
chiffre d'affaires	*turnover*
circulation	*traffic*
citerne	*tank*
classer un document	*to file a document*
clause de la nation la plus favorisée	*most favoured nation clause*
clauses d'un contrat (d'assurance)	*terms of a policy (insurance)*
clavier	*keyboard*
client	*customer, client (jur.)*
clientèle	*practice*
cloison (navire)	*bulkhead*
codes en barres	*bar codes*
colis (conditionnement)	*package*
colis (général)	*parcel*
colis aérien	*air parcel*
colis contre-remboursement	*COD parcel (cash-on-delivery)*
colis lourd (grue)	*heavy lift*
colisage (liste de …)	*packing list*
combiné (téléphone)	*receiver*
combiné (transport …)	*combined transport*
comité	*committee, board*
commandant	*captain*
commandant en second	*mate*
commande	*order*
commander, passer une commande	*to order*
commerçant, négociant	*trader*
commerçant (détail)	*retailer*
commerce	*trade, commerce*
commerce (flotte de …)	*merchant fleet, navy*
commerce de gros	*wholesale*

commerce maritime	*sea-borne trade*
commercer avec	*to trade with*
commettant	*principal*
commis de consignation	*water clerk, shipping clerk*
commission, courtage	*brokerage*
commission (argent)	*fee, commission*
commission (groupe)	*committee, commission*
commission d'agence	*agency commission*
commission sur fret	*freight commission*
commission transitaire	*Forwarding Agent's commission*
commissionnaire de transport	*forwarding agent, freight forwarder*
communication inter-urbaine	*trunk call*
communication urbaine	*local call*
compagnie maritime	*shipping company*
compagnie mère	*mother company, parent company*
compagnie de transport aérien	*airline*
compétence	*expertise, skill*
compétitif	*competitive*
compétitivité	*competitiveness*
composer, faire un numéro de téléphone	*to dial a number*
compte (bancaire)	*(bank) acount*
compte (prendre en ...)	*to take into account*
compte d'avances	*loan account*
compte d'escale	*disbursement account*
concevoir	*to design*
concurrence	*competition*
concurrence acharnée	*cut-throat competition*
concurrencer	*to compete with*
condition (= état)	*state of repair*
conditionnement	*packaging*
conditionner	*to package*
conditions (contrat)	*terms*
conditions au comptant	*cash terms*
conditions d'expédition	*freight terms, shipping terms*
conditions de paiement	*terms of payment*
conférence	*conference*
conférence (lignes régulières)	*liner conference*
confier qqchose à qqun	*to entrust s.o. with sth.*
conflit	*dispute*
connaissement	*Bill of Lading, BL, B/L*
connaissement abrégé	*short form*
connaissement complet	*long form*
connaissement global	*through BL*
connaissance	*knowledge, awareness*

conseil, comité	*board*
consentement	*consent*
consommateur	*consumer*
consommer	*to consume*
conteneur	*container, box*
conteneur aux normes ISO	*standardized container*
conteneur réfrigéré	*reefer*
conteneur à toit ouvert	*open-top container*
conteneur à toit ouvrant	*opening-top container*
conteneur bâché	*tilt-design container*
conteneur berceau	*cradle*
conteneur citerne	*tank container*
conteneur complet	*FCL (Full Container Load)*
conteneur de groupage	*LCL (Less than Container Load)*
conteneur isotherme	*insulated container*
conteneur ordinaire	*straight box*
conteneur plateforme	*flat container*
conteneur pliant	*collapsible container*
conteneur rigide	*solid-bodied container*
contenu	*contents (invar.)*
contenu d'un wagon	*truckload, wagonload*
contrainte (mécanique)	*duty*
contrat	*contract, policy*
contrat de fidélité	*loyalty arrangement*
contrat de service	*service contract*
contrat de transport	*contract of carriage*
contrôle, embarquement (aéroport)	*check-in*
contrôleur aérien	*air (traffic) controller*
convenable	*suitable*
convention de prêt	*loan agreement*
coque	*hull*
correct, précis	*accurate*
correspondre aux besoins	*to suit the needs*
coter, donner une cotation, un devis	*to give an estimate, a quotation, to quote*
couler (navire)	*to sink*
couler, s'écouler, être fluide	*to flow*
couloir aérien	*air lane*
coupée	*gangway*
coupure de connaissement	*delivery order*
courant (de marée)	*tide, current*
courant (être au …)	*to be aware of*
courrier (poste)	*mail*
courrier électronique	*electronic mail*
courrier express	*courier*
courrier grande vitesse	*first-class mail*

courrier petite vitesse	*second-class mail*
courtage	*broking, brokerage*
courtier	*broker, brokerage firm*
courtier en assurance	*insurance broker*
courtier en douane (déclaration du navire)	*customs broker, shipbroker*
coûts d'exploitation	*operational costs*
coût	*charge, cost*
coût de la main d'œuvre	*labour costs*
coût de passation d'une commande	*ordering cost*
coût de possession du stock	*carrying costs, holding costs*
coût total	*total costs*
coûts d'exploitation	*operating costs, operational costs, running costs*
coûts de fabrication	*manufacturing costs, production costs*
coûts directs	*direct costs*
coûts du stock	*inventory costs*
coûts indirects	*indirect costs*
couverture (assur., finance, ...)	*coverage*
couvrir un risque (assur.)	*to cover a risk*
"craint la chaleur"	*"keep in cool place"*
"craint l'humidité"	*"to be kept dry"*
crayon optique	*light pen*
crédit documentaire	*documentary credit*
créneau d'atterrissage	*landing slot*
crochet, croc	*hook*
croisement, carrefour	*junction, crossroads*
cubage	*cubic capacity*
curseur	*cursor*

D

Document Administratif Unique	*Single Administrative Document*
D.A.U.	*S.A.D.*
darse	*dock, basin*
date de clôture, (dernier délai de remise à quai)	*closing date*
date d'annulation	*cancelling date*
débarquer d'un avion	*to disembark from a plane, to get off a plane*
débouché	*outlet, market*
débours	*disbursement*
décalage horaire	*jet lag*
décharger	*to unload, to discharge*
déclarant en douane (marchandise)	*customs agent, customs declarant*

déclaration de sinistre	*claim for damages, notice of claim, notification of loss*
déclaration d'entrée	*bill of entry*
déclaration erronée	*erroneous statement*
déclaration en douane	*customs entry*
déclarer en douane	*to clear goods*
décliner toute responsabilité	*to disclaim any liability*
décollage	*take-off*
décoller	*to take off*
découler	*to arise, to stem from*
découvert de trésorerie	*cash deficit*
découvrir, rencontrer par hasard	*to come across*
décrocher (téléphone)	*to lift the receiver*
dédouanement	*customs clearance*
dégazage	*gas freeing*
dégroupeur	*break bulk agent*
déhaler	*to leave one quay for another*
délai	*time limit, deadline, delay*
délai de livraison	*delivery period*
délai d'exécution	*lead time, throughput time*
délai entre conception et commercialisation	*time to market*
délégué	*representative*
délivrer un document	*to issue a document*
demande (le marché)	*demand*
demande, requête	*request, query*
demander	*to request*
demander (= nécessiter)	*to require*
demandeur (téléphone)	*caller (telephone)*
démarcher	*to canvass*
déménager	*to move houses*
démultiplication (palan)	*purchase*
denrées alimentaires	*foodstuff*
denrées de valeur	*valuables*
denrées périssables	*perishable goods*
départ	*departure*
départementale (route)	*secondary road*
dépendre de	*to be subject to, to depend on*
dépenses	*disbursement, expenditure*
déplacement	*displacement*
dépôt de garantie	*deposit, security*
dépotage	*stripping, devanning*
dépoter	*to strip, to devan*
dérèglementation	*deregulation*
dérouter	*to re-route*
descendre, baisser	*to lower*
desservi (être ...)	*to be serviced*
desservir	*to ply between, to serve*

destinataire	*consignee*
destinataire (poste)	*addressee*
détail (commerce de ...)	*retail*
développer, accroître	*to boost*
déviation	*diversion*
dévier (ne pas ... de)	*to keep to*
dévié (être ...)	*to be diverted*
devis	*estimate, quotation*
devoir (= être prévu)	*to be due to*
difficile	*rough, hard, complicated*
dimensions	*dimensions, measurements*
diminuer	*to decrease, to cut (down)*
direction (gestion)	*management*
diriger une entreprise	*to manage, to run, to preside over*
diriger (un navire)	*to steer*
diriger le traffic aérien	*to handle traffic*
disponible	*available*
disposition (être à la ... de)	*to be at someone's disposal*
disposition (clause d'un contrat)	*provision, term*
disque dur (ordin.)	*hard disc*
disquette	*(floppy) disc*
distribution du courrier	*general delivery*
divers (adj.)	*miscellaneous*
divers (cargaison)	*break-bulk cargo, general cargo, mixed cargo*
dock flottant	*floating dock*
documents	*documentation*
domestique (usage ...)	*domestic use*
domicile personnel	*home address*
dommages et intérêts	*damages (plural)*
dommages subis	*damage (singular)*
donner des ordres	*to issue orders*
données informatiques	*data (plural)*
données (entrer des données)	*to enter, to type in (to input data)*
dossier	*file*
douane	*customs*
douanier	*customs officer*
douanière (visite ...)	*examination by customs officers*
douce (eau ...)	*fresh water*
draguer	*to dredge*
drague	*dredger, dredge*
droit (être en ... de)	*to be entitled to*
droits de douane	*dues, duties*
droits de port	*harbour dues, port billing*
droits de quai	*wharfage, quay rent*

droits, barrières douanières	*tariffs*

E

E.D.I. (échange de données informatisées)	*E.D.I. (Electronic Data Interchange)*
E.T.C. (entrepreneur de transport combiné)	*C.T.O. (Combined Transport Operator)*
eau douce	*fresh water*
échantillon	*sample*
échantillonner	*to draw samples*
échantillon sans valeur commerciale	*"no commercial value" sample*
échéance	*due date*
échéance d'un contrat (d'assurance)	*expiry of a policy*
échelle	*ladder*
échelle (= proportion)	*scale*
échelle (à grande …)	*large scale*
échouer (s')	*to run aground*
écluse	*lock*
écran	*screen*
écraser	*to crush*
effectuer (une tâche)	*to perform a task*
effet (avec … immédiat)	*with immediate effect*
efficace	*efficient*
efficacité, rendement	*efficiency*
égarer un colis	*to mislay a parcel*
élément, article	*item*
élingue	*sling*
emballage	*packing*
emballer	*to pack*
embarcation	*craft*
embarquer	*to board a plane, a ship*
embouteillage	*hold-up, traffic-jam, obstruction*
émettre une police	*to issue a policy*
empiler	*stack (to)*
emplacement	*site, location*
employé	*employee*
employé de bureau	*clerk, office clerk*
employé de la poste	*P.O. clerk*
employer (= engager)	*to hire*
employeur	*employer*
emporter	*to remove*
empotage	*stuffing*
empoter	*to stuff*
en amont	*upstream*

en assiette nulle	*even keel*
en aval	*downstream*
en direction de … l'ouest	*westbound*
endroit	*area, site, location*
engagement de fret	*booking note*
engin (appareil)	*apparatus*
enlever	*to collect, to remove*
enlèvement	*collection, removal*
enlèvement et livraison à domicile	*door-to-door delivery, floor-to-floor delivery*
enregistrer (bagages)	*to register luggage*
entamer une procédure contre …	*to bring an action against*
entrée	*entrance*
entrée (douane)	*entry*
entrée (marchandises à l'…)	*goods at import, at entry, incoming, homeward goods*
entrepont	*tween-deck*
entreposage, emmagasinage	*storage, warehousing*
entreposer, emmagasiner	*to store*
entrepôt	*warehouse*
entrepôt de douane	*bonded warehouse*
entreprendre	*to undertake*
entreprise	*firm, concern, company*
entreprise (une … risquée)	*a risky venture*
entreprise d'avitaillement	*catering company*
entreprise sous contrat	*contractor*
entrer	*to enter*
entrer, saisir des données	*to enter, input data*
entretien	*maintenance*
envasement	*silting*
envoyer, expédier	*to consign, to despatch, to forward, to send, to ship*
envoyer, passer un télex	*to teleprint, teletype, telex*
épave	*wreck*
épave (flottante)	*flotsam*
épave (objet rejeté à la côte)	*jetsam*
épave irrécupérable	*complete waif*
épave irrécupérable (automobile)	*write-off*
équilibre	*balance*
équilibrer un navire	*to trim a ship*
équipage, membre d'…	*crew*
équipe, bordée	*gang, shift, team*
équiper de	*to fit with*
équivalent 20 pieds, EVP	*20-footer, T.E.U.*
erreurs de manutention	*mishandling*
escale	*port of call, call*
espace aérien	*air space*
essieu	*axle*

estimation	*assessment*
étage (navire cellulaire)	*tier*
étagère	*shelf*
étanche	*waterproof, watertight*
étape (partie d'un transport)	*leg*
état (= condition)	*state of repair*
état (en bon … de marche)	*in a good state of repair* *road-worthy (véhicule)* *sea-worthy (navire)*
étendre (s'…)	*to expand*
étendue, gamme	*range*
étiquettes pour marchandises dangereuses	*DG labels*
étrave, proue	*bow*
être abonné au téléphone	*to be on the phone*
être dans l'annuaire	*to be in the directory*
être débarqué dans le mauvais port	*to be overlanded*
être en conversation téléphonique, au bout du fil	*to be on the phone*
être laissé à quai, shortshippé	*to be left on quay, shortshipped*
être prévu, programmé	*to be scheduled*
être redevable (douane)	*to be liable for duty*
être sur la liste rouge	*to have an ex-directory number*
évaluer un sinistre	*to assess the damage*
éviter (navire)	*to swing, to turn round*
exemple (par …)	*e.g., for instance*
exonération	*exemption*
expansion	*expansion, development*
expansion (en …)	*expanding, developping*
expert	*surveyor*
expert assermenté	*chartered surveyor*
expéditeur	*sender*
expirer, arriver à son terme	*to come to an end*
exploiter une ligne régulière	*to operate, to run a liner service*
expliquer (une situation)	*to account for*
exploitation (ligne, navire)	*operation, running*
export	*export, exportation*
export (à l'…)	*at export, outgoing*
express (voie …)	*expressway*

F

fabricant	*manufacturer*
facture	*invoice*
facture consulaire	*consular invoice*

facture pro-forma, devis	*pro-forma invoice*
faire de la contrebande	*to smuggle*
faire du mazout	*to bunker*
faire escale	*to call at*
faire le plein de carburant	*to refuel*
fait de guerre	*Act of the Queen's Enemies*
fardeaux, balles	*bundles*
farine	*flour*
faux numéro (téléphone)	*wrong number*
fenêtre d'atterrisage (air)	*landing slot*
férié (jour ...)	*bank holiday*
feuille de travail (inform.)	*working sheet*
fichier (inform.)	*file*
filiale	*subsidiary*
firme	*firm, concern, company*
fixation, accessoire	*attachment*
fleuve navigable	*navigable river*
flexibilité	*flexibility*
flotte	*fleet*
flotte de commerce	*merchant navy*
fluide (être ...)	*to flow*
flux (marée montante)	*flow*
flux des données	*flow of information*
fonds consolidés	*consolidated funds*
forfait	*lumpsum*
forfait (tarif au ...)	*flat-rate tariff*
forfaitaire (prix ...)	*flat fee*
formulaire	*form*
fouiller	*to search*
fournir	*to provide, to supply*
fournisseur	*supplier*
fourniture	*provision, supply*
"fragile"	*"handle with care"*
frais	*charge, fee, cost*
frais (sans...)	*free of charge*
frais administratifs	*administrative costs*
frais d'allège	*lighterage (charges)*
frais d'arrimage	*stowage charges*
frais de chargement	*loading charges*
frais de conditionnement	*packaging costs*
frais de déchargement	*landing charges*
frais d'empotage	*LCL fees*
frais d'entreposage, de stockage	*storage costs, warehousing costs*
frais d'entretien, de maintenance	*maintenance costs*
frais généraux	*overheads*
frais de manutention	*handling charges*

frais de manutention au terminal (conteneurs)	*CSC (Container Service Charge)* *THC (Terminal Handling Charge)*
frais de pilotage	*pilotage dues*
frais de remorquage	*towage charges*
frais de transport	*transport charges*
frais fixes	*fixed costs*
frais variables	*variable costs*
franc (port ...)	*free port*
franche (zone ...)	*free-trade zone*
franchise	*franchise*
frapper une touche	*to hit a key*
fret, marchandise	*freight*
fret, port (frais)	*freight*
fret aérien	*air cargo, air freight*
fret de retour	*back freight/ back haul*
fret direct	*through rate*
fret payable à destination	*freight collect*
frontière (d'un pays)	*border*
frontière, limite	*boundary*
frottement	*chaffing*
fuel pour navires	*bunker oil*
fuselage	*fuselage, body*
fûts	*drums*

G

gabarit	*profile*
gabarit (hors ...)	*out of profile*
gagner (de l'argent)	*to earn money*
gagner de l'expérience	*to gain experience*
gamme (de produits)	*range*
garantie	*warranty, guarantee*
garantie, caution	*security*
garantie (dépôt de ...)	*deposit*
garantir	*to warrant*
gare	*station*
gare de destination	*railway station of destination*
gare de marchandises	*goods depot, marshalling yard, railyard*
garnir (un conteneur)	*to line*
garniture, revêtement intérieur	*lining*
gaz liquide	*liquefied gas*
gêne	*inconvenience*
gêner	*to impede*
gerber, empiler des conteneurs	*to stack containers*
gérance (d'un navire)	*husbanding*

gérer	*to manage, to run*
gestion	*management, running, operation*
gîte	*list*
gîter, donner de la bande	*to show a list*
goulot d'étranglement	*bottleneck*
gouvernail	*rudder*
gouverner un navire	*to steer a ship*
grand, important	*large*
graphique	*graph, chart*
gratuit	*free*
gros temps	*rough weather*
grossiste	*wholesale dealer, merchant*
groupage	*consolidation, groupage*
groupe de réfrigération	*refrigeration unit, reefer machinery*
grue	*crane*
grutier	*crane operator*

H

hall d'entrée	*reception hall*
hangar	*shed*
hangar d'empotage	*stuffing shed*
"haut" (sur étiquette)	*"this side up"*
haute mer	*open seas, open water, offshore*
hebdomadaire	*weekly*
hermétique	*airtight*
heure de pointe	*peak time, rush hour (road)*
heure probable de départ	*E.T.D. (Estimated Time of Departure) E.T.S. (Estimated Time of Sailing)*
heure probable d'arrivée	*E.T.A. (Estimated Time of Arrival)*
hélice	*propeller*
hoist (to)	*lever, soulever, hisser*
horaire, programme	*schedule*
horaire de manutention	*time sheet*
hors-taxe	*without V.A.T.*
hors-tout	*overall*
hôtesse d'accueil	*receptionist*
houle	*swell*
humide	*damp*
humidité	*damp, dampness*
hydravion	*sea-plane*

I

identiques (navires ...)	*sister-ships*
immatriculation	*registration*
immatriculation (plaque d'...)	*number plate*
immatriculation (numéro d'...)	*registration number*
immatriculer	*to register*
impliquer (une action, un fait)	*to imply*
impliquer (qqun, qqchose)	*to involve*
import, importation	*import, importation*
import (marchandises à l'...)	*goods at entry, inbound goods, incoming, homeward goods*
important	*significant*
important (par la taille)	*large*
imprimante	*printer*
incident	*snag*
indemnité (assurance)	*compensation*
indicatif urbain	*code number*
indice	*index*
inflammable	*inflamable, flamable*
ininflammable	*non flamable, fireproof*
informaticien	*computer engineer*
informatique	*data-processing*
insérer une disquette	*to insert a disc*
installation	*facility*
installation de réserve	*back-up facility*
installations portuaires	*port facilities*
installer, instaurer	*to set up*
installer (s')	*to settle down*
intact	*safe*
intérêts (dommages & ...)	*damages (inv.)*
intermédiaire (n. c.)	*a middleman*
inventaire, gestion des stocks	*inventory*
investir	*to invest*
investissement	*investment*
isotherme	*insulated*
itinéraire	*route*

J

jauge	*tonnage*
jauge brute	*G.R.T. (Gross Registered Tonnage)*
jauge nette	*N.R.T. (Net Registered Tonnage)*
jauge officielle	*registered tonnage*
jetée, appontement, embarcadère	*pier, jetty*
jeter la cargaison à la mer	*to jettison the cargo*

joindre (un document)	*to enclose a document*
journalier, quotidien	*daily*
jours de planche	*lay-days*
jours de planche (calcul des ...)	*Laytime Calculation, Time Sheet*
jours, période d'immobilisation	*turn-round time*
jusqu'à nouvel ordre	*until further notice*
juste à temps	*just in time*

L

lamaneur	*boatman, linesman*
lancer (un navire,...)	*to launch*
lancer (un système, une entreprise)	*to set up, to start*
large (au ...)	*offshore*
largeur	*width*
largeur (de la voie, d'un canal), ... écartement (des rails)	*gauge*
latéral (chargement ...)	*side loading*
latéral (déplacement ...)	*side shift*
latérale (porte ...)	*side door*
lecteur de disquette	*disc drive*
lest	*ballast*
lest (navire sur ...)	*in ballast*
lettre recommandée	*registered letter*
lettre de crédit	*letter of credit*
lettre de voiture	*consignment note*
lettre de voiture aérienne	*air way bill*
"la ligne est occupée"	*"the line is engaged"*
lettre d'avis	*advice note*
lever une taxe sur	*to levy, to raise a tax on*
lever (une charge)	*to lift*
levée (poste)	*collection*
libre	*free*
libre-échange	*free trade*
ligne	*trade route*
ligne de flottaison	*water-line*
ligne hors conférence	*non conference operator, outsider*
ligne maritime, aérienne	*line*
ligne membre d'une conférence	*member line*
ligne régulière	*liner service*
lire les codes en barres	*to scan the lines*
liste de colisage	*packing list*
liste rouge (être sur la ...)	*to have a private number, to have an ex-directory number*

litiges	*litigation (invar.)*
liquidation	*sell-off*
liquidités	*cash reserves, liquid assets*
livraison	*delivery*
livraison (prendre …)	*to take delivery*
livraison poste restante	*to be called for (at …)*
livre de bord	*log book*
locataire à bail	*lessee, lease-holder*
location (prix à payer)	*rent, lease*
location (activité)	*hire, rental*
locaux	*premises*
locomotive	*engine*
logiciel, programme	*software*
long-courrier	*deep-sea vessel (D.S.V), ocean-going vessel*
longueur	*length*
longueur hors-tout	*length overall*
lot (de marchandises …)	*batch*
louer	*to rent, to hire*
louer à bail	*to lease*

M

machine (d'un navire)	*machinery*
MAFI	*roll trailer*
maintenance	*maintenance*
maïs	*maize (GB); corn (USA)*
maitre bau	*maximum width*
matériel informatique	*hardware*
manifeste de fret	*cargo manifest*
manœuvrer	*to manœuvre*
manque	*shortage*
manutentionnaire, docker	*docker, stevedore*
manutention	*handling, goods handling, stevedoring, handling operations*
manutention brutale	*rough handling*
marchand, négociant	*merchant*
marchandise	*merchandise, goods (invar.)*
marchandises avariées	*damaged goods, spoilt goods*
marchandises diverses	*general cargo*
marchandises en franchise	*duty-free goods*
marchandises non unitisées	*break bulk cargo*
marchandises interdites, prohibées	*prohibited goods*
marchandises soumises aux droits	*dutiable goods*
marchandises sous douane	*bonded goods*
marchandises unitisées, palletisées	*unit loads, unitized goods*

marchandise manquante, non déchargée	*shortlanded goods*
marché	*market, demand*
Marché Unique Européen	*Single European Market (S.E.M.)*
marée	*tide*
marée basse	*low tide*
marée haute	*high tide*
marée descendante	*ebb*
marée montante	*flow*
marge	*margin*
marine marchande	*merchant navy*
maritime	*marine, maritime*
maritime (monde …)	*shipping world*
maritime (commerce …)	*sea-borne trade*
marquer au pochoir	*to stencil*
matériel roulant (rail)	*rolling stock*
matière première	*raw material*
mat de charge	*derrick*
mauvais temps	*rough, heavy weather*
mensuel	*monthly*
Messageries	*Parcels Delivery*
mesure (disposition, clause)	*provision*
mesure (être conçu sur …)	*to be tailored to needs*
mesures (dimensions)	*measurements, dimensions*
mettre à jour	*to update*
mettre en pratique, en œuvre	*implement (to)*
minerai	*ore*
minéralier	*bulk carrier*
mise en œuvre	*implementation*
mobilier, meubles	*furniture (invar.)*
mode de transport	*transport mode*
mode de règlement	*means of payment (invar.)*
monnaie (d'un pays)	*currency*
moteurs, réacteurs	*engines*
moyen (adj.)	*average, medium*
moyen (façon)	*means (invar.)*
moyen (au … de)	*by means of*
moyen (système)	*device*
moyens de transport	*transport facilities (plur.), means of conveyance (invar.) means of transport (invar.)*
multiservice (vraquier …)	*U.B.S. (Universal Bulk Ship)*
multivrac (centre …)	*multipurpose bulk terminal*

N

Nations Unies (Conseil des N.U. sur le Commerce et le Développement – CNUCED)	*United Nations (Council for Trade and development – UNCTAD)*
naufrage	*shipwreck*
navigation côtière	*coastal navigation*
navigant	*seafarer*
naviguer	*to sail, to cruise*
navire	*ship, vessel*
navire cellulaire	*cellular ship*
navire conventionnel	*break-bulk carrier*
navire collecteur, "feeder"	*feeder-vessel*
navire mère	*mother ship*
navire inférieur aux normes	*substandard ship*
navire de tramping	*tramp (-ship)*
navire en état de naviguer	*sea-worthy ship*
navire frigorifique	*reefer vessel*
navire mixte (conteneurs/divers)	*combo vessel*
navire polyvalent	*general purpose vessel*
navire porte-conteneurs intégral	*full-container ship*
navire porte-conteneurs mixte	*part-container ship*
navire ravitailleur	*supply ship*
navire roulier	*RORO vessel, Roll on/Roll off vessel*
nécessiter	*to require, to need*
négociant	*merchant*
niveau	*level*
nom (au … de)	*on behalf of*
non-respect du règlement	*malpractice*
normalisation	*standardization*
normaliser	*standardise (to)*
norme	*standard*
note de frais	*account of charges*
note de réservation de fret	*booking note*
nul (rendre … et non avenu)	*to nullify*

O

obtenir quelqu'un au téléphone	*to get someone on the phone*
occupé (être)	*to be busy, engaged in*
occuper de (s')	*to deal with*
offre exceptionnelle	*bargain offer*
opérateur	*operator*

opérateur de transport multimodal	*M.T.O. Multimodal Transport Operator*
opérateur de transport non armateur	*N.V.O.C.C. Non Vessel Operating Common Carrier*
ordinateur	*computer*
ordres (donner des ...)	*to issue orders*
origine (trouver son ... dans)	*to stem, to arise from*
outre-mer	*overseas*
ouverture de cale	*hatch*

P

paiement	*payment*
paiement (mode de ...)	*means of payment*
paiement à reception	*payment on reception*
paiement des intérêts	*interest payment*
palan	*tackle*
palette	*pallet*
palette graphique	*graphics pad*
palonnier (conteneurs)	*spreader*
Panamax (navire aux maxima permettant le passage dans le canal de Panama)	*Panamax vessel*
panneau de cale	*hatch cover*
paperasserie	*officialdom, red tape*
paquebot	*liner*
par exemple	*e.g., for instance*
parc de véhicules	*fleet of vehicles*
partage du marché	*trade sharing*
partance (en ...)	*outgoing*
partance (en ... vers)	*bound for*
partenaire	*partner*
partenaires commerciaux	*trading partners*
partenariat	*partnership*
partie (d'un transport), parcours	*leg (of an operation)*
participation	*stake*
partir (sens général)	*to leave, to depart*
partir (quitter le port)	*to sail, to clear, to get underway*
partir pour une destination, faire route vers	*to be bound for*
"pas de manutention aux crocs"	*"no hooks"*
passage à niveau	*level crossing*
passerelle (aéroport)	*ramp*
passerelle de commandement	*bridge*
passer la douane, la frontière	*to go through customs*

passer un appel à quelqu'un	*to put a call through to someone*
pavillon	*flag*
pavillon de complaisance	*flag of convenience*
pavillon national	*ensign*
payable à réception	*payable on receipt*
payer (faire ...)	*to charge*
pays de destination	*country of destination*
pays d'origine	*country of origin*
pays en voie de développement	*developing country*
pays sous-développé	*L.D.C. (Less Developed Country) Under-Developed Country*
pays sans façade maritime	*landlocked country*
personnel	*staff*
personnel navigant	*sea-going personnel*
perte totale	*total loss*
péage	*toll*
pénalité	*penalty*
péniche	*barge*
perdre (gaspiller)	*to waste*
perdre	*to lose, to incur a loss*
perte (déchet)	*waste*
perte	*loss*
perte partielle	*partial loss*
perte totale	*total loss*
perte (subir une ...)	*to incur a loss*
pertes (afficher des ...)	*to announce losses*
peser	*to weigh*
pétrole brut	*crude oil*
pétrole raffiné	*refined oil*
pétrolier	*oil tanker*
pétrolier classe 300 000 T	*V.L.C.C. (Very Large Crude Carrier)*
pétrolier classe 500 000 T	*U.L.C.C. (Ultra Large Crude carrier)*
phare	*lighthouse*
pile (navire cellulaire)	*tier*
pilotage	*pilotage*
pilote	*pilot*
pilote hauturier	*deep-sea pilot*
piste (d'envol, d'atterrissage)	*runway*
place à quai	*quayside, berth*
plan d'arrimage	*stowage plan*
planche (jours de ...)	*lay-days*
plaque CSC	*C.S.C. plate (Container Safety Certificate)*
plaque d'identification	*date plate*

plateau avec montants (cont.)	*flat rack*
plateau sans montant (cont.)	*flat bed*
plein (faire le … de carburant)	*to refuel*
pliant	*collapsible*
plomb de douane, scellé	*customs seal*
poids	*weight*
poids brut	*gross weight*
poids net	*net weight*
point d'attache, de fixation	*securing point*
point de vente	*retail outlet*
pointeur	*tally-clerk*
police d'assurance	*policy*
politique (une)	*policy*
politique (la)	*politics*
polyvalent	*multipurpose*
pont (navire)	*deck*
pont à bascule	*weighing bridge*
pont à péage	*toll bridge*
pontée	*deck-load, deck cargo*
pool financier	*pool*
port (bassins)	*harbour*
port (ville, bassins, etc.)	*port*
port d'aéroglisseur	*hoverport*
port d'attache	*home port, port of registry*
port d'expédition	*loading port, port of shipment*
port de commerce	*trading port*
port de destination (fin du voyage)	*port of destination*
port de destination (pour un chargement donné)	*port of discharge*
port douanier	*port of entry*
port de pêche	*fishing harbour, fishing port*
port dû	*carriage forward*
port en lourd (TPL)	*deadweight tonnage (DWT)*
port franc	*free port*
port payé	*freight prepaid, carriage paid*
porte d'embarquement	*gateway, gate*
portes de l'écluse	*sluice gates*
porte-barge	*barge carrier, lighter carrier, LASH (Lighter Aboard Ship)*
portée (d'une grue)	*outreach*
portique à conteneurs	*gantry crane*
portique à conteneurs sur rails	*travelling gantry crane*
poste à quai	*berth*
poste centrale	*G.P.O. (General Post Office)*
poste restante	*poste restante*
poste … (dans une entreprise) (téléphone)	*extension n° …*
poupe, arrière du navire	*stern*

poussée des réacteurs	*jet thrust*
pousser	*to push*
pousseur	*a pusher*
pratique (adj.)	*convenient*
pratique (la ...)	*practice, experience*
préavis	*notice*
préavis d'un mois (avec ...)	*at a month's notice*
précis (adj.)	*accurate*
précision	*accuracy*
prendre des réserves à la livraison	*to take exceptions*
président du conseil d'administration	*chairman*
préparateur de commande	*picker*
préparation des commandes	*order picking*
présider	*to preside over*
prêt	*loan*
prêt à terme	*loan at notice*
prêt remboursable sur demande	*loan at call*
prévision (activité)	*forecasting*
prévision (résultat)	*forecast*
prévoir	*to forecast*
prime	*bonus*
prime d'assurance (payée par assuré)	*premium*
prime de célérité	*dispatch money*
prix (liste de ...)	*price list*
prix courant	*current price*
prix forfaitaire	*flat rate, flat fee*
procédé	*process*
processus	*process*
production au moindre coût	*lean production*
produit (manufacturé)	*product*
produit (naturel)	*produce*
produits chimiques	*chemicals*
produits chimiques non dangereux	*NDC's (Non Dangerous Chemicals)*
produit fini	*finished product*
produits manufacturés	*processed, manufactured goods*
produits pétroliers	*oil products, petroleum products*
profond	*deep*
profond (peu ...)	*shallow*
profondeur	*depth*
programmeur (inform.)	*programmer*
prolonger	*to extend*
propulseur d'étrave	*bow propeller*

Q

quai	*quay*
quai (rail)	*platform*
quai (pour marchandises) (port)	*wharf*
quantités économiques d'approvisionnement	*economic order quantities*
quart (travail par …)	*shift*
quitter le port	*to sail, leave, clear the port*
quota	*quota*
quotidien	*daily*

R

rabais, remise	*discount, rebate*
raccrocher, couper (tél.)	*to cut off (the line)*
rack, étagère	*rack*
rade	*roads, roadstead*
radoub (bassin de …)	*dry dock, graving dock*
raguer	*to chaff*
raffinerie	*refinery*
ramassage et livraison	*pick-up and delivery*
rangée (navire cellulaire)	*row*
rappeler plus tard (tél.)	*to call, ring back*
rapport d'expertise	*survey report*
rapport qualité/prix	*value-for-money*
rayon d'action	*range*
rayon d'action moyen (avion)	*medium range aircraft*
rayon laser à faible puissance	*low power laser beam*
réalisation des commandes	*order fulfilment*
réaliser	*to achieve*
réassortiment	*replenishment*
réassortir	*replenish (to)*
rebating (pratique de rabais pour attirer le client)	*rebating*
recevoir (des personnes)	*to greet, to welcome*
recevoir (des navires, …)	*to accomodate*
récépissé d'entreposage	*warehouse receipt*
réclamation	*claim*
réclamer	*to claim*
reçu, récépissé	*receipt, slip*
réduction	*markdown*
réduction du temps de production	*time compression*
réduire	*to reduce, to cut down*
reflux (marée descendante)	*ebb*
régime douanier	*customs procedure*
région	*area*

règle, règlement	*rule*
règlement	*payment, settlement*
règlement (mode de …)	*means of payment (invar.)*
réglementation	*legislation*
réglementations douanières	*customs regulations*
régler un sinistre	*to meet, to settle a claim*
régler les comptes	*to settle the accounts*
rejoindre (s'affilier)	*to join*
relier	*to link*
remboursement des frais de douane	*drawback*
remettre (qqchose à qqun)	*to entrust someone with something*
remettre en état	*to refurbish*
remise en état (conteneur)	*refurbishment*
remontée d'eau	*upwelling*
remorque	*trailer*
remorque (marit.)	*tow line, rope, hawser*
remorque de port	*slave trailer*
remorque fer-route	*swapbody unit*
remorquer	*to tow*
remorqueur	*tug (-boat)*
rempli (une fois …)	*on completion*
remplir un formulaire	*to fill in a form*
remplir une fonction	*to fulfill a function*
rencontrer, découvrir	*to come across*
rendement, revenu	*yield*
renouveller, reconduire un contrat d'assurance	*to renew a policy*
rentable	*cost-effective, profitable, cost-efficient*
réparation	*repair*
réparations navales	*ship repairs*
répartition des chargements	*cargo allotment scheme*
répondre aux besoins	*to meet the needs*
répondre au téléphone	*to answer the phone*
réponse, réaction	*response*
représentant (délégué)	*representative*
réseau	*network*
réseau routier	*road network*
réserves (acceptation avec …)	*qualified acceptance*
réserves (prendre des … à la livraison)	*to take exceptions*
réserver du fret	*to book freight space*
réservoir	*tank*
résilier	*to cancel*
respecter (réglements)	*to observe, to comply with, to conform to, to abide by*
responsabilité	*liability*

responsabilité illimitée	*unlimited liability*
retarder	*to delay, to postpone*
retards	*delays*
réussir	*to achieve*
revêtement intérieur (conteneur)	*lining*
rippage	*shifting*
riz	*rice*
rôle d'équipage	*crew list, crew manifest*
rotation (une ...)	*a run*
rotation (durée)	*turn-round time*
route (faire ... vers)	*to be bound for*
route aérienne	*air route*
route à chaussées séparées	*dual carriageway (GB)*
route nationale	*main road, trunk road (GB), highway (USA)*
rupture d'approvisionnement	*stockout*

S

sacs	*bags*
saisie, confiscation	*seizure*
saisir, confisquer	*to seize*
saisir, corriger un document (inform.)	*to edit a document*
salaire	*wages (invar.)*
salée (eau ...)	*salt water*
sans différence (navire)	*even keel*
satisfaire la demande	*to meet the demand*
saumâtre	*brackish*
sauver, sauvegarder un fichier	*to save a file*
savoir, être au courant	*to be aware*
savoir-faire	*know-how, skill*
secteur d'activité	*line of trade, field of activity*
sécurité	*safety*
semi-remorque	*articulated lorry, semi-trailer*
sens giratoire	*roundabout*
sensible aux évolutions	*time sensitive*
service (interrompre un ...)	*to suspend, to cancel a service*
service approvisionnement	*shipchandling department*
service comptabilité	*accounts, accountancy department*
service consignation	*ships agency department*
service contentieux	*claims department*
service d'appoint	*back-up service*
service du personnel	*personnel, staff department*
service d'avitaillement	*caterer, catering department*
service export	*export department outward freight department*

service import	*import department inward freight department*
service logistique	*logistics department*
service manutention	*stevedoring department*
service prospection	*canvassing department*
service réservation de fret	*booking department*
service technique	*technical services department*
service transit	*forwarding department*
sémaphore	*signalling station*
siège (d'une compagnie)	*head office, headquarters, main office*
siège	*seat*
signature sans réserve	*clean signature*
significatif	*significant*
site, emplacement	*site, location*
situer	*to locate*
société	*firm, concern, company*
société (dans un nom propre)	*society, company*
solde	*balance*
sombrer, couler	*to sink*
sortie(s), résultat	*output*
sortie, extraction (de stock)	*retrieval*
sortie (marchandises à la …)	*outgoing goods, goods at export*
soulever	*to raise, to lift, to hoist*
sous-armé (navire)	*undermanned*
sous pli cacheté	*under cover*
sous pli séparé	*under separate cover*
sous-coter	*to underquote*
souscrire une assurance	*to subscribe a policy*
sous-traitance	*third-party contracting*
sous-traitant	*contractor*
soute	*cargo hold*
spécialisé (être … dans)	*to specialize in, to be dedicated to*
standardiste	*switchboard operator, receptionist*
staries	*laydays*
statut	*status*
stock de sécurité	*safety stock*
stock tampon	*buffer stock*
stocker, emmagasiner	*to store*
subir des dommages	*to sustain damage*
subir une perte	*to incur a loss*
succursale	*branch*
suivi (le …)	*follow-up, feedback*
sûr	*safe*
sur-coter	*to overquote*

surestaries	*demurrage*
surcharge	*overcharge*
surpayé	*overpaid*
surtaxe	*surcharge*
surtaxe (appliquer une ...)	*to apply a surcharge*
surtaxe monétaire	*C.A.F. (Currency Adjustment Factor)*
surtaxe risques de guerre	*war risk surchage*
surtaxe soute	*B.A.F. (Bunker Adjustment Factor)*
système, moyen	*device*
système de contrôle interne (conférences)	*self-policing system*

T

TPL	*DWT*
T.V.A. (Taxe à la Valeur Ajoutée)	*V.A.T. (Value-Added Tax)*
table, tableau (graphique)	*chart*
taché (être ...)	*to be stained*
talkie-walkie	*walkie-talkie*
tampon	*stamp*
taper au clavier, dactylographier	*to type*
tare	*tare weight*
tarif	*rate*
tarif au conteneur	*box rate*
tarif du fret	*freight rate*
tarif forfaitaire	*all-up fee*
tarif marchandises	*freight rate*
tarif voyageurs	*passenger fare*
taxe	*tax, levy*
taxe (hors ...)	*tax-free, without V.A.T.*
télécopie	*facsimilie, fax, telefax*
télégramme	*wire, telegram, cable*
télex (instrument ou message)	*telex*
télex (instrument)	*teleprinter*
télex (passer un ...)	*to telex, to teleprint*
temps partiel	*part-time*
temps (à plein ...)	*full-time*
temps de réponse au client	*time to consumer*
terminal (port, aéroport)	*terminal*
terminus (rail, route)	*terminus*
terminal à conteneurs	*container terminal*
terminal ferroutier	*piggy-back terminal*
terminal multivrac	*multipurpose bulk terminal*
terminal pétrolier	*oil terminal*
terre (à ...)	*ashore*

tiers	*third-party*
tiers (assurance au ...)	*third-party insurance*
timbre	*stamp*
tirant d'eau	*draught (GB); draft (USA)*
tirer	*to pull*
titre de propriété	*document of title*
titre de transport	*transport, shipping document*
tolérance (douane)	*allowance*
tonalité (téléphone)	*dialling tone*
touche (ordin., télex)	*key*
tour de contrôle (aéroport)	*control tower*
traceur	*plotter*
tracteur de port	*tugmaster*
trafic	*traffic*
train de marchandises (conteneurs)	*freightliner*
train de marchandises (wagons)	*goods train*
train direct	*through train*
train express	*express train*
traitement de texte	*word-processing*
traite	*draft*
transaction	*bargain*
transbordement	*transhipping, transhipment*
transborder	*to tranship*
transformer, traiter	*to process*
transit (activité)	*forwarding*
transit (être en ...)	*to transit*
transitaire	*freight forwarder, forwarding agent*
transport aérien	*air transport*
transport combiné	*combined transport*
transport ferroviaire	*rail transport*
transport intermodal	*intermodal transport*
transport maritime	*shipping*
transport multimodal	*multimodal transport*
transport routier	*road transport, haulage*
transport routier à longue distance	*long haul*
transport terrestre	*land carriage, transport*
transport en surface	*surface transport*
transports internationaux	*international traffic*
transports intérieurs	*inland traffic*
transporteur (terme général)	*carrier, common carrier, transporter, conveyor*
transporteur pour compte propre	*industrial carrier*
transporteur routier	*(road) haulier (GB); trucker (USA)*
transporteur à bande	*conveyor belt*

transporteur de gaz naturel liquide	*L.N.G. (Liquefied Natural Gas Carrier)*
transporteur de gaz de pétrole liquide	*L.P.G. (Liquefied Petroleum Gas Carrier)*
trappe de visite	*manhole*
travail en retard	*backlog*
travailleur sous contrat	*contract worker*
travaux de voirie	*road works*
traversée	*crossing*
treuil	*winch*
trésorerie, marge d'auto-financement	*cash-flow*
tribord	*starboard*
trop perçu	*overpaid*

U

ultérieur	*subsequent*
"un appel téléphonique pour vous"	*"a call for you"*
unité	*unit*
unité centrale (inform.)	*central unit*
unité payante	*freight ton*
unitisées (marchandises ...)	*unitized goods, unit loads*
usage commercial	*commercial practice*
usure	*wear*
utilisateur	*user*
utilisation	*use, usage*
utilité	*purpose*

V

valeur ajoutée	*added value*
valeur assurée	*insured value*
valeur vénale	*current value, present value*
valeur en douane	*customs value, dutiable value*
valeurs immatérielles, intangibles	*intangible assets*
valider une saisie	*to hit return*
varier selon	*to be subject to*
vedette	*launch*
venir à quai, à poste	*to berth, to dock, to come alongside*
venir à terme	*to come to an end*
ventilateur	*fan*
ventilation	*ventilation*
vérifier	*to check, to make sure*
versement partiel, accompte	*instalment*
violation du contrat	*infringement of contract*

viser (mettre un cachet)	*to stamp*
voie, les rails	*track*
voie express	*expressway*
voie portuaire (rail)	*dockline, docksiding, dockside railway*
voies d'accès	*access roads*
voies navigables	*inland waterways*
voiture de voyageurs	*(passenger) carriage*
vol (aérien)	*flight*
voler (avion)	*to fly, to cruise*
volume	*cubic capacity*
voyage (général)	*journey*
voyage (court)	*trip*
voyage (par mer uniquement)	*voyage*
vrac	*bulk cargo, dry cargo*
vraquier	*bulk carrier*
vraquier multiservice	*U.B.S. (Universal Bulk Ship)*

W

wagon citerne	*tank wagon, tanker*
wagon de marchandises	*truck, goods truck freight car (USA)*
wagon réfrigéré	*refrigerated van*

Z

zone	*area*
zone franche	*free-trade area*

A

"a call for you"	"un appel pour vous"
abandonment	l'abandon aux assureurs
aboard	à bord
acceptance	acceptation
acceptance (qualified ...)	acceptation avec réserves
access channel	chenal d'accès
access roads	voies d'accès
accomodate (to)	recevoir, accueillir, loger
account for (to)	expliquer, représenter
account of charges	note de frais
accountancy department	
accounts department	service comptabilité
accredited	accrédité
accuracy	précision
accurate (adj.)	précis, correct
achieve (to)	réaliser, réussir
acknowledgement	accusé de réception
Act of God	cas de force majeure
Act of the Queen's Enemies	fait de guerre
added value	valeur ajoutée
addendum to a policy	avenant à un contrat
addressee (post)	destinataire
advice note	lettre d'avis
aft (adj.)	arrière
agency	agence
agency (shipping)	agence maritime, consignataire
agency commission	commission d'agence
aircraft	avion
airfield	aérodrome
airline	compagnie de transport aérien
airport	aéroport
airtight	hermétique
air cargo, air freight	fret aérien
air lane	couloir aérien
air parcel	colis aérien
air route	route aérienne
air space	espace aérien
air transport	transport aérien
air way bill	lettre de voiture aérienne
air (traffic) controller	contrôleur aérien
all-up fee	tarif forfaitaire
allowance (customs)	tolérance
amendment to a policy	avenant à un contrat
answer the phone (to)	répondre au téléphone

antedate a document (to)	antidater un document
apparatus	appareil, engin
approach channel	chenal d'accès
approval	approbation
approval (to give ...)	donner son accord
apron (airport)	aire de stationnement
area	endroit, aire, région, zone
arise from (to)	résulter, provenir de ...
arrival	arrivée
articulated lorry	semi-remorque
ascertain (to)	s'assurer (de quelque chose)
ashore	à terre
assembly line	chaîne de montagne
assess the damage (to)	évaluer un sinistre
assessment	détermination, évaluation, estimation
asset	atout
assets (financ.)	les actifs (d'une compagnie)
(assets) bankrupt's assets/ debtor's assets	actif de faillite
(assets) circulating assets	capital circulant
(assets) current assets	actif réalisable à court terme
(assets) fictitious assets	actif fictif
(assets) fixed assets	capital fixe, immobilisé
(assets) floating assets	capitaux mobiles
(assets) intangible assets	valeurs immatérielles, intangibles
(assets) liquid assets	liquidités, disponibilités
(assets) wasting assets	actif défectible
attachment	fixation, accessoire
authority (port ...)	autorités portuaires
available	disponible
average (n.c.)	avarie
average (adj.)	moyen
await (to)	attendre
aware (to be ...)	savoir, être au courant
awareness	conscience, connaissance (d'un fait)
axle	essieu

B

B.A.F.	surtaxe soute
B/ L; BL	connaissement
back freight	fret de retour
back haul	fret de retour
backlog	travail en retard
back-up facility	installation de réserve
bags	sacs

balance	solde
balance of payments	balance des paiements
balance of trade	balance of trade
balance sheet	bilan
bale	balle
ballast	lest
ballast (in …)	navire sur lest
banana ship	bananier
bank holiday	jour férié
bargain	transaction
bargain offer	offre exceptionnelle
barge	péniche
barge carrier	porte-barge
bar codes	codes en barres
basin	bassin, darse
basin (locked …)	bassin à flot
batch	lot (de marchandises …)
bay (in a ship)	cale
bay (ashore)	aire, dépôt
beacon	balise
behalf of (on …)	au nom de, de la part de
belongings	biens, possessions
berth	poste à quai
berth (to)	venir à quai, à poste
be scheduled (to)	être prévu, programmé
bill of entry	déclaration d'entrée
bill of lading	connaissement
bill of lading (clean …)	connaissement sans réserve
billing (port …)	droits de port
bin	casier, compartiment
board	planche
boards (shifting …)	bardis (planches anti-rippage)
board (on …)	à bord
board (to)	embarquer
boarding pass	carte d'embarquement
boatman	lamaneur
body (car, lorry)	carrosserie
body (plane)	fuselage
bogie	(rail) bogie
bollard	bite d'amarrage, bollard
bonded goods	marchandises sous douane
bonded warehouse	entrepôt de douane
booking department	service réservation de fret, service de booking
booking note	engagement de fret, note de réservation de fret
book (to)	réserver
boost (to)	développer, accroître

border (of a country)	frontière
bottleneck	goulot d'étranglement
bound for a destination (to be …)	partir pour une destination
boundary	frontière, limite
bow	étrave
bow propeller	propulseur d'étrave
box	conteneur
box rate	tarif au conteneur
brackish water	eau saumâtre
branch	succursale
breakage	la casse
breakwater	brise-lame
break-bulk agent	dégroupeur
break-bulk cargo	le vrac, marchandises non unitisées
break-bulk carrier	navire conventionnel
bridge (ship)	passerelle de commandement
bring an action against (to)	entamer une procédure contre
broker	courtier
broker (customs …)	courtier en douane (déclaration du navire)
broker (ship …)	courtier en douane (déclaration du navire)
brokerage	courtage, commission
broking	courtage
buffer stock	stock tampon
bulkhead	cloison (navire)
bulky cargo	chargement volumineux
bulk cargo	vrac
bulk carrier	vraquier, minéralier
bundle	fardeau, balle
bunker (to)	faire du mazout
Bunker Adjustment Factor	surtaxe soute
bunker oil	fuel pour navires
buoy	bouée
business address	adresse au bureau
buyer	acheteur

C

CSC (Container Service Charge)	frais de manutention au terminal
CSC plate (container safety certificate)	plaque CSC
C.A.F.	surtaxe monétaire
C.O.D. parcel	colis contre-remboursement

C.T.O. (combined transport operator)	E.T.C. (entrepreneur de transport combiné)
cabin (plane, ship)	cabine (passagers)
call	escale
call	appel téléphonique
call (local ...)	communication urbaine
call (long-distance ...)	appel longue distance
call (trunk ...)	communication inter-urbaine
call at (to)	faire escale à
call back (to)	rappeler plus tard
call box	cabine téléphonique
call (up) (to)	appeler au téléphone
caller (telephone)	demandeur
canal	canal
cancellation	annulation
cancelling date	date d'annulation
cancel (to)	résilier
canvassing department	service prospection
canvass (to)	démarcher
cargo	cargaison, chargement
cargo allotment scheme	répartition des chargements
cargo hold	soute
cargo manifest	manifeste de fret
cargo-ship	cargo
carousel	carrousel
carriage	transport (sens abstrait)
carriage	chariot
carriage, passenger carriage	voiture de voyageurs
carriage forward	port dû
carriage paid	port payé
carrier	transporteur
carrier haulage	acheminement par le transporteur maritime
cartage	camionnage
cartel	cartel, partage du marché
case (jurid.)	affaire
cash-flow	trésorerie, marge d'auto-financement
cash-on-delivery parcel	colis contre-remboursement
cash deficit	découvert de trésorerie
cash holding	avoirs en caisse
cash reserves	liquidités
cash terms	conditions au comptant
caterer	service d'avitaillement
catering company	entreprise d'avitaillement
catering truck	camion d'avitaillement
cattle	bétail

cause an obstruction (to)	causer un embouteillage
cellular ship	navire cellulaire
cell	cellule
central unit (computer)	unité centrale
certificate	attestation, certificat
certificate of origin	certificat d'origine
cession	cession
chaff (to)	frotter, raguer
chairman	président du conseil d'administration
chamber of commerce	chambre de commerce
channel	chenal
channel (approach ...)	chenal d'accès
charge (to)	faire payer, facturer
charge (telephone)	coût de la communication
charges	frais
charges (Container Service ...)	frais de manutention
charges (handling ...)	frais de manutention
charges (landing ...)	frais de déchargement
charges (lighterage ...)	frais d'allège
charges (loading ...)	frais de chargement
charges (stowage ...)	frais d'arrimage
charges (Terminal Handling ...)	frais de manutention
charges (towage ...)	frais de remorquage
charges (transport ...)	frais de transport
charges (wharfage ...)	droits de quai
chart	table, tableau, graphique
charter (to)	affréter
charterer	affréteur (prend en location)
chartering	affrètement
charter-party	charte-partie
charter-party (time ...)	charte-partie à temps
charter-party (trip/voyage ...)	charte-partie au voyage
chassis	chassis
check (to)	vérifier
check-in (air)	contrôle
chemicals	produits chimiques
claim	réclamation
claims department	service contentieux
claim for damages	déclaration de sinistre
clean B/L	connaissement sans réserve
clean signature	signature sans réserve
clear (to) (for goods)	dédouaner
clear (to) (for a ship)	quitter le port
clerk	employé de bureau
clerk (water ...)	commis de consignation
clerk (shipping ...)	commis de consignation
client (legisl. & insurance)	client

closing date	date de clôture, dernier délai de remise à quai
coach (road)	car
coastal navigation	navigation côtière
coaster	caboteur
code number (telephone)	indicatif urbain
collapsible	pliant
collapsible container	conteneur pliant
collection	enlèvement
collection (post)	levée
collect (to)	enlever
collect (... call)	appel en PCV
collier	charbonnier
combined transport	transport combiné
combo-vessel	navire mixte
come across (to)	rencontrer, découvrir
come alongside (to)	venir à quai, à poste
come to an end (to)	expirer, venir à terme
commission a ship (to)	armer un navire
commodity	bien, marchandise
common carrier	transporteur
compensation	indemnité (assurance)
compete with (to)	concurrencer
competition	concurrence
competitive	compétitif
competitiveness	compétitivité
complete (to) (a job)	achever
complete (to) (a form)	remplir
complete waif	épave irrécupérable
completion (on ...)	une fois rempli, terminé
comply with (to)	respecter (des règles)
computer	ordinateur
computer engineer	informaticien
compute (to)	calculer
conference	conférence
conform to (to)	respecter, se conformer à
consent	consentement
consignee	destinataire
consigner	chargeur, expéditeur
consignment	cargaison, envoi, expédition
consignment note	lettre de voiture
consign (to)	envoyer, expédier
consolidated balance sheet	bilan consolidé
consolidated funds	fonds consolidés
consolidation	groupage
consular invoice	facture consulaire
consume (to)	consommer
consumer	consommateur

container	conteneur
20-footer	équivalent 20 pieds
cradle	berceau
open-top	à toit ouvert
opening-top	à toit ouvrant
reefer	réfrigéré
standardized	aux normes ISO
tank	citerne
contents (invar.)	le contenu
contract	contrat
contract of carriage	contrat de transport
contracting (third-party ...)	sous-traitance
contractor	travailleur, entreprise sous-contrat, sous-traitant
control tower (airport)	tour de contrôle
convenient	pratique
conveyor	transporteur
conveyor belt	transporteur à bande
core	centre, cœur
corn	blé céréale (GB), maïs (USA)
cost-effective, cost-efficient	rentable
(cost) administrative costs	frais administratifs
(cost) carrying costs	coût de possession du stock
(cost) direct costs	coûts directs
(cost) fixed costs	frais fixes
(cost) holding costs	coût de possession du stock
(cost) indirect costs	coûts indirects
(cost) inventory costs	coûts du stock
(cost) labour costs	coût de la main d'œuvre
(cost) maintenance costs	frais d'entretien, de maintenance
(cost) manufacturing costs	coûts de fabrication
(cost) operating costs	coûts d'exploitation
(cost) operational costs	coûts d'exploitation
(cost) packaging costs	frais de conditionnement
(cost) production costs	coûts de fabrication
(cost) running costs	coûts d'exploitation, dépenses courantes
(cost) storage costs	frais d'entreposage, de stockage
(cost) total costs	coût total
(cost) variable costs	frais variables
(cost) warehousing costs	frais d'entreposage, de stockage
country of destination	pays de destination
country of origin	pays d'origine
courier	courrier express, messagerie rapide
cover (to)	couvrir
coverage (against a risk)	couverture
cradle	conteneur berceau

craft	embarcation
crane	grue
crane operator	grutier
crates	caisses à claire-voie
crew	équipage, membre d'équipage
crew and manning division	l'armement
crew list	le rôle d'équipage
crew manifest	le rôle d'équipage
crossing	traversée
crossroads (invar.)	croisement, carrefour
crude oil	pétrole brut
cruise	traversée, croisière
cruise (to)	naviguer (mer), voler (air)
crush (to)	écraser
cubic capacity	volume, cubage
current value	valeur vénale
currency	monnaie (d'un pays)
Currency Adjustment Factor	surtaxe monétaire
cursor	curseur
customs	la douane
customs agent	déclarant en douane (marchandise)
customs broker	courtier en douane (déclaration du navire)
customs clearance	dédouanement
customs declarant	déclarant en douane (marchandise)
customs entry	déclaration en douane
customs officer	douanier
customs procedure	régime douanier
customs regulations	règlementations douanières
customs seal	plomb de douane, scellé
customs value	valeur en douane
cut down (to)	réduire
cut off (the line) (to)	raccrocher, couper
cut-throat competition	concurrence acharnée

D

DG labels (dangerous goods)	étiquettes pour marchandises dangereuses
DSV	long-courrier
DWT (deadweight)	TPL (port en lourd)
daily	quotidien
dam	barrage
damage (singular)	dommages subis
damages (plural)	dommages et intérêts
damaged goods	marchandises abîmées, avariées

damp	humide (adj.), humidité (n.c.)
dampness	humidité
data-processing	informatique
data (plural)	les données
data-bank	banque de données
date (due …)	échéance
date plate	plaque d'identification
deadweight tonnage	port en lourd
deal with (to)	traiter, s'occuper de
deck (ship)	pont
deck cargo	pontée
deck load	pontée
decrease (to)	diminuer
dedicated (to be …)	être spécialisé dans
deep	profond
deep-sea	haute mer
deep-sea pilot	pilote hauturier
deep-sea vessel	long courrier
deep tank	caisse profonde
delay (to)	retarder
delays	retards
delivery	livraison
delivery bay	aire de livraison/d'enlèvement
delivery note	bordereau de livraison
delivery order	coupure de connaissement
delivery period	délai de livraison
delivery (to take …)	prendre livraison
delivery van	camionnette de livraison
demand	le marché, la demande
demurrage	surestaries
depart (to)	partir
department	service, département
department (accounts/ accountancy …)	service comptabilité
department (booking …)	service réservation de fret
department (canvassing …)	service prospection
department (claims …)	service contentieux
department (export/ outward freight …)	service export
department (forwarding …)	service transit
department (import/ inward freight …)	service import
department (logistics …)	service logistique
department (personnel/ staff …)	service du personnel
department (ship's agency …)	service consignation
department (shipchandling …)	service approvisionnement
department (stevedoring …)	service manutention
department (technical services …)	service technique

departure	départ
deposit	arrhes, dépôt de garantie
depot	aire de stockage
depot (goods ...)	gare de marchandises
depreciation	amortissement
depth	profondeur
deregulation	dérèglementation
derrick	mat de charge
design (to)	concevoir
despatch (to) (or "dispatch")	envoyer, expédier
despatch money	prime de célérité
developing countries	pays en voie de développement
device	système, moyen
dialling tone	tonalité
dial a number (to)	composer un numéro de téléphone
dimensions	dimensions, mesures
directory	annuaire
disbursement	débours, dépenses
disbursement account	compte d'escale
discharge (to)	décharger
disclaim any liability (to)	décliner toute responsabilité
discount	remise, rabais
disc (data-processing)	disquette
disc drive	lecteur de disquette
disembark (to)	débarquer
dispatch (to) ... see "despatch"	envoyer, expédier
displacement	déplacement
display (to)	afficher
dispute	conflit
diversion	déviation
diverted (to be ...)	être dévié
docker	manutentionnaire, docker
dockline	voie portuaire
dockside railway	voie portuaire
docksiding	voie portuaire
dock	bassin, darse
dock (tidal ...)	bassin de marée
dock (wet ...)	bassin à flot
dock (to)	venir à quai, à poste
document of title	acte, titre de propriété
documentary credit	crédit documentaire
documentation	documentation, documents (à fournir)
domestic (... use)	domestique (usage ...)
door-to-door delivery	enlèvement et livraison à domicile
downstream	en aval

draft	traite
draft (USA)	tirant d'eau
draught (GB)	tirant d'eau
draw sample (to)	échantillonner
drawback	remboursement des frais de douane
dredge (to)	draguer
dredger [or "dredge"]	une drague
drums	fûts
dry cargo	le vrac
dry dock	cale sèche, bassin de radoub
dual carriageway (GB)	route à chaussées séparées
due date	échéance
due to (to be ...)	devoir, être prévu
dues	droits, droits de douane
dues (harbour ...)	droits de port
dues (port ...)	droits de port
dutiable goods	marchandises soumises aux droits de douane
dutiable value	valeur en douane
duties	droits de douane
duty	contrainte, charge (mécanique)
duty (heavy ...)	sous contrainte, sous forte charge
duty-free goods	marchandises en franchise

E

E.D.I. (Electronic Data Interchange)	E.D.I. (Échange de Données Informatisées)
e.g.	par exemple
E.T.A.	heure probable d'arrivée
E.T.D.	heure probable de départ
E.T.S.	heure probable de départ
eastbound	en direction de l'est
ebb	reflux, marée descendante
economic order quantities	quantités économiques d'approvisionnement
edit a document (to)	saisir, corriger un document
efficiency	efficacité, rendement
efficient	efficace
employee	employé
employer	employeur
enclose (to) a document	joindre (un document)
endorsement to a policy	avenant à une police
engaged (to be ...) in	s'occuper de, être occupé
engine	moteur, réacteur
engine (rail)	locomotive

engineer (computer ...)	informaticien, programmeur
ensign	pavillon national
ensure (to)	s'assurer (d'un fait)
enter (to)	entrer
enter data into the computer (to)	entrer, saisir des données
entitled (to be ...)	être en droit
entrance	entrée
entrust (to)	remettre, confier
entry (goods at ...)	marchandises à l'import
equip a ship (to)	armer un navire
erroneous statement	déclaration erronnée
estimate	devis
Estimated Time of Arrival	heure probable d'arrivée
Estimated Time of Departure	heure probable de départ
Estimated Time of Sailing	heure probable de départ
even-keel	sans différence
examination by customs officers	visite douanière
exceptions (to take ...)	prendre des réserves à la livraison
executive	cadre (dans une entreprise)
exemption	exonération
expand (to)	s'étendre, s'agrandir
expanding	en expansion
expedite (to)	accélerer, activer
expenditure	dépenses
expertise	compétence
expiry of a policy (insurance)	échéance d'un contrat
export department	service export
express train	train express
expressway	voie express
extend (to)	prolonger
extension (telephone)	poste (dans une entreprise)

F

F.A.C.	C.T.
Forwarding Agent's Commission	Commission Transitaire
F.C.L. (Full Container Load)	conteneur complet
F.C.R. (Forwarder's Certificate of Receipt)	certificat de prise en charge
F.C.T. (Forwarder's certificate of Transport)	certificat de transport
facilities (usually plural)	équipement
facsimilie	télécopie
fairway	chenal d'accès
fan	ventilateur

fare	tarif passager
fax	télécopie
fee	commission, prix, frais …
fees (LCL …)	frais d'empotage
feedback	suivi, retour d'information
feeder (… vessel)	navire collecteur
field of activity	secteur d'activité
file	dossier
file (computers)	fichier
file (to)	classer
fill in a form (to)	remplir un formulaire
fine (a)	une amende
finished product	produit fini
fire-proof	ininflammable
firm	entreprise, firme
first-class mail	courrier grande vitesse
fit (to)	équipper
fitted with (to be …)	être équipé, muni de …
fittings	accessoires, accastillage
fit out a ship (to)	armer un navire
flag	pavillon, drapeau
flag of convenience	pavillon de complaisance
flamable	inflammable
flat	plateforme
flat bed (container)	plateau sans montant (conteneur)
flat container	conteneur plateforme
flat fee	prix forfaitaire
flat rack (container)	plateau avec montants (conteneur)
flat-rate tariff	tarif au forfait
fleet	flotte
fleet of vehicles	parc de véhicules
flexibility	flexibilité, adaptabilité
flight	vol
floating dock	dock flottant
floppy (disc)	disquette
flotsam	épave flottante
flour	farine
flow	flux, marée montante
flow	débit, circulation
flow (to)	s'écouler, couler, être fluide
flow of information	flux des données
foodstuff	denrées alimentaires
follow-up	le suivi
fore (adj.)	avant
forecast (to)	prévoir
forecast (n.c.)	prévision (résultat)

forecasting	prévision (activité)
forklift truck	chariot élévateur, "clark"
form	formulaire
forwarding	transit (activité)
forwarding agent	transitaire
forwarding department	service transit
forward (adj.)	avant
forward (to)	envoyer, expédier
franchise	franchise
free	gratuit
free of charge	sans frais
free port	port franc
free trade zone/area	zone franche
freeway (USA)	autoroute
freightliner	train de marchandises (conteneurs)
freight	fret, marchandise, frais de port
freight car (USA)	wagon de marchandises
freight collect	fret payable à destination
freight commission	commission sur fret
freight forwarder	transitaire
freight plane	avion cargo
freight prepaid	port payé
freight rate	tarif du fret, tarif marchandise
freight terms	conditions d'expédition
freight ton	unité payante
freighter	affréteur
fresh water	eau douce
front handler	chariot frontal
front handling unit	chariot frontal
fuel	carburant
fulfill a function (to)	remplir une fonction
full address	adresse complète
full-container ship	navire porte-conteneurs intégral
funnel (GB)	cheminée
furniture (singular)	les meubles
fuselage	fuselage

G

GRT	jauge brute
G.P.O. (General Post Office)	poste centrale
gain experience (to)	acquérir de l'expérience
gangway	coupée
gang	équipe, bordée
gantry crane	portique à conteneurs

gantry crane (rubber-tyred ...)	portique à conteneur sur pneumatiques
gas freeing	dégazage
gateway	porte d'embarquement
gate	porte d'embarquement
gauge	largeur de voie, de canal
general average	avarie commune
general cargo	marchandises diverses, le divers
general cargo ship	cargo de marchandises diverses
general delivery	distribution du courrier
general purpose vessel	navire polyvalent
get insured (to)	souscrire une assurance
get off (to) ... a plane	débarquer d'un avion
get someone on the phone (to)	obtenir qqun au téléphone
give an estimate (to)	coter, donner un devis, une cotation
give a quotation (to)	coter, donner un devis, une cotation
goods depot (rail)	gare de marchandises
goods handling	manutention
goods train	train de marchandises
goods (invar.)	les marchandises
go through customs (to)	passer la douane
grain (invar.)	céréales
grant (to)	accorder
graphics pad	palette graphique
graph	graphe, graphique
graving dock	cale sèche, bassin de radoub
Gross Registered Tonnage	jauge brute
gross weight	poids brut
ground staff	personnel à terre, sédentaire
grounded operation	transport terrestre
groupage	groupage
guarantee	garantie

H

Harbour Master	capitaine de port
Harbour Master's Office	capitainerie
handle traffic (to) (air)	diriger le trafic aérien
"handle with care"	"fragile"
handling	manutention
handling capacity of a port	capacité d'accueil d'un port
handling charges	frais de manutention
handling operations	manutention
handling rate	cadence de chargement/ déchargement
harbour	port

harbour dues	droits de port
hard disc	disque dur
hardware	matériel informatique
hatch	ouverture de pont, de cale
hatch cover	panneau de cale
haul (long …)	transport routier longue distance
haulage	transport routier
haulage (carrier …)	acheminement par le transporteur maritime
haulier	transporteur routier
have an ex-directory number (to)	être sur la liste rouge
hawser	aussière
headquarters	siège d'une compagnie
head office	siège d'une compagnie
heavy lift	colis lourd
highway (GB)	route nationale, grand-route
highway (USA)	autoroute
hinterland	arrière-pays
hire (to) (a service, a piece of equipment)	louer
hire (to) (a person)	engager quelqu'un
hit a key (to)	frapper une touche
hit return (to)	valider une saisie
hold	cale, soute
"hold on"	"attendez un instant"
"hold the phone/the line"	"attendez un instant"
hold-up	embouteillage
home address	domicile personnel
home port	port d'attache
homeward cargo	marchandises à l'import
hook	croc, crochet
hoverport	port d'aéroglisseurs
hub	centre, plaque tournante
hull	coque
husbanding	gérance d'un navire

I

i.e.	c'est-à-dire
impede (to)	empêcher, gêner
implement (to)	mettre en pratique, en œuvre
implementation	mise en œuvre
imply (to)	impliquer
import department	service import
improve (to)	améliorer
improvement	amélioration
incoming goods	marchandises à l'import
incoming vessel	navire entrant au port

inconvenience	gêne
increase (to)	augmenter
incur a loss (to)	subir une perte
index	indice
industrial carrier	tranporteur pour compte propre
inflamable	inflammable
infringement of contract	violation de contrat
inland	situé à l'intérieur des terres
inland haulage	acheminement intérieur
inland traffic	transports intérieurs
inland waterways	voies navigables
input data (to)	entrer, saisir des données
insert a disc (to)	insérer une disquette
inshore	zone maritime à l'abri de la côte
instalment	accompte, versement partiel
insulated	isotherme
insulated container	conteneur isotherme
insurance	assurance (terme général)
insurance broker	courtier en assurance
insured party	l'assuré
insured value	valeur assurée
insurer	assureur
inter-city	inter-urbain
interest payment	paiement des intérêts
intermodal transport	transport intermodal
international traffic	transports internationaux
inventory	inventaire, gestion des stocks
investment	investissement
invoice	facture
involve (to)	impliquer
inward freight department	service import
in a sealed envelope	sous pli cacheté
in the directory (to be)	être dans l'annuaire
issue a document (to)	délivrer un document
issue orders (to)	donner des ordres
issue a policy (to)	émettre une police
item	article

J

jettison the cargo (to)	jeter la cargaison à la mer
jetty	jetée, appontement, embarcadère
jet lag	décalage horaire
jet thrust	poussée des réacteurs
jetsam	épaves, objets rejetés à la côte
join (to)	rejoindre, s'affilier, joindre
journey	voyage (général)

juggernaut	gros poids-lourds, mastodonte
jump (to) (for prices)	augmenter (prix, coûts)
junction	croisement, carrefour
just in time	juste à temps

K

"keep in cool place"	"craint la chaleur"
keep to (to)	ne pas dévier de …
keyboard	clavier
key (computer, telex)	touche
know-how	savoir-faire, compétence
knowledge	connaissance

L

L.A.S.H. (Lighter Aboard SHip)	porte barge
L.C.L. (Less than Container Load)	conteneur de groupage
L.C.L. fees	frais d'empotage
L.D.C. (Less Developed Country)	pays sous-développé
L.N.G. Carrier (Liquefied Natural Gas Carrier)	transporteur de gaz naturel liquéfié
L.P.G. Carrier (Liquefied Petroleum Gas Carrier)	transporteur de gaz de pétrole liquéfié
ladder	échelle
laden (fully …)	chargé, à pleine charge
land (to)	atterrir
land carriage	transport terrestre
landing charges	frais de déchargement
landing slot	créneau d'atterissage (trafic aérien)
landlocked country	pays sans façade maritime
large	grand, important
large-scale	à grande échelle
lash (to)	arrimer, fixer
launch (to)	lancer (un navire, …)
launch (a)	vedette
lay-days	jours de planche
layout	agencement, disposition
laytime calculation	calcul des jours de planche
lead time	délai d'exécution
lean production	production au moindre coût
lease	location

lease (to)	louer à bail
lease-holder	locataire à bail
leave one quay for another (to)	déhâler
leave (to)	partir, quitter le port
left on quay (to be)	être laissé à quai, shortshippé
leg (of a transport operation)	étape, partie d'un transport
legislation	règlementation
length	longueur
length overall	longueur hors-tout
lessee	locataire à bail
lessor	bailleur
letter of cancellation	avis de résiliation
letter of credit	lettre de crédit
level	niveau
level-crossing	passage à niveau
levy a tax on (to)	lever une taxe sur
levy (a)	taxe
liability	responsabilité
liability (unlimited ...)	responsabilité illimitée
liabilities (finance)	passif (d'une entreprise)
liable for duty (to be)	être redevable
lift (to)	lever, soulever
lift (a heavy ...)	un colis lourd
lift capacity	capacité de charge
lift power	capacité de charge
lift the receiver (to)	décrocher le téléphone
lighter (n.c.)	allège
lighterage (charges)	frais d'allège
lighter carrier	porte-barges
lighthouse	phare
light-pen	crayon optique
line (to)	garnir, poser un revêtement intérieur (conteneur)
line	ligne maritime, aérienne
line	chaîne de production
line	ligne téléphonique
line of trade	secteur d'activité
liner	paquebot
liner conference	conférence régulière
liner service	ligne régulière
linesman	lamaneur
lining	revêtement intérieur (conteneur)
link (to)	relier
list	gîte
litigation	litiges
livestock	bétail
load (to)	charger
load (n.c.)	la charge

load a file (to)	charger un fichier
loader (side ...)	chariot “latéral”
loading charges	frais de chargement
loading port	port d’expédition
loan	prêt
loan account	compte d’avances
loan agreement	convention de prêt
loan at call	prêt remboursable sur demande
loan at notice	prêt à terme
loan capital	capital d’emprunt
local call	communication urbaine
locate (to)	situer
locked basin	bassin à flot
lock	écluse
logistics department	service logistique
logs	bois (en billes)
log book	livre de bord
long form	connaissement complet
long haul	transport routier grande distance
long-distance call	appel longue distance
look up a number (to)	chercher un numéro (dans l’annuaire)
loss	perte
loss (partial ...)	perte partielle
losses (to announce ...)	afficher des pertes
low-power laser beam	rayon laser à faible puissance
lower (to)	baisser, descendre
loyalty arrangements	contrats de fidélité, de service
luggage (inv.)	les bagages
luggage (hand ...)	bagages à main
lumpsum	forfait

M

M.T.O. (Multimodal Transport Operator)	opérateur de transport multimodal
machinery	machine (d’un navire)
mail	le courrier
mail (electronic ...)	courrier électronique
main office	siège (d’une compagnie)
main road	route nationale
maintenance	entretien, maintenance
make a collect call (to)	appeler en PCV
make fast (to)	arrimer, fixer
malpractice	non-respect du règlement
manage (to)	diriger (une entreprise), réussir
management	direction, gestion

manhole	trappe de visite
manœuvre (to)	manœuvrer
manufactured goods	produits manufacturés
manufacturer	fabricant
margin	marge
marine insurance	assurance maritime
markdown	réduction
marshalling area	aire de triage
marshalling yard (rail)	gare de triage
mate	commandant en second
mate's receipt	billet de bord
maximum width	maitre bau
means (invar.)	un moyen
means of … (by …)	au moyen de …
means of conveyance (invar.)	moyen de transport
means of transport (invar.)	moyen de transport
means of payment (invar.)	mode de paiement, de règlement
measurements	les dimensions
medium-range (aircraft)	moyen courrier
meet a claim (to)	régler un sinistre
meet the demand (to)	satisfaire la demande
meet the needs (to)	répondre aux besoins
member line	ligne membre (conférence)
membership	appartenance à un groupe
merchandise	marchandise
merchant	négociant, grossiste
merchant fleet	flotte de commerce
merchant haulage	acheminement par le chargeur
merchant navy	marine marchande
middleman	intermédiaire
miscellaneous	divers
mishandling	erreurs de manutention
mislay (to) a parcel	égarer un colis
mixed cargo	le divers
monthly	mensuel
mooring line	amarre
mooring rope	amarre
moor (to)	amarrer
most favoured nation clause	clause de la nation la plus favorisée
mother company	compagnie mère
mother ship	navire-mère
motorway (GB)	autoroute
move houses (to)	déménager
multimodal transport	transport multimodal
multipurpose	polyvalent
multipurpose bulk terminal	terminal multivrac

N

NDC (non dangerous chemicals)	produits chimiques non dangereux
NRT	jauge nette
NVOCC (non vessel operating common carrier)	opérateur de transport non armateur
navigable river	fleuve navigable
navigational aids	aides à la navigation
Net Registered Tonnage	jauge nette
network	réseau
net weight	poids net
"no-commercial value" sample	échantillon sans valeur commerciale
non-conference operator	ligne hors conférence
non-marine risks (insurance)	risques non maritimes
northbound	en direction du nord
note	avis, bordereau
note (advice ...)	lettre d'avis
note (booking ...)	note de réservation de fret
note (delivery ...)	bordereau de livraison
note (shipment ...)	bordereau d'expédition
notice	notification, préavis
notice (at a month's ...)	préavis d'un mois
notice of claim	déclaration de sinistre
notification of loss	déclaration de sinistre
notify (to)	aviser, notifier
"no hooks"	"pas de manutention aux crocs"
nullify (to)	rendre nul et non avenu

O

obstruction	embouteillage
observe (to) (rules)	respecter (un règlement)
ocean-going vessel	long courrier
officialdom	paperasserie
offshore	au large
oil products	produits pétroliers, hydrocarbures
oil tanker	pétrolier
on the phone (to be)	être abonné au téléphone
on the phone (to be)	être en conversation téléphonique
open seas	haute mer
open-top container	conteneur à toit ouvert
open water	haute mer
opening top container	conteneur à toit ouvrant
operate (to) a liner service	exploiter une ligne régulière

operation	exploitation
operation (transport ...)	opération de transport
operational costs	coûts d'exploitation
operator	opérateur
operator (switchboard ...)	standardiste
order	commande, ordre
order (to)	commander, passer commande
order fulfilment	réalisation des commandes
order picking	préparation des commandes
ordering cost	coût de passation d'une commande
ore	minerai
ore-carrier	minéralier
out-of-profile	hors gabarit
outer harbour	avant-port
outgoing (goods, vessel)	en partance, à l'export
outlet	débouché, marché
output	sortie(s), résultat(s)
outreach (crane)	portée
outsider	ligne hors conférence
outward freight department	service export
overall (length, weight)	total, hors-tout
overcharge	surcharge
overheads	frais généraux
overlanded (to be)	être débarqué dans le mauvais port
overpaid	surpayé, trop perçu
overquote (to)	sur-coter
overseas	outre-mer
own-account fleet	flotte, parc de véhicules appartenant au transporteur

P

Parcels Delivery	Messageries
P.O. clerk	employé de la poste
pack (to)	emballer
package	colis
package (to)	conditionner
packaging	conditionnement
packing	emballage
packing list	liste de colisage
pallets	pallettes
Panamax vessel	panamax (navire aux dimensions maxima permettant le passage dans le canal de Panama)
parcel	colis

parent company	compagnie-mère
part-container ship	navire porte-conteneurs mixte
part-time	à temps partiel
partnership	partenariat
passenger fare	tarif voyageurs
payable on receipt	payable à réception
payload	charge utile
payment on reception	paiement à réception
peak time	heure de pointe
penalty	pénalité
perform (to)	effectuer un travail
perishable goods	denrées périssables
personnel department	service du personnel
petroleum products	produits pétroliers, hydrocarbures
phone box	cabine téléphonique
phone (to)	appeler au téléphone
pick-up and delivery	ramassage et livraison
pick up the receiver (to)	décrocher le téléphone
picker	préparateur de commande
pier	jetée, appontement, embarcadère
piggy-back terminal	terminal ferroutier
pilferage	chapardage, vol
pilotage	pilotage
pilotage dues	frais de pilotage
pilot	pilote
pilot (deep-sea ...)	pilote hauturier
platform (rail)	quai (gare)
plotter	traceur
ply between (to)	desservir
point (rail)	aiguillage
policy	une politique
policy	une police d'assurance
policy holder	assuré, titulaire d'une police
pool	pool financier
port	port (ville, bassin, ...)
port (adj.)	babord
port authorities	autorités portuaires
port billing	droits de port
port dues	droits de port
port facilities	installations portuaires
port of call	port d'escale
port of destination	port de destination (fin du voyage)
port of discharge	port de destination (pour un chargement donné)
port of entry	port douanier

port of registry	port d'attache
port of shipment	port d'expédition
posterestante	poste restante
practice	clientèle
practice (commercial ...)	usage commercial
practice (good ...)	bonne conduite (entre concurrents)
premises (invar.)	locaux
premium	prime d'assurance
present value	valeur vénale
preside over (to)	présider, diriger
price current	prix courant
price list	liste de prix
principal	commettant
printer	imprimante
process	procédé, processus
process (to)	traiter, transformer
processed goods	produits manufacturés
produce	produit (naturel)
product	produit (manufacturé)
product (finished ...)	produit fini
production line	chaine de production
profile	gabarit
profit	bénéfice
profit (to achieve ...)	réaliser des bénéfices
profit (to report ...)	afficher des bénéfices
profitable	avantageux, rentable
pro-forma invoice	facture pro-forma, devis
programmer (computer)	programmeur
prohibited goods	marchandises prohibées
proof of acceptance	reçu
proof of receipt	accusé de réception
propeller	hélice
provide someone with sth (to)	fournir qqchose à qqun
provision	fourniture, approvisionnement
provision (contract)	mesure, disposition, clause
pull (to)	tirer
purchase	achat
purchase	démultiplication (palan)
purpose	but, utilité
push (to)	pousser
pusher	pousseur
put a call through to someone (to)	passer un appel, un poste à qqun

Q

qualified acceptance	acceptation sous réserve
quay	quai
quay rent	droits de quai
quayside	place à quai
query	demande, requête
quota	quota
quote (to)	coter, donner un devis, une cotation

R

rack	rack, étagère
rail head	terminus, point de redistribution
rail ship	navire équipé de rails pour wagons
rail transport	transport ferroviaire
railway station of destination	gare de destination
railyard	gare de marchandises
raise a tax (to)	lever une taxe
ramp (airport)	passerelle
range	gamme, étendue, éventail
rate	tarif
rate agreements	accords tarifaires
rate (freight …)	tarif marchandise, du fret
raw material	matière première
rebate	rabais, remise
rebating	“rebating” (pratique de rabais pour attirer le client)
receipt	reçu, récépissé
receipt (mate's …)	billet de bord
receiver (telephone)	combiné téléphonique
reception hall (airport)	hall d'entrée
receptionist	hotesse d'accueil, standardiste
red tape	paperasserie
reefer	conteneur réfrigéré
reefer machinery	groupe de réfrigération
reefer plug	point d'alimentation pour conteneur réfrigéré
reefer vessel	navire frigorifique
refined oil	pétrole raffiné
refinery	raffinerie
refrigerated van	wagon réfrigéré
refrigeration unit	groupe de réfrigération
re-fuel (to)	faire le plein de carburant
refurbish (to)	remettre en état
refurbishment	remise en état

register (luggage)	enregistrer les bagages
registered (to be ...)	être immatriculé
registered letter	lettre recommandée
registered tonnage	jauge officielle
registration	immatriculation
relevant	approprié
removal	enlèvement
removal van	camion de déménagement
remove (to)	enlever, emporter
renew a policy (to)	renouveler, reconduire un contrat
rent	location (prix à payer)
rent (quay ...)	droits de quai
rental	location (activité)
repair	réparation
replenish (to)	réassortir
replenishment	réassortiment
representative	agent, représentant
request	demande, requête
request (to)	demander
require (to)	nécessiter
requirement	nécessité, besoin
re-route (to)	dérouter, modifier l'itinéraire
resort to (to)	faire appel à
response	réponse, réaction
retail	détail (commerce de)
retail outlet	point de vente
retailer	commerçant, détaillant
retrieval	sortie, extraction (de stock)
reverse the charges (to)	appeler en PCV
rice	riz
ring back (to)	rappeler plus tard
ring (up) (to)	appeler au téléphone
roadstead	rade
roads	rade
road haulage agent	affréteur routier
road haulier	transporteur routier
road network	réseau routier
road transport	transport routier
road-worthy	en bon état de marche
road works	travaux de voirie
roll trailer	MAFI
rolling stock (rail)	matériel roulant
RORO vessel	navire roulier
Roll on/ Roll off vessel	navire roulier
rough	ardu, difficile
rough handling	manutention brutale
rough weather	mauvais temps, gros temps

roundabout	sens giratoire
route	itinéraire
route (to)	acheminer
row	rangée, tire (navire cellulaire)
rudder	gouvernail
rule	règle, règlement
run	une rotation
run (to) (a business, a service)	diriger, gérer un service …
run aground (to)	s'échouer
runway	piste d'envol/d'atterrrissage
rush hour (road mainly)	heure de pointe (route)

S

S.A.D. (Single Administrative Document)	D.A.U. (Document Administratif Unique)
S.E.M. (Single European Market)	Marché Unique Européen
safe	intact, sûr
safety	sécurité
safety stock	stock de sécurité
sail (to)	naviguer, quitter le port
sample	échantillon
save a file (to)	sauver, sauvegarder un fichier
scale	échelle
scale (large …)	à grande échelle
scan the lines (to)	lire les codes en barres
schedule	horaire, programme
screen	écran
sea-borne trade	commerce maritime
seafarer	marin, navigant
sea-going personnel	personnel navigant
sea leg of a transport operation	parcours maritime d'un transport
sea-plane	hydravion
seal	cachet, tampon
seal (customs …)	scellé, plomb de douane
search (to)	fouiller
sea-worthy ship	navire en état de naviguer
secondary road	route départementale
second-class mail	courrier à petite vitesse
secure (to)	arrimer, fixer
securing point	point d'attache, de fixation
security	caution, garantie
seize (to)	saisir, confisquer
seizure	saisie, confiscation

self-policing system	système de contrôle interne (conférences)
sell-off	liquidation
semi-trailer	semi-remorque
sender	expéditeur
send (to)	envoyer, expédier
serve (to)	desservir
service (to) (usually passive)	(1) être réparé (2) être desservi
service contract	contrat de service, de fidélité
settle a claim (to)	régler un sinistre
settle the accounts (to)	régler les comptes
settle down (to)	s'installer
settlement	règlement
set up (to)	installer, lancer
shaft	arbre d'hélice
shallow	peu profond
shed	hangar
shelf	étagère
shelter	abri
shift	équipe, bordée
shifting	rippage
shifting boards	bardis (planches anti-rippage)
ship (to)	envoyer, expédier
ship (n.c.)	navire
shipbroker	courtier en douane (déclaration du navire)
shipchandling department	service approvisionnement
shipload	chargement, contenu, cargaison
shipment	cargaison, envoi
shipment note	bordereau d'expédition
shipowner	armateur
shipper	chargeur, expéditeur
shipping	transport maritime
shipping advice	avis d'expédition
shipping agent	agent maritime, consignataire
shipping clerk	commis de consignation
shipping company	compagnie maritime
shipping documents	titres de transport
shipping order	bon d'embarquement
shipping terms	conditions d'expédition
shipping world	le monde maritime
ship's agency department	service consignation
shipwreck	naufrage
shipyard	chantier naval
ship repairs	réparations navales
short form	connaissement abrégé
short-sea	cabotage, près des côtes

shortage	pénurie, manque
shortlanded	marchandise manquante, non déchargée
shortshipped (to be)	être laissé à quai, shortshippé
show a list (to) (for a ship)	gîter, donner de la bande
side door	porte latérale
side loader	chariot "latéral"
side loading	chargement latéral
side shift	déplacement latéral
signalling station	sémaphore
significant	important, significatif
silting	envasement
sink (to)	couler, sombrer
sister-ships	navires identiques
site	site, emplacement
siting	emplacement
skill	savoir-faire, compétence
slave trailer	remorque de port
sling	élingue
slip	talon, reçu
slot (cont. ship)	cellule, emplacement
sluice gates	portes d'écluse
smokestack (USA)	cheminée de navire
smuggle (to)	faire de la contrebande
snag	incident
software	logiciel, programme
solid-bodied container	conteneur rigide
sorting office (post)	centre de tri
southbound	en direction du sud
speedway (USA)	autoroute
spoilt goods	marchandises abîmées, avariées
spreader	palonnier, palan à conteneurs
stack (to) (containers)	gerber des conteneurs
stake	participation
staff	personnel
staff department	service du personnel
stain	tache
stamp (a)	cachet, tampon, timbre
stamp (to)	apposer un cachet, viser, affranchir
standardize (to)	normaliser
standardization	normalisation, standardisation
standardized container	conteneur aux normes ISO
standards	normes
starboard	tribord
state of repair	condition, état
station (rail)	gare
status	statut

steel	acier
steer (to)	gouverner
stem from (to)	découler de
stencil (to)	marquer au pochoir
stern	poupe, arrière du navire
stevedore	manutentionnaire, docker
stevedoring	manutention
stevedoring department	service manutention
stockout	rupture d'approvisionnement
storage	entreposage, emmagasinage
store (to)	entreposer, stocker
stow (to)	arrimer (répartir dans la cale)
stowage charges	frais d'arrimage
stowage plan	plan d'arrimage
straddle carrier	cavalier (pour conteneur)
straight box	conteneur ordinaire
strip (to)	dépoter
stripping	dépotage
stuff (to)	empoter
stuffing	empotage
stuffing shed	hangar d'empotage
subject (to be … to)	varier selon, dépendre de
subscriber	abonné, souscripteur
subscribe a policy (to)	s'assurer, souscrire une assurance
… with a company	… auprès d'une compagnie
… against a risk	… contre un risque
subsequent	ultérieur
subsidiary	filiale
substandard ship	navire inférieur aux normes
suit the needs of (to)	répondre aux besoins de
suitable	adapté, convenable
supplier	fournisseur
supply (to)	fournir, approvisionner
supply-ship	navire ravitailleur
supply chain	chaîne d'approvisionnement
surcharge	surtaxe
surcharge (to apply a …)	appliquer une surtaxe
surface transport	transport de surface
surveyor	expert
surveyor (chartered …)	expert assermenté
survey report	rapport d'expertise
suspend a service (to)	suspendre, interrompre un service
sustain damage (to)	subir des avaries, des dommages
swapbody unit	remorque fer-route
swell	houle
swinging basin	bassin d'évitage

switchboard operator	standardiste
switch (rail)	aiguillage
system of buoys	balisage

T

T.E.U. (Twenty-foot Equivalent Unit)	Équivalent 20 pieds
T.H.C. (Terminal Handling Charge)	frais de manutention au terminal à conteneurs
tackle	palan
take exceptions (to)	prendre des réserves à la livraison
take into account (to)	prendre en compte
take-off (n.c.)	décollage
take off (to)	décoller
take out an insurance (to)	s'assurer, souscrire une assurance
tailored to needs (to be ...)	élaboré sur mesures
tally clerk	pointeur
tank	réservoir citerne
tank container	(conteneur) citerne
tank wagon	wagon citerne
tanker lorry	camion citerne
tanker (rail)	wagon citerne
tare weight	tare
tariffs	droits, barrières douanières
tarpaulin	bâche
tax	taxe
tax-free	sans payer de taxe
team	équipe, bordée
technical services department	service technique
telefax	télécopie
telegram	télégramme
teleprinter	télex (instrument)
teleprint (to)	passer un télex
teletype (to)	passer un télex
telex	télex (instrument ou message)
telex (to)	passer un télex
telex subscriber	abonné au télex
terminal (port, air)	terminal
terminus (rail, road)	terminus
terms of payment	conditions de paiement
terms of a policy (insurance)	clauses d'un contrat
"the line's engaged"	"la ligne est occupée"
third party	le tiers
third-party contracting	sous-traitance
third party insurance	assurance au tiers

"this side down"	"bas"
"this side up"	"haut"
through BL	connaissement global (multimodal)
throughput	cadence de chargement/ déchargement
throughput time	délai d'exécution
through rate	fret direct
through train	train direct
tidal dock	bassin de marée
tide	marée, courant de marée
tide (high ...)	marée haute
tide (low ...)	marée basse
tier	étage, pile (navire cellulaire)
tie up a ship (to)	amarrer
tilt	bâche
tilt-design container	conteneur bâché
timber	bois de construction
time (full ...)	à plein temps
time (part ...)	à temps partiel
time charter-party	charte-partie à temps
time compression	réduction du temps de production
Time Sheet	horaire de manutention
time sensitive	sensible aux évolutions
time to consumer	temps de réponse au client
time to market	délai entre conception et commercialisation
toll	péage
toll-bridge	pont à péage
tonnage	jauge
total loss	perte totale
tow (to)	remorquer
tow line, rope, hawser	la remorque
towage charges	frais de remorquage
to be called for (at ...)	livraison poste restante
"to be kept dry"	"craint l'humidité"
track (rail)	voie, rails
track laying	pose de voie, de rails
trade	le commerce
trade (to)	commercer
trade route	ligne (commerciale)
trade sharing	partage du marché
trader	commerçant, négociant
trading partners	partenaires commerciaux
trading port	port de commerce
traffic	trafic, circulation
traffic-jam	embouteillage

trailer	remorque
trailer (open-top ...)	remorque à toit ouvrant
trailer (slave ...)	remorque de port
tramp (... ship)	navire de tramping, sans itinéraire fixe
tranship (to)	transborder
transhipment	transbordement
transhipping	transbordement
transporter	transporteur (terme général)
transport document	titres de transport
transport charges	frais de transport
transport facilities (plural)	moyens de transport
transport mode	mode de transport
travelling gantry crane	portique à conteneurs sur rails
trim	l'assiette du navire
trim a ship (to)	équilibrer un navire
trip	voyage (généralement court)
trip charter-party	charte-partie au voyage
trolley	chariot
truck (USA)	camion
truck, goods truck (rail)	wagon de marchandises
trucker (USA)	transporteur routier
truckload	chargement, contenu d'un wagon
trunk call	communication inter-urbaine
trunk road	route nationale
tugmaster	tracteur de port
tug (... boat)	remorqueur
turn out (to)	s'avérer
turn-round time	jours, période d'immobilisation
turn-round time	rotation
turning basin	bassin d'évitage
turnover	chiffre d'affaires
turnpike (US)	route à péage
tween-deck	entrepont
type (to)	dactylographier
type in (to) (computers)	entrer des données

U

U.B.S. (Universal Bulk Ship)	vraquier multiservice
U.L.C.C. (Ultra Large Crude Carrier)	supertanker, pétrolier classe 500.000 T
U.N.C.T.A.D. (United Nations Council for Trade and Development)	C.N.U.C.E.D. (Conseil des Nations unies pour le Commerce et le Développement)

under cover	sous pli cacheté
under separate cover	sous pli séparé
underdevelopped country	pays sous-développé
undermanned	sous-armé
underquote (to)	sous-coter
undertake (to)	entreprendre
underwriter	assureur
underway (to get ...)	appareiller
unit	unité
unit load	marchandises unitisées
unitized goods	marchandises unitisées
unlimited liability	responsailité illimitée
unload (to)	décharger
until further notice	jusqu'à nouvel ordre
update (to)	mettre à jour
upstream	en amont
upwelling	remontée d'eau
user	utilisateur

V

V.A.T. (Value-Added Tax)	T.V.A. (Taxe à la Valeur Ajoutée)
V.L.C.C.	supertanker
(Very Large Crude Carrier)	pétrolier classe 300 000 T
valuables	denrées de valeur
value (actual ...)	valeur effective
value-for-money	rapport qualité/prix
ventilated container	conteneur aéré
ventilation	ventilation, aération
vessel	navire
voyage	voyage (uniquement maritime)
voyage charter-party	charte-partie au voyage

W

wages (invar.)	salaire
wagon load	contenu d'un wagon
walkie talkie	talkie walkie
warehouse	entrepôt
warehouse receipt	récépissé d'entreposage
warehousing	entreposage, stockage
war risks surcharge	surtaxe risques de guerre
warrant (to)	garantir
warranty	garantie
waste	déchet, perte
waste (to)	perdre, gaspiller
water (brackish ...)	eau saumâtre

water (fresh ...)	eau douce
water (salt ...)	eau salée
water-line	ligne de flottaison
waterproof	étanche
watertight	étanche
water clerk	commis de consignation
wear	usure
wedging (containers)	calage
weekly	hebdomadaire
weigh (to)	peser
weighing bridge	pont à bascule
weight	poids
weight (gross ...)	poids brut
weight (net ...)	poids net
weight (tare ...)	tare
westbound	en direction de l'ouest
wet dock	bassin à flot
wharf	quai (pour marchandises)
wharfage charges	droits de quai
wheat	blé
wheel	roue
wheel (all-wheeled operation)	transport terrestre
wholesale	commerce de gros
wholesale dealer	grossiste
width	largeur, bau
width (maximum ...)	maitre bau
winch	treuil
wing	aile
wire	télégramme
with immediate effect	avec effet immédiat
without V.A.T.	hors-taxe
word-processing	traitement de texte
working sheet (computer)	feuille de travail
workshop	atelier
wreck	épave
write-off (n.c.) (for car)	épave irrécupérable
wrong number (telephone)	faux numéro

Y

yearly	annuel
yield	rendement, revenu

ANNEXES

ABRÉVIATIONS TÉLEX COMMUNES ET INCOTERMS

Abréviations anglaises/Télex & affrètement

A

AA	*Always Afloat*
AAAA	*Always Afloat and Accessible*
AAR	*against all risks*
AC	*acre*
A/C	*account current*
ACCE	*acceptance*
ACCT	*Account*
ACPT	*acceptance*
ACT. VAL	*actual value*
ACT. WT	*actual weight*
ADCOM	*Address Commission*
ADR	*address*
ADV PMT	*advance payment*
AGCY	*agency*
AGR	*agreement*
AH	*Antwerp/ Hamburg range*
A.M.	*air mail*
APPROX	*Approximately*
APS	*Arrival Pilot Station*
AR	*Antwerp/ Rotterdam range*
ARA	*Antwerp/ Rotterdam/ Amsterdam*
A/S	*Alongside*
ATDNC/	*Any Time Day or Night*
ATDNSHINC	*Sundays and Holidays Included*
ATTN	*Attention*

B

BAL	*balance*
BB	*Ballast Bonus*
BB	*Bare Boat*
BB	*Below Bridge*
BBB	*Before Breaking Bulk*
BBCP	*Bare Boat Charter-Party*
BBL	*barrel*
B/C	*Bulk Carrier*
BDI	*Both Dates Included*
BE, B/A	*bill of exchange*
BENDS	*Both Ends*
BIBI	*Goodbye*
BIZ	*Business*
BK	*bank*
BKRS	*Bunkers*
B/L	*Bill of Lading*
BLCE	*balance*
BL/BLADING	*Bill of Lading*
BO	*buyer's option*
BW	*Brackish Water*
BWAD	*Brackish Water Arrival Draft*
BWT	*Bleeding Wing Tanks*

C

CAD	*Cash Against Documents*
CAN	*Canadian/ Canada*
CAN	*cancellation*
CANDF	*Cost And Freight*

CARR	*carrier*
CC	*Cubic Capacity*
C of C	*Chamber of Commerce*
CGO	*cargo*
CH	*custom(s) house*
CHE	*chemical*
CHOP	*Charterer's Option*
CHTRS	*Charterers*
CIF	*Cost, Insurance and Freight*
CIF and E	*Cost, Insurance, Freight and Exchange*
CMDTY	*commodity*
C/O	*Certificate of Origin*
COD	*Cash On Delivery*
COM	*Commission*
CONSEC	*Consecutive Voyages*
C/P	*Charter-Party*
CPDD	*Charter-Party Dated*
CRED	*credit*
CT	*Contract*
CUFT	*Cubic Feet*
CU.FT	*cubic foot*
CU/CFT	*Cubic Feet*
CWT	*hundredweight (50,80 kg)*

D

DAM	*damage*
DAP	*Days All Purposes*
DD	*delivered*
DD	*due date*
DD	*Dates*
DD	*Drydocking*
DELY	*Delivery*
DEM	*demurrage*
DESTN	*destination*
DES/DEM	*Despatch/ Demurrage*
DFT	*draft*
DIS, DISCT	*discount*
DISCH	*Discharge*
DISMT	*disbursement*
DISOPS	*Discharging Operations*
DLVRY	*delivery*
DO	*Diesel Oil*
DO	*Delivery Order*
DOC	*document*
DOCUM	*documentary*
DOP	*Dropping Outward Pilot*
DSV	*Deep-Sea Vessel*
DT	*Deep Tank*
DW	*Deadweight*
DWAT	*Deadweight All Told*

E

EDI	*Electronic Data Interchange*
EIU	*Even If Used*
EQPT, EQUIP.	*equipment*
ERTL	*Expected Ready To Load*
ETA	*Estimated Time of Arrival*
ETC	*Expected To Complete*
ETC	*Empty Transcontainer*
ETD	*Estimated Time of Departure*
ETR	*Expected To be Ready*
ETS	*Estimated Time of Sailing*
EXCL	*Excluding*
EXPLIF	*Expected to Lift*
EXPLOAD	*Expected to Load*

F

FAA	*Free of All Average*
FAS	*Free Alongside Ship*
FD	*Free Discharge*
FDD	*Freight demurrage Despatch*
FGT	*freight*
FH	*First Half*
FHEX	*Fridays and Holidays Excepted*
FIFO	*First In First Out*
FIO	*Free In and Out*
FIOS	*Free In and Out and Stowed*
FIOT	*Free In and out and Trimmed*
FLOP	*Full Loading Option*

FO *Fuel Oil*
FOB *Free On Board*
FIOST *Free In and Out, Stowed and Trimmed*
FOC *Flag of Convenience*
FOG *For Our Guidance*
FOLL *Following*
FOQ *Free On Quay*
FOW *First Opening Water*
FPA *Free of Particular Average*
FRGT *freight*
FRT *Freight*
FT *foot*
FTC *Full Transcontainer*
FWAD *Fresh Water Arrival draft*
FYC *For Your Guidance*
FYI *for your information*

G

GA *General Average*
G/A *general average*
GAL *gallon*
GD *Geared Vessel*
GDS *goods*
GRN *Grain Cubic*
GRT *Gross Registered Tonnage*
GR WT *gross weight*
GT *gross ton*
GTEE *Guarantee*
GW *Gross Weight*

H

HAR, HARB *harbour*
HDQRS *headquarters*
H/H *Holds/ Hatches*
HM *Hull and Machinery*
HRS *Hours*

I

IFO *Intermediate Fuel Oil*
IMPTR *importer*
IN *INCH*
IN BAL. *in ballast*
INC *Including*
INFO *Information*
INS *insurance, insured*
INSD VAL *insured value*
INSP *inspection*
INSTL *instalment*
IWL *Institute Warranty Limits*

L

LAYCAN *Laydays/ Cancelling*
LB *Pound*
LBS *Pound Sterling*
LC, L/C *letter of credit*
LD *land, load*
LDG, LG *landing, loading*
LDG *Loading*
LDN *London*
LDYS *Lay Days*
LGTH *length*
LNG *Liquefied Natural Gas*
LOA *Length Overall*
LPG *Liquefied Petroleum Gas*
LPP *Length between Perpendiculars*
LT *Long Tons*
LTSBE *Laytime Saved Both Ends*

M

MANIF *manifest*
MAR *marine, maritime*
MDSE *merchandise*
MEAS *measure, measurement*
MI *mile*
ML *More or Less*
MM *merchant marine*
MM *millimetre*
M/M *Minimum/ Maximum*
MIN/MAX *Minimum/ Maximum*
MOL *More or Less*
MOLOO *More or Less Owners Option*
MOM *Moment*
MRTM *maritime*
M/R *Mate's Receipt*
M/S *Motor Ship*
MT *Metric Ton*

M/T	*Motor Tanker*
M/V	*Motor Vessel*

N

NAABSA	*Not Always Afloat But Safe Aground*
NAUT	*nautical*
NAV	*navigable, naval, navigation*
NCV	*no commercial value*
NOPAC	*North Pacific*
NOR	*Notice of Readiness*
NRT	*Net Registered Tonnage*
NWP	*Next Working Period*

O

OAL	*Overall Length*
OBO	*Ore Bulk Oil*
O/C	*overcharge*
O & D	*origin and destination*
OH	*office hours, overheads*
OO	*Ore/ Oil*
OO	*Owners Option*
OR	*at owner's risks*
O/T	*Overtime*
OVPD	*overpaid*
OZ.	*ounce*

P

PA	*particular average*
PAYT	*payment*
P AND C	*Private and Confidential*
PC	*port of call, price current*
PC	*Per Cent*
PD	*paid*
PD	*Port Dues*
P.L.	*partial loss*
PLCY	*policy*
PLS/PLSE	*Please*
PM	*premium*
PMT	*payment*
POC	*port of call*
POD	*Paid On Delivery*
POD	*port of departure*
POE	*port of embarkation*
POR	*payable on receipt*
PP	*postage paid, prepaid*
PPD	*prepaid*
PPT	*Prompt*
PT	*pint*
PT	*Port*
PTO	*please turn over*
PUR	*purchase*
PUT	*Port Utilisation Tax*

Q

QN	*question, quotation*
QNTY	*quantity*
QR	*quarter*
QT	*quantity, quart*
QUOT	*quotation*

R

RAIL.	*railway*
RC	*Running Costs*
RCD	*received*
RCPT	*receipt*
RCVR	*receiver*
RDAM	*Rotterdam*
RECD	*received*
REF	*Reference*
REG	*regulation*
RE YR TLX NO	*With reference to your telex n°*
REV	*Reverting or Revert*
RGDS	*Regards*
RGE	*Range*
RLY	*railway*
RNG	*range*
ROTN	*rotation*
RPT	*Repeat*
RR	*railroad (US)*
RTE	*route*
RV	*Round Voyage*

S

SATAFEX	*Saturday Afternoon Excepted*
SAVED BENDS	*Saved Both Ends*
SB	*Safe Berth*
SBAA	*One Safe Berth Always Afloat*

SHEX	*Sundays and Holidays Excepted*
SHINC	*Sundays and Holidays Included*
SHIP.	*shipment*
SHIPMT	
SHIPT	
S/O	*Sellers Option*
SO	*Shipping Order*
SOF	*Statement Of Facts*
SOL	*Shipowners Liability*
SP	*Safe Port*
SP DEL.	*special delivery*
SPT	*sea port*
SQ.FT	*square foot*
SQ.IN	*square inch*
SQ.MI	*square mile*
SQ.YD	*square yard*
SR and CC	*Strike, Riot and Civil Commotion*
SS	*Steam Ship*
SSW	*Summer Salt Water*
ST	*Short Ton*
ST	*Straight Time*
ST	*Self-Trimming*
STANDARD.	*standardisation*
STEM	*Subject To Enough Merchandise*
SUB	*Subject*
SUB	*Substitute*
SW	*Salt Water*
SW	*sea-water*
SWAD	*Salt Water on Arrival Draft*

T

TAR.	*tariff(s)*
TAX.	*taxation, taxes*
TBA	*To Be Advised*
TBC	*To Be Chartered*
TBN	*To Be Nominated*
T/C	*Time Charter*
TDA	*Today*
TDY	*Today*
TDW	*Ton Deadweight*
TEMP	*temperature*
TERM.	*terminal*
TEU	*Twenty-foot Equivalent Unit*
TFC	*traffic*
THKS	*Thanks*
TIP	*Taking Inward Pilot*
TK	*truck, track*
TKR	*tanker*
TL	*total loss, truck load*
TNGE	*tonnage*
TOM	*Tomorrow*
TRANS	*transit, transport, transportation*
TRAV	*travel*
TRNSP	*transport, transportation*
TRSP	
TST	*Top Side Tanks*
TXN	*taxation*

U

U	*unit*
USC	*under separate cover*
USD	*US Dollar*
US.CWT	*Cental USA*
UU	*Unless Used*

V

VAL	*value, valued*
VES	*vessel*
VOY	*Voyage*
VSL	*Vessel*

W

WA	*With Average*
WARR	*warranty*
WB	*way-bill*
WC	*Week Commencing*
WCCON	*Whether Customs Cleared Or Not*
WEF	*With Effect From*
WGT	*Weight*
WHF	*wharf*
WHFG	*wharfage*
WHR	*Warehouse Receipt*
WHSE	*warehouse*
WHSNG	*warehousing*
WIBON	*Whether In Berth Or Not*

WIPON	*Whether In Port Or Not*
WK	*Week*
WOG	*Without Guarantee*
WP	*Weather Permitting*
WPA	*With Particular Average*
WRFG	*wharfage*
WRO	*War Risks Only*
WS	*water supply*
WWR	*When Where Ready*

Y

YD	yard

(IMPORT/EXPORT)

Liste 1 : Classement par degré de responsabilité croissante du vendeur

1. GROUPE E : LE VENDEUR TROUVE SIMPLEMENT L'ACHETEUR

☐ **EXW (Ex Works)**

"départ usine … lieu désigné"

Prix des marchandises, sans frais de transport ni d'assurance.

2. GROUPE F : LE TRANSPORT PRINCIPAL N'EST PAS À LA CHARGE DU VENDEUR

☐ **FCA (Free Carrier … named place)**

"Franco transporteur … lieu désigné"

La vente s'arrête au moment et au lieu de remise de la marchandise au transporteur désigné par l'acheteur. Le dédouanement export est compris dans la prestation du vendeur.

Ce terme remplace "FOB Airport", "FOR/FOT", "FRC". Son utilisation est fortement recommandée.

☐ **FAS (Free Alongside Ship … named port)**

"Franco le long du navire … port de chargement désigné"

Le prix à payer inclut les frais jusqu'au quai, avant embarquement.

Ce terme a tendance à tomber en désuétude.

☐ **FOB (Free On Board)**

"Franco Bord"

Le transfert des risques a lieu lors du passage du bastingage du navire ("*the ship's rail*"). Le prix à payer inclut les frais jusqu'à bord du navire.

Les techniques actuelles de transport rendent plus clair l'emploi de "FCA … lieu désigné".

3. GROUPE C : LE TRANSPORT EST CHOISI PAR LE VENDEUR, ET LES RISQUES SONT SUPPORTÉS PAR L'ACHETEUR

☐ **CFR (Cost and Freight … named port of destination)**

"Coût et fret … port de destination désigné"

Le vendeur s'occupe du transport maritime et du dédouanement export. Les risques sont transférés lors du passage du bastingage (*"the ship's rail"*).

☐ **CIF (Cost, Insurance and Freight … named port of destination)**

"Coût, assurance et fret … port de destination désigné".

Terme identique à CFR, mais le vendeur s'occupe également de l'assurance.

☐ **CPT (Carriage Paid To … named place of destination)**

"Port payé jusqu'à … lieu désigné"

Terme identique à CFR, mais utilisable pour tout mode de transport.

☐ **CIP (Carriage and Insurance Paid to … named place of destination)**

"Port et Assurance payés jusqu'à … lieu désigné"

Terme identique à CIF, mais utilisable pour tout mode de transport.

N.B. : les termes du groupe C sont particulièrement avantageux pour le vendeur, dont la prestation est étendue. Le transfert de risque précoce le met également à l'abri de mauvaises surprises.

4. GROUPE D : LE VENDEUR CHOISIT LE TRANSPORT ET EN ASSUME LES RISQUES

☐ **DAF (Delivered At Frontier … named place)**

"Rendu Frontière … lieu désigné"

Le vendeur livre la marchandise dédouanée à l'export à la frontière de son pays ou de celui de l'acheteur.

Ce terme est particulièrement adapté au transport routier ou ferroviaire.

□ **DES (Delivered Ex-Ship ... named port of destination)**

"Rendu ex-ship ... port de destination désigné"

Terme équivalent à CFR, mais le vendeur assume les risques du transport maritime.

□ **DEQ (Delivered Ex-Quay (duty-paid) ... named port of destination)**

"Rendu à Quai, droits acquittés au port de destination désigné"

La marchandise dédouanée à l'import est livrée sur le quai du port de destination. Le vendeur assume les risques du transport.

□ **DDU (Delivered Duty Unpaid ... named place of destination)**

"Rendu droits non acquittés au lieu de destination désigné"

Nouveau terme, utilisable pour tout mode de transport. La marchandise non dédouanée à l'import est livrée par le vendeur au lieu convenu (quel qu'il soit). Ce terme permet de maîtriser la chaîne du transport dans les pays aux droits de douane fluctuants.

□ **DDP (Delivered Duty Paid ... named place of destination)**

"Rendu droits acquittés au lieu de destination désigné"

Le vendeur effectue toutes les opérations de transport et de douane et assume tous les risques.

N.B. : DDU et DDP ne prévoient pas le déchargement du moyen de transport au lieu de destination, qui doit être prévu par ailleurs dans la vente.

Liste 2 : Ventilation des Incoterms par type de transport. (par responsabilité croissante du vendeur)

□ **TOUT TYPE DE TRANSPORT/MULTIMODAL**

- EXW
- FCA
- CPT/CIP
- DAF
- DDU
- DDP

☐ **TRANSPORT MARITIME UNIQUEMENT**
- FAS
- FOB
- CFR/CIF
- DES
- DEQ

☐ **RAIL/ROUTE**
- DAF

SYSTÈME MÉTRIQUE/ SYSTÈME ANGLO-AMÉRICAIN

Mesures de longueur — Linear measures

inch (pouce)	in ou "	2,54 cm
foot (pied)	ft	30,48 cm
yard	yd	0,91 m
Mile (mille terrestre)	mi	1 609,34 m
millimètre	mm	0.039 in
centimètre	cm	0.39 in
décimètre	dm	3.397 in
mètre	m	3.28 ft
		1.09 yd
kilomètre	km	0.621 m

Mesures de surface — Area measures

square inch (pouce carré)	sq.in	6,45 cm^2
square foot (pied carré)	sq.ft	9,29 dm^2
square yard (yard carré)	sq.yd	0,83 m^2
acre (acre)	ac	40,47 ares
square mile (mille carré)	sq.mi	259 ha
centimètre carré	cm^2	0.155 sq.in
mètre carré	m^2	10.763 sq.ft
kilomètre carré	km^2	0.386 sq.mi
		247.10 acres

Mesures de volume		**Cubic measures**
cubic foot	cu.ft	28,316 dm^3
shipping ton (tonneau)		1,132 m^3
Register Ton (Tonneau de jauge internationale)		2,831 m^3
centimètre cube	cm^3	0.061 cu.in
décimètre cube	dm^3	0.035 cu.ft
mètre cube	m^3	35.31 cu.ft
		0.353 register ton

Mesures de masse		**Mass measures**
ounce	oz	28,35 g
pound	lb	0,453 kg
quarter	qr	12,70 kg
Hundredweight	cwt	50.80 kg
Cental USA	US.cwt	45,36 kg
Ton (long ton)	gross ton	1016,04 kg
Ton (short ton)	net ton	907,18 kg
kilogramme	kg	35.27 oz
quintal	q	7.87 qrs
Tonne	t	0.984 gross ton
		1.102 net ton

Mesures de capacité		**Measures of capacity**
pint	pt	(GB) 0,57 l
		(US) 0,47 l
quart	qt	(GB) 1,13 l
		(US) 0,94 l
gallon	gal	(GB) 4,54 l
		(US) 3,78 l
quarter		(GB) 290,94 l
barrel (oil)	bbl	(US) 158,98 l
Litre	l	(GB) 1.76 pts
		(US) 2.11pts
		(GB) 0.22 gal
		(US) 0.26 gal
hectolitre	hl	(GB) 0.34 quarter
		(US) 0.63 bbl

Mesures particulières	Special measures
(MARINE) Mille marin international (Nautical Mile)	1 852 m
Mille marin britannique (British nautical Mile)	1 853,18 m
Nœud (Knot) = 1 mille marin/heure	
(BOIS)	
stère	35.314 cu.ft

BIBLIOGRAPHIE

Baylon C., *Sociolinguistique. Société – langue et discours*, Nathan Université, Paris, 1991.

Bertin, Jean-Claude, “Mise au point d'une formation en anglais du transport international”, *A.Sp.*, n° 1, mars 1993, p. 221-249 (en collaboration avec C. Bertin).

Bertin, Jean-Claude, *Élaboration d'un outil de formation et d'autoformation en anglais du transport international*, Université de Bordeaux II, janvier 1994, 1078 pages.

Charaudeau P., *Langage et Discours*, Hachette, Paris, 1983.

Guespin Louis, “Pour une communication scientifique et technique dans la langue du travail”, Université de Rouen, 1989, 18 pages.

Gschwind-Holtzer G., *Analyse sociolinguistique de la communication et didactique. Application à un cours de langue : de Vive Voix*, LAL, Hatier, CREDIF, 1981, 128 pages.

Stern H. H., *Fundamental Concepts of Language Teaching*, O.U.P., Oxford, 1983, 582 pages.

Zähner C., “Second language acquisition and the computer: variations in second language acquisition”, *ReCALL*, vol. 7, n° 1, Mai 1995, p. 34-48.

Bertin, Jean-Claude, *ATIL* (Anglais du Transport International et de la Logistique), CD-Rom Multimédia interactif, Learning Labs, Le Vaisseau, 120, bd Amiral Mouchez, 76600 Le Havre (e-mail : LearningLabs@compuserve.com).

KEY TO THE EXERCISES

CHAPTER ONE

I. Introducing vocabulary...

1. Various types of goods

A. Can you fill in the gaps with the right expression?

1. *grain.* **2.** *chemicals.* **3.** *logs.* **4.** *valuables.* **5.** *timber.* **6.** *bulk/dry* cargoes. **7.** *foodstuff.* **8.** *raw material.* **9.** *livestock.* **10.** *manufactured/processed* goods. **11.** *ore.* **12.** *break bulk/mixed/general* cargo. **13.** *perishable* goods.

B. Can you match each picture with the corresponding expression?

1. steel	– B	**5.** grain	– F
2. chemicals	– C	**6.** foodstuff	– G
3. valuables	– E	**7.** bulk cargo	– A
4. logs	– D		

2. Packaging

A. Can you fill in the gaps with the right expression?

1. to *pack.* **2.** *contents (invariable).* **3.** the *payload.* **4.** to *package.* **5.** the *gross weight.* **6.** *consolidation/groupage.* **7.** to *strip/devan (US).* **8.** a *pallet.* **9.** a *crate.* **10.** *watertight/waterproof.* **11.** "*keep in cool place*". **12.** to *stuff.* **13.** "*handle with care*". **14.** *drums.* **15.** a *parcel.* **16.** *unit loads/unitized goods.* **17.** the *marshalling area.* **18.** *goods handling/handling operations/stevedoring.* **19.** "*to be kept dry*". **20.** "*no hooks*". **21.** the *stuffing shed.* **22.** *bags.* **23.** *bales.*

B. Can you match the following definitions with the right type of container?

1. an *open-top* container. **2.** a *flat* container. **3.** a *cradle* container. **4.** a *standardized* container/an *ISO* container. **5.** a *tilt-design* container. **6.** a *tank* container. **7.** a *collapsible* container. **8.** an *insulated* container. **9.** a *reefer/refrigerated* container. **10.** a *box.*

C. Can you match each picture with the corresponding expression?

1. box	– A	**4.** bale	– D	**7.** pallet	– H
2. container	– G	**5.** barrel	– F	**8.** bag	– C
3. carton	– E	**6.** drum	– I	**9.** crate	– B

3. Insurance

1. a *marine* insurance. **2.** an insurance *policy*. **3.** an *underwriter*. **4.** the (insurance) *broker*. **5.** the *current/present* value. **6.** to *get insured/ subscribe a policy/ take out an insurance*. **7.** the *policy holder/ insured party*. **8.** the *terms* of the *policy*. **9.** the *date* of *expiry*. **10.** *renew the policy*. **11.** an *addendum/ amendment/ endorsement – policy*. **12.** to *cancel* a policy – a letter of *cancellation* **13.** the *premium*. **14.** the *compensation*. **15.** a *claim for damages/ notice of claim/ notification of loss*. **16.** a *surveyor – assess the damage*. **17.** a *survey report* – to *settle the claim/ meet the claim*. **18.** to *disclaim* any *liability*. **19.** a *complete waif/ write-off (road vehicles)*.**20.** *bring an action* – an *erroneous statement* **21.** *litigation*. **22.** to *run aground*. **23.** to *jettison*. **24.** an *average*.

II. Reading texts

1. Environment, storage and packaging

Comprehension exercise

1. Wrong: *The adequate siting of warehouses and depots can result in more environmentally friendly [...] use of road haulage.*
2. Right: *The adequate siting of warehouses and depots can result in more [...] cost effective use of road haulage.*
3. Wrong: *CFC is a chemical used in refrigeration units and which is harmful to the ozone layer.*
4. Wrong: ... *but ammonia does.*
5. Right: *paper consumption can be reduced in many ways.*
6. Right: *special computer software can indicate how to stuff as many items as possible into one single container, according to size and shape of the parcels.*
7. Wrong: *Recyclable packaging and wrapping materials can be used wherever feasible.*

Vocabulary exercise

1. *sited/ located*. **2.** *environmentally friendly*. **3.** *issue*. **4.** *require – handling*. **5.** *stuffing*. **6.** *paperless*. **7.** *cost effective*.

2. The Lloyd's

Comprehension exercise

1. c) **2.** c) **3.** c) **4.** b) **5.** a) **6.** b) **7.** c) **8.** b) **9.** c) **10.** b) **11.** a)

Vocabulary exercise

1. *marine*. **2.** *risks*. **3.** The *premium*. **4.** *subscribe*. **5.** *liability*. **6.** *requirements*. **7.** *assets*. **8.** a *deposit*. **9.** a *security*. **10.** *places*. **11.** a *middleman*. **12.** *terms*. **13.** *quotations*. **14.** *damage*. **15.** *settlement of claims*. **16.** *total losses*.

3. Oil products in Le Havre

Comprehension exercise

1. c) **2.** c) **3.** c) **4.** c) **5.** a) **6.** c) **7.** b) **8.** a)

Vocabulary exercise

1. *routed*. **2.** *sited (also: located)*. **3.** *piers*. **4.** *designed*. **5.** *fulfill*. **6.** a *tidal* basin. **7.** a *trump card (also: asset)*. **8.** *bunker oil*. **9.** *lighterage*. **10.** the *storage centre*. **11.** *bore the full brunt*.

CHAPTER TWO

I. Introducing vocabulary...

1. The transport chain

Can you fill in the gaps with the right expression?

1. the *shipper/ sender/ consigner.* **2.** to *ship/ forward/ consign/ despatch.* **3.** a *commodity.* **4.** *freight/ cargo/ shipment/ consignment.* **5.** the *premises.* **6.** the *consignee.* **7.** a *door-to-door delivery.* **8.** (the *delivery bay*) – *collect.* **9.** *require.* **10.** a *voyage/ crossing.* **11.** *land carriage.* **12.** to *collect.* **13.** *involves.*

2. Different means of transport

Can you fill in the gaps with the right expression?

1. *inland* traffic. **2.** *shipping.* **3.** the *terminus.* **4.** the *terminal.* **5.** *inland waterways.* **6.** a *dam* – a *lock/ sluice* – *sluice gates.* **7.** *network.* **8.***means of conveyance/ transport facilities/ (also: transportation).* **9.** *intermodal/ multimodal/ combined.* **10.** an *operator.*

3. Air transport

Can you fill in the gaps with the right expression?

1. a *shed.* **2.** the *access roads.* **3.** *delays – flight – scheduled.* **4.** an *aircraft.* **5.** A *freight plane* – the cargo *hold.* **6.** the *apron.* **7.** to *take off.* **8.** to *land.* **9.** the *jet lag.* **10.** a *catering company.* **11.** the *runway.* **12.** an *air (traffic) controller* – to *handle.* **13.** the *control tower.* **14.** an *air lane.* **15.** *air freight/ air cargo.* **16.** the *reception hall.* **17.** the *gate/ gateway.* **18.** the *boarding pass.* **19.** *register.*

4. Road transport

Can you fill in the gaps with the right expression?

1. a *long haul.* **2.** *serve/ ply between.* **3.** *semi-trailer/ articulated lorry.* **4.** the *removal van* – the *tanker lorry* – the *delivery van.* **5.** a *junction/ crossroads* – *roundabouts.* **6.** a *trunk* road. **7.** a *dual carriageway.* **8.** *obstruction/ traffic-jam/ hold-up/ also: congestion.* **9.** *toll* bridges. **10.** a *diversion.* **11.** a *piggy-back* terminal. **12.** a *tilt/ tarpaulin.* **13.** *fleet.* **14.** *payload.* **15.** *bimodal.*

5. Rail transport

Can you fill in the gaps with the right expression?

1. a *freightliner.* **2.** *switches/points.* **3.** the *rolling stock.* **4.** goods *trucks* – *freight cars.* **5.** *carriages (also: coaches).* **6.** a *refrigerated van.* **7.** a *tanker/ tank wagon.* **8.** the *goods depot.* **9.** the *marshalling yard.* **10.** a *docksiding/ dockside railway/ dockline.* **11.** *gauge.* **12.** an *express* train. **13.** a *through* train.

II. Reading texts

1. The port of Le Havre: assets

Comprehension exercise

1. c) **2.** a) **3.** b) **4.** b) **5.** c) **6.** b) **7.** b)

Vocabulary exercise

1. *assets.* **2.** *route.* **3.** *draught.* **4.** *laden.* **5.** *located (also: sited).* **6.** *cut down.***7.** *feeder.* **8.** *consignments.*

2. The port of Le Havre and its hinterland

Comprehension exercise

1. a) **2.** a) **3.** c) **4.** a) **5.** a) **6.** c) **7.** b) **8.** c) **9.** b) **10.** a) **11.** c)

Vocabulary exercise

1. *facilities.* **2.** *outlet.* **3.** *gauge.* **4.** *hinterland.* **5.** *connected.* **6.** *wharves.* **7.** *network.* **8.** *runway.* **9.** *medium-range.* **10.** *available.* **11.** *general.*

CHAPTER THREE

I. Introducing vocabulary...

1. Shipping: the port

Can you fill in the gaps with the right expression?

1. a *harbour.* **2.** the *hinterland.* **3.** the *outer harbour.* **4.** a *warehouse (also: shed).* **5.** a *shipyard.* **6.** to *dredge.* **7.** the *Harbour Masters office.* **8.** a *wharf.* **9.** a *breakwater.* **10.** the port *facilities.* **11.** a *tidal dock.* **12.** a *wet dock/ locked basin.* **13.** a *lock/ sluice.* **14.** a *dry dock* – a *graving dock* – a *floating dock* – a *shipyard.* **15.** the *port of destination.* **16.** the *port of shipment/ loading port.* **17.** the *port of call/ call.* **18.** the *home port/port of registry.*

2. Calling at a port

Can you fill in the gaps with the right expression?

1. the *fairway/ access channel/ approach channel.* **2.** the *roads (invar.)/ roadstead.* **3.** a *beacon/ lighthouse.* **4.** a *deep-sea pilot.* **5.** a *tug/ tug-boat.* **6.** the *berth.* **7.** to *tow.* **8.** a *linesman/ boatman.* **9.** to *moor.* **10.** a *bollard.* **11.** to *come alongside/ berth/ dock.* **12.** to *sail/ clear the port.* **13.** *bound for.* **14.** to *shift/ leave one quay for another.*

3. Goods handling

Can you fill in the gaps with the right expression?

1. a *stevedore/ docker/ dock worker/ dock labourer.* **2.** a *shift/ gang/ team.* **3.** the *handling capacity.* **4.** the *handling rate/ throughtput.* **5.** the *tally clerk.* **6.** a *crane.* **7.** the *hook.* **8.** a *forklift truck.* **9.** a *straddle carrier.* **10.** a *tug master.* **11.** to *secure/ lash/ make fast.* **12.** to *stow.* **13.** to *stack.* **14.** *mishandling.* **15.** *overlanded.* **16.** *shortlanded.* **17.** *spoilt.* **18.** *mislaid.* **19.** the *turn-round* time. **20.** the *laydays.* **21.** the *sling.* **22.** *transhipment/ transhipping.* **23.** a *conveyor belt.* **24.** a *slave* trailer. **25.** a *(travelling) gantry crane.* **26.** a *spreader.*

4. Organizing the world of international shipping

Can you fill in the gaps with the right expression?

1. a *pool.* **2.** a *conference.* **3.** *outsiders/ non-conference operators/ non-conference lines.* **4.** *rate agreements.* **5.** to *overquote.* **6.** *malpractice.* **7.** The *cargo allotment scheme.* **8.** A *cartel.* **9.** the *chairman.* **10.** An *infringement* of contract. **11.** the *self policing system.* **12.** *competition.* **13.** a *flag of convenience.* **14.** *loyalty arrangements/ service contracts.*

5. Shippers, shipowners and shipping companies

Can you fill in the gaps with the right expression?

1. the *charterer.* **2.** a *charter-party* – a *trip/ voyage charter-party* – a *time charter-party.* **3.** the *husbanding.* **4.** to *commission/fit out/ equip.* **5.** the *route.* **6.** *sea-worthy.* **7.** to *meet.* **8.** *operate.*

II. Reading texts

1. Handling Operations

Comprehension exercise

1. b) **2.** c) **3.** a) **4.** c) **5.** a) **6.** c) **7.** c) **8.** a) **9.** a) **10.** c) **11.** a) **12.** b) **13.** c)

Vocabulary exercise

1. to *operate.* **2.** *foodstuff.* **3.** *savings.* **4.** *processing.* **5.** *accounts.* **6.** *ranks.* **7.** *shore.* **8.** to *stack.* **9.** *significantly.* **10.** *set up.* **11.** *gangs.* **12.** the *operational* cost. **13.** *operating.* **14.** a *gantry crane.*

2. The port of Longmouth

Comprehension exercise

1. b) **2.** c) **3.** c) **4.** a) **5.** b) **6.** b) **7.** c) **8.** b) **9.** c) **10.** b) **11.** a) **12.** c) **13.** a) **14.** b) **15.** a) **16.** a) **17.** c)**18.** a) **19.** c)

Vocabulary exercise

1. *reaping benefits.* **2.** *on a 24-hour basis.* **3.** *sheds.* **4.** *storage.* **5.** *facilities.* **6.** *stuffing – stripping (also: devanning).* **7.** *overseas.* **8.** *consignments.* **9.** *consumers.* **10.** *handling capacity.* **11.** *suit the needs (also: meet).* **12.** *potential.* **13.** *multipurpose.* **14.** *operates.* **15.** *meet.* **16.** *serviced.* **17.** *throughput.* **18.** *consignments.* **19.** *consolidated.* **20.** *prior to.* **21.** *despatched.* **22.** *reefer.* **23.** *wharf.* **24.** *box weight capacity.* **25.** *outreach.* **26.** *off-side.* **27.** *slots.* **28.** *device.*

CHAPTER FOUR

I. Introducing vocabulary...

1. Carriers and Operators

Can you fill in the gaps with the right expression?

1. a *transporter/ (common) carrier.* **2.** a *(road) haulier/ (road) haulage company.* **3.** a *shipping company.* **4.** the *freight.* **5.** a *freight forwarder/forwarding agent.* **6.** the *shipping terms/freight terms.* **7.** *freight collect (also: carriage forward).* **8.** *freight prepaid (also: carriage paid).* **9.** the *freight rate.* **10.** the *shipping agent/ ship's agent.* **11.** *hire/ lease/ charter/ rent.* **12.** the *M.T.O./ multimodal transport operator.* **13.** *shipowner.* **14.** a *shipping company.* **15.** *held responsible.* **16.** *fleet.*

2. Port occupations

Can you fill in the gaps with the right expression?

1. the *accounts/ accountancy* department. **2.** the *canvassing* department. **3.** the *booking* department. **4.** the *claims* department. **5.** the *crew and manning* division. **6.** the *import/ inward freight* department. **7.** the *export/ outward freight* department. **8.** the *technical services* department. **9.** the *staff/ personnel* department. **10.** the *ground staff.* **11.** the *sea-going personnel.* **12.** to *quote/ give a quotation/ give an estimate.* **13.** the *mother/ parent* company – or *branches.* **14.** the *shipping clerk/ water clerk.* **15.** the *shipbroker/ customs broker.* **16.** the *shipchandling* department. **17.** the *logistics* department.

3. Transport documents

Can you fill in the gaps with the right expression?

1. the *cargo manifest.* **2.** the *mate's receipt.* **3.** the *bill of lading* – the *consignment note* – the *air way bill.* **4.** the *booking note.* **5.** the *cancelling date.* **6.** the *crew list/ crew manifest.* **7.** the *log book.* **8.** the *advice note.* **9.** the *delivery note.* **10.** a *clean signature.* **11.** a *qualified acceptance* – to *take exceptions.* **12.** *disbursement account.* **13.** the *shipment note/ shipping advice.* **14.** the *closing date.* **15.** To *antedate.*

4. Customs and taxes

Can you fill in the gaps with the right expression?

1. *customs clearance.* **2.** *levied.* **3.** *customs regulations.* **4.** the *customs seal.* **5.** *smuggle.* **6.** *search.* **7.** the *port of entry.* **8.** the *bill of entry.* **9.** *duties/ dues (also: levies).* **10.** a *customs broker/ shipbroker.* **11.** *bonded* – *bonded warehouse.* **12.** *prohibited* goods. **13.** an *allowance.* **14.** the *tariffs.* **15.** the *balance of trade.* **16** a *fine* – *seizure.* **17.** the *customs officer.* **18.** *levied* – *dutiable.* **19.** the *border (also: frontier).* **20.** a *customs agent/ customs declarant.* **21.** the *S.A.D. (Single Administrative Document).* **22.** the *currency.* **23.** *comply with/ conform to.* **24.** *go through.* **25.** *fill in/ complete* – *documentation/ forms.* **26.** *red tape/ officialdom.*

5. Fees, taxes and charges

Can you fill in the gaps with the right expression?

1. *transport charges.* **2.** *handling charges (also possible, according to the context: C.S.C.(Container Service Charge) or T.H.C. (Terminal Handling Charge)).* **3.** a *pro-forma invoice.* **4.** the *freight rate.* **5.** the *(passenger) fare.* **6.** *lighterage.* **7.** *overheads (invar.).* **8.** *pilotage dues.* **9.** *port dues/ harbour dues/ port billing.* **10.** *towage charges.* **11.** *demurrage.* **12.** *surcharge.* **13.** *stowage charges.* **14.** *wharfage/ quay rent.* **15** *operational cost.* **16.** *war risk surcharge.* **17.** *C.A.F. (Currency Adjustment Factor).* **18.** *B.A.F. (Bunker Adjustment Factor).*

II. Reading texts

1. Multimodal transport

Comprehension exercise

1. a) **2.** b) **3.** a) **4.** c) **5.** b) **6.** c) **7.** c) **8.** a) **9.** b) **10.** a) **11.** b) **12.** b) **13.** c) **14.** c) **15.** a)

Vocabulary exercise

1. *cuts.* **2.** *stowed.* **3.***require.* **4.***facilities.* **5.** *gauge.* **6.** *border.* **7.** *takes responsibility.* **8.** *undertake.* **9.** *issue.* **10.** *consignment note.* **11.** *receipt.* **12.** *collect.* **13.** *safe.* **14.** *freight charges.* **15.** *legs.* **16.** *through.*

2. Industrial areas and Free Trade zones

Comprehension exercise

1. c) **2.** b) **3.** b) **4.** b) **5.** b) **6.** c) **7.** a) **8.** a)

Vocabulary exercise

1. *settle down.* **2.** *manufactured* goods. **3.** *secured.* **4.** *tidal.* **5.** *wet docks.* **6.** *regulations.* **7.** *operators.* **8.** *opportunity.* **9.** *fully laden.* **10.** *duty-free.*

CHAPTER FIVE

I. Introducing vocabulary...

1. The post

Can you fill in the gaps with the right expression?

1. *collection.* **2.** *full* address. **3.** *home* address. **4.** *business* address. **5.** *second-class – first-class* mail. **6.** *separate cover.* **7.** *under cover/ in a sealed envelope.* **8.** *registered* letter – a *proof of receipt.* **9.** a *C.O.D./ Cash-On-Delivery* parcel. **10.** *called for.* **11.** *telegram/ wire/ cable.* **12.** *courier.* **13.** *enclose.*

2. Telecommunications

Can you fill in the gaps with the right expression?

1. *call up/ ring up.* **2.** *answer the phone/ pick the receiver/ lift the receiver.* **3.** *look up – (telephone) directory.* **4.** *subscriber.* **5.** *dialling tone – dial – code* number. **6.** *local* call. **7.** a *trunk* call. **8.** a *long-distance* call. **9.** *charge.* **10.** *extension.* **11.** *engaged – ring back/ call back.* **12.** *hold on/ hold the line.* **13.** *put* Mr Brown *through to.* **14.** *teleprinter – keyboard.* **15.** *fax/ telefax/ facsimile – e-mail.*

3. Data-processing and computers

Can you fill in the gaps with the right expression?

1. *data-processing.* **2.** *software.* **3.** a *central unit* – a *keyboard – monitor/ screen/ V.D.U.* **4.** a *printer* – a *plotter.* **5.** a *disk – insert.* **6.** *word-processing – enter/ type (in)/ input – edit – output.* **7.** *save – file – load.* **8.** *store.* **9.** a *computer engineer/ programmer – tailor-made – suit.*

II. Reading texts

1. Le Havre data-processing system

Comprehension exercise

1. c) **2.** c) **3.** c) **4.** b) **5.** c)

Vocabulary exercise

1. *data-processing.* **2.** *follow-up.* **3.** *due to.* **4.** *update.* **5.** *operated.* **6.** *removal.* **7.** *required.*

2. The information revolution

Comprehension Exercise

1. b) **2.** b) **3.** c) **4.** b) **5.** a) **6.** a) **7.**c) **8.** c) **9.** a) **10.** a)

Vocabulary exercise

1. *stage – supply – transfer.* **2.** *placed.* **3.** *items.* **4.** *line – held up – parts/ components.* **5.** *cope.* **6.** *response – tied up.* **7.** *drive.* **8.** *efficiency – competitive.* **9.** *inward – outward.* **10.** *bar codes – flow – remove.* **11.** *accurate – monitor – trends.* **12.** *forecasts – fed back.* **13.** *reliable – dedicated.*

CHAPTER SIX

I. Introducing vocabulary...

1. What is "Logistics"?

Can you fill in the gaps with the right expression?

1. *available.* **2.** *customer.* **3.** *layman.* **4.** *storage/ warehousing.* **5.** *oversight.* **6.** *achieve.* **7.** *Sourcing.* **8.** to *plan.* **9.** *cost-effective/ cost-effecient.* **10.** *inventory.* **11.** *implemented.* **12.** *efficient.* **13.** *flow – consumption.* **14.** *purchase.* **15.** *satisfy/ meet/ conform to – requirements.* **16.** *worth mentioning.* **17.** *inbound.*

2. Elements of Logistics

Can you fill in the gaps with the right expression?

1. *processing.* **2.** *components/ parts.* **3.** *be expected to.* **4.** *requires – regulations.* **5.** *applicable.* **6.** *achieve.* **7.** *within.* **8.** *means.* **9.** *staff.* **10.** *Packaging – pilferage.* **11.** *forecast.* **12.** *unit loads – handling.* **13.** *balance... against.* **14.** *drawn up filled in.* **15.** *significant – savings.* **16.** *constraints.*

3. Storage

Can you complete the text, using expressions from the document?

location – storage – retail (retailing) outlets – supply – minimize – rates – regulations – policy – expense – lead-time – placed – delivered – profits – available – met – R&D (research and development) – margin – "overheads" – shareholders – return.

4. The history of logistics

Can you complete the text, using expressions from the document?

provision – meet/ provide for – "warehousing" – stocks – demand/ needs – warehouses – "close to" – "retail" – focussed – issues – inbound – raw – supply – "dramatic/ substantial" – occurred – held – labour/ manpower – save/ reduce/ cut down – outweigh – salient/ major – supply – deregulated – competition – features – lay – efficiency – dramatic/ substantial/ major – EDI (electronic data interchange) – response.

5. The Total Distribution Concept (TDC)

Can you complete the text, using expressions from the document?

"total cost approach" – process – optimization – trading off – increase – achieve – net gain – opportunities – profitability – "revenue" – packaged – loads – transportation – discarded – "conveying" – Wrapping – catered – "warehouse" – adjusted – incurred.

II. Reading texts

1. The supply chain

Comprehension exercise

1. c. **2.** Wrong: *the flow of information transiting through computer networks is equally important.* **3.** Right: *the logistics manager will have to make sure he can handle all the various stages and operations that make up the supply chain.* **4.** Right: *One end of the supply chain may be constituted of raw materials such as agricultural produces or mineral ores processed to give a usable commodity.* **5.** Wrong: *the other end may extend beyond purchase of the commodity…* **6.** Right: *One way for a company to guarantee the desired standard of service is to take the overall control of the supply chain.* **7.** Wrong: ***some** of the larger supermarket chains have already adopted this approach.* **8.** Wrong: *they may often resort to outside companies.* **9.** Which of the following activities correspond to the logistics strategist?
– plan the next operations in the chain: YES
– re-think the organization of the complete chain: YES
– repeat an operation which has always been done in a particular way: NO
– imagine new ways of improving a product's competitiveness: YES
– consider every detail from the producer's point of view: NO
– deliver the goods to the stores: NO
– plan the distribution of goods to local shopkeepers: YES
10. Right: *each link in the chain can identify areas where earlier links – suppliers – can help by doing something differently.*

Vocabulary exercise

1. *processes.* **2.** *flow.* **3.** *supply chain.* **4.** *computer networks.* **5.** *commodities.* **6.** *purchase.* **7.** *after-sales – maintenance – parts – warranty.* **8.** *standard – overall.* **9.** *requirements – "supervise".* **10.** *end-product.* **11.** *come under scrutiny.* **12.** *convenient.* **13.** *scheduled – retailers – shelf.*

2. Distribution and transport

Comprehension exercise

1. Right: *Physical distribution is achieved predominantly by road transport.* **2.** Wrong: *"Third-party" operations means that a firm calls a subcontractor for a given operation.* **3.** Right: *This can take many forms, including road, rail, air or sea transport or a combination of these.* **4.** Wrong: *manufacturers or retailers are mentioned in the text as examples of major companies.*
5. – contact with clients is easier YES
– delivery of the goods takes less time NO
– company vehicles make the firm better known YES
– more profit is achieved NO
6. Wrong: *The services may be narrow in scope* […] *or broad…* **7.** Right: *Operations may be dedicated to one customer or shared by a number of customers.* **8.** Right: *This sector has grown…* **9.** Wrong:… *increased cost-effectiveness…* **10.** Wrong: *they still require a logistics function for strategic management of the supply chain.*

Vocabulary exercise

1. *own-account.* **2.** *major – network.* **3.** *manufacturer.* **4.** *feedback.* **5.** *customer.* **6.** *liveried.* **7.** *provide.* **8.** *range.* **9.** *order processing.* **10.** *stock control.* **11.** *dedicated.* **12.** *contract out.* **13.** *cost-effectiveness (also: cost-efficiency).* **14.** *consultancies – undertake.*

CHAPTER SEVEN

1. Synonyms

1. shipper, consigner. **2.** freight terms. **3.** dry cargo. **4.** stevedoring, goods handling. **5.** customs dues, customs levies, customs taxes. **6.** port billing, harbour dues. **7.** shortshipped. **8.** commodities, merchandises, wares. **9.** freight. **10.** present value. **11.** means of conveyance, transport facilities. **12.** docksidings, docklines. **13.** articulated lorry. **14.** dutiable. **15.** scheduled. **16.** claim for damages, notification of loss. **17.** trunk roads, highways. **18.** wagonload. **19.** warehouses. **20.** customs broker. **21.** locked basin. **22.** freight, consignment, shipment. **23.** forward, despatch (also: dispatch), ship, consign. **24.** consolidation. **25.** get insured, subscribe a policy. **26.** serve, ply between. **27.** non-conference operators, outsiders. **28.** trucker, haulage company. **29.** underwriter, insurance company. **30.** manufactured goods. **31.** freightliner (only for containers). **32.** boatmen, longshoremen (US). **33.** dock, berth. **34.** equip, commission. **35.** break bulk cargo, mixed cargo. **36.** forwarding agent. **37.** oil products. **38.** measurements. **39.** addendum, endorsement. **40.** meet a claim. **41.** liability. **42.** crossroads. **43.** hold-ups, congestions, obstructions. **44.** basins. **45.** facilities. **46.** port of registry. **47.** loading port. **48.** ports of discharge. **49.** access channel, fairway. **50.** mooring rope. **51.** sail, clear the port. **52.** stevedores, handling operators, handling contractors, dockworkers, dock labourers. **53.** throughput. **54.** lashed, made fast, fastened. **55.** ring back. **56.** roads (invar.). **57.** water clerk. **58.** write-off. **59.** manpower, labour force. **60.** graving dock. **61.** rebate. **62.** pro-forma invoice, estimate. **63.** spoilt. **64.** provide for the needs, meet the requirements, suit the needs. **65.** combined transport, intermodal transport. **66.** cut down. **67.** efficiency. **68.** achieved. **69.** involves. **70.** flows. **71.** purchased. **72.** balance… against. **73.** drawing up, filling up. **74.** location, siting. **75.** discarded.

2. Opposites

1. export department, outward freight department. **2.** disembark from a plane, get off a plane. **3.** freight collect, carriage forward. **4.** crude oil. **5.** strip, devan a container. **6.** sea-worthy. **7.** port of discharge. **8.** graving dock, dry dock. **9.** take-off. **10.** the date of expiry. **11.** raw materials. **12.** to outweigh. **13.** to cancel. **14.** domestic traffic. **15.** a wet dock, a locked basin. **16.** port of shipment, loading port. **17.** a member line. **18.** to underquote. **19.** to leave a port, to clear a port, to sail. **20.** a qualified acceptance. **21.** dutiable goods. **22.** ETD (Estimated time of Departure), ETS (Estimated Time of Sailing). **23.** the supply, the provision. **24.** the consignee. **25.** collection. **26.** silting. **27.** inward freight, import department. **28.** to cut off. **29.** to load a file. **30.** to smuggle goods. **31.** the business address. **32.** to send documents under separate cover. **33.** to have an ex-directory number, to have a private number. **34.** to make a local call.

3. Right/Wrong exercise

1. wrong: **gross weight** **2.** wrong: **jettison** **3.** wrong: **wreck** **4.** wrong: **terminus** 5. right **6.** right **7.** wrong: **runway** **8.** right **9.** wrong: **jet lag** **10.** right **11.** wrong: **to handle** **12.** wrong: **air lane** **13.** right **14.** right **15.** right **16.** wrong: **piggy back terminal** **17.** wrong: **toll** **18.** right **19.** right **20.** wrong: **passenger carriage** **21.** wrong: **refrigerated van**. **22.** right **23.** wrong: **gauge** **24.** wrong: **through train** **25.** wrong: **hinterland** **26.** right **27.** right **28.** wrong: **silting** **29.** wrong: **floating dock** 30 right **31.** right **32.** right

33. right **34.** wrong: **deep-sea pilot** **35.** wrong: **tug** **36.** wrong: **bollard** **37.** wrong: **bound for** **38.** wrong: **shift** **39.** right **40.** right **41.** wrong: **sling** **42.** wrong: **stowage plan** **43.** wrong: **stacking** **44.** right **45.** right **46.** wrong: **overlanded** **47.** wrong: **lay days** **48.** wrong: **meet the demand** **49.** right **50.** right **51.** wrong: **mate's receipt** **52.** wrong: **crew manifest, crew list** **53.** wrong: **advice note** **54.** right **55.** wrong: **invoice** **56.** wrong: **canvassing** **57.** right **58.** right **59.** wrong: **claims department** **60.** right **61.** wrong: **subsidiary** **62.** right **63.** wrong: **customs regulations** **64.** right **65.** wrong: **bonded warehouse** **66.** wrong: **border, frontier** **67.** wrong: **a fine** **68.** wrong: **customs seal** **69.** wrong: **freight rate** **70.** wrong: **towage charges** **71.** right **72.** right **73.** wrong: **registered** **74.** wrong: **first class** **75.** wrong: **ring back** **76.** right **77.** wrong: **extension number** **78.** right **79.** right **80.** wrong: **edit** **81.** right **82.** wrong: **word-processing** **83.** wrong: **shipowner** **84.** right **85.** right **86.** wrong: **CSC plate** **87.** right **88.** right **89.** wrong: **B.A.F.** (Bunker Adjustment Factor) **90.** right **91.** wrong: **closing date** **92.** right **93.** wrong: **self-policing** **94.** wrong: **trade sharing/cartel** **95.** wrong: **rate agreement** **96.** wrong: **fleet of vehicles** **97.** right **98.** wrong: **slave trailers** **99.** wrong: **operational costs** **100.** right **101.** wrong: **efficiency** **102.** wrong: **staff** **103.** right **104.** right **105.** wrong: **just in case** **106.** right **107.** wrong: **availability** **108.** wrong: **cost-effective** **109.** wrong: **conforms to** **110.** wrong: **achieve** **111.** right. **112.** wrong: **forecast** **113.** right **114.** wrong: **retailers** **115.** wrong: **involved** **116.** right **117.** right **118.** right **119.** wrong: **response** **120.** wrong: **incur**.

CHAPTER EIGHT

1. Notion de temps : passé/present

1. *directed – took.* **2.** *generally approach – meet.* **3.** *did you get.* **4.** *had not answered – went.* **5.** *have never visited – nearly went.* **6.** *did you send – sent – have not received.* **7.** *settled down – had travelled.* **8.** *was appointed – had ever got.* **9.** *are currently experimenting.* **10.** *have not seen.* **11.** *joined – was.* **12.** *is talking.* **13.** *have not written – left.* **14.** *do you look (verb of state!).* **15.** *have depended.*

2. Précisions temporelles sur une action

1. *for.* **2.** *ago.* **3.** *for – since.* **4.** *at.* **5.** *on.* **6.** *Since.* **7.** *ago – for – during.* **8.** *ago* **9.** *for – since – ago.* **10.** *for – since.* **11.** *in.* **12.** *for – ago.* **13.** *for – ago.* **14.** *ago – for.* **15.** *since – during.*

3. La forme passive

1. Raw materials can be transported easily by some special ships. **2.** Our guests will have to be met at the airport. **3.** The recent losses of the company will have to be accounted for. **4.** Some help would be appreciated. **5.** Were you frightened by the last financial crash? **6.** Can this problem be solved? **7.** This subject will have to be gone over more thoroughly. **8.** Money was raised with a new tax on imports. **9.** I trust he will be told about his recent promotion. **10.** Impossible. **11.** Do you think our new product has been advertised properly? **12.** I'd like my new position in the firm to be known. **13.** What time is the mail collected? **14.** More profits have been brought to the firm by the new organization of work. **15.** Have all possible solutions really been investigated?

4. Expression du point de vue : notion de modalité

1. *may/ might/could.* **2.** *must be.* **3.** *have to.* **4.** *must have gone.* **5.** *must have changed.* **6.** *can.* **7.** *couldn't/ weren't able to.* **8.** *should have been.* **9.** *was to/ was due to.* **10.** *may – may not.* **11.** *had to.* **12.** *can't.* **13.** *mustn't have called.* **14.** *don't have to/needn't.* **15.** *should/ ought to.*

5. Les articles

1. (Ø) business. **2.** *The* length – *a* ship. **3.** *The* crew – *the* last one. **4.** *the* United States – *the* customs. **5.** (Ø) President McDonald. **6.** *An* airport – *a* very complex organization. **7.** (Ø) American airports – (Ø) deregulation. **8.** (Ø) aircraft – (Ø) light alloys. **9.** *The* president – *the* structure – *the* firm. **10.** *The* man – (Ø) Chairman of the meeting. **11.** *a* decision – *the* manager. **12.** *The* exchange rates – (Ø) currencies – *a* very high speed. **13.** *a* risk – *an* insurance policy. **14.** (Ø) prices – *the* laws – *the* market. **15.** (Ø) Germany – *a* more thriving economy – *the* Netherlands.

6. Notion de quantité

1. *few (meilleur ici que "a few").* **2.** *any* **3.** *much/ a lot of.* **4.** *some.* **5.** *little.* **6.** *few.* **7.** *much.* **8.** *anyone.* **9.** *many.* **10.** *little.* **11.***anything – no.* **12.** *few.* **13.** *little.* **14.** *much/ a lot of/ plenty of – some.* **15.** *any.*

CHAPTER NINE

1. Dealing with telexes

Telex 1

A. Comprehension exercise

1. b) **2.** a) **3.** a)

B. Vocabulary exercise

1. *required.* **2.** *available.* **3.** *complete (also possible: draw up).* **4.** *please.* **5.** *as soon as possible.* **6.** *consignment.*

C. Writing time

Could you please note that the bill of lading concerning the present consignment is to be produced (or "should be produced") as soon as possible, as it is urgently required by the shipper?
We would greatly appreciate if you could despatch the bill of lading by the first available method (or "means") to Mr Luxton.
The invoice will follow when it is completed. It should be sent to Mr Gordon, London, in the normal (or "usual") way.*
Yours sincerely
**note the present tense after "when" which follows a future in the main clause ("will follow").*

Telex 2

A. Comprehension exercise

1. a) **2.** b) **3.** b)

B. Vocabulary exercise

1. *requests.* **2.** *upon the vessel's arrival.* **3.** *master.* **4.** *account.*

C. Writing time

We hereby confirm the payment of FF15,000 to the ship's master, as required in your fax dated May 12, 1994. We would like to draw your attention to the fact that the ship's master requested us to pay an extra FF10,000. We therefore expect you to confirm your agreement before proceeding, in which case we will debit your account as required.
Yours sincerely.

2. Completing a fact sheet

The fact sheet should read as follows:

Caractéristiques du navire

Longueur hors tout : 157 m
Largeur : 21 m
Tirant d'eau : 6,7 m
Jauge brute : 14 200

Type de navire (cocher la case appropriée)

- ☐ Porte-conteneurs
- ✓ Navire mixte
- ☐ Navire conventionnel
- ☐ Navire Roulier

Charge utile : 5 000 t
Nombre total de passagers : 1 200
Vitesse : 16 nœuds
Nombre de grues : 1 : 5 t ; 2 : 25 t

3. Completing a Bill of Lading

Use the information contained in the following telex to complete the bill of lading as accurately as you can.

Did you notice that the telex requires the correspondent to issue a bill of lading that conforms to special requirements ("THANKS TO ISSUE THE BILL OF LADING AND PLEASE MAKE SURE THAT THE B/L WILL BE ISSUED AS FOLLOWS")?
The BL should then read as follows:

<table>
<tr><td colspan="2">BILL OF LADING N° 504</td><td colspan="2" rowspan="4">SEAVAN</td></tr>
<tr><td colspan="2">Shipper Marques y Compania</td></tr>
<tr><td colspan="2">Consignee or order SOCIEFA</td></tr>
<tr><td colspan="2">Notify party Contank Le Havre
25 rue Kitchener
76600 Le Havre</td></tr>
<tr><td colspan="2">Intended vessel "Montes Cervantes"</td><td colspan="2">Place of delivery Le Havre</td></tr>
<tr><td colspan="2">Port of loading Antwerp</td><td colspan="2">Vessel's port of destination Buenos Aires</td></tr>
<tr><td rowspan="4">Marks and nos, containers nos

EXFU 199336/0</td><td colspan="2">Number and kind of packages 1 tank container</td><td rowspan="4">Measurements

20' (foot)</td></tr>
<tr><td colspan="2">Description of goods

Grain whisky
3 years old</td></tr>
<tr><td colspan="2">Special remarks tick if appropriate
☑ dangerous goods</td></tr>
<tr><td colspan="2">Freight terms

freight collect</td></tr>
<tr><td colspan="4">Place and date of issue</td></tr>
</table>

4. Reading invoices

Read the two documents below, then use the information to complete the fact sheet concerning the call ("Fiche d'escale").
It should read as follows:

Fiche d'escale

Chargeur : Oil Exploration Norway Inc.

Agence maritime/consignataire : Seavan Le Havre

Nom du navire : Gilena

Type de navire : pétrolier

Date de l'escale : 30/05/94

Lieu de l'opération : Le Havre

Nature de l'opération :

- ✓ Chargement
- ☐ Déchargement

- ✓ Brut
- ☐ Raffiné
- ☐ Divers
- ☐ Vrac

Détails de l'opération :

- ☐ Frais de remorquage : 12 276,50
- ☐ Lamanage : 21 521,85
- ☐ Remises éventuelles accordées (préciser)
  25 % sur frais d'agence. Solde = 15 325,50
- ☐ Surtaxe pour jours fériés : 870,00
- ☐ Somme déboursée par le capitaine du navire :
  10 100,00
- ☐ Note de téléphone : 700,00

Règlement des frais d'escale :

- ✓ Avance du chargeur : 713 500,00

5. Writing letters

A. Placing an order

Dear Sir,
Please, find enclosed an order for 50 items costing $250 apiece.
Could you possibly inform us of the date of delivery for these goods, bearing in mind that we would require the shortest possible delays of delivery?
Could you also confirm the prices "Ex Works" for the present order?
Yours sincerely.

B. Answering queries

Dear Sir,
We received your letter dated July 16th requiring information on our products.
You will notice that our prices are always mentioned CIF (Cost, Insurance and Freight)
Special terms of payment may be granted on request: 30% on order, the remaining being paid by monthly instalments.

A possible 5% discount may be granted for any order placed before the coming holidays.
You will find enclosed a pro-forma invoice concerning your order.
We are looking forward to hearing from you very soon.
Yours faithfully.

C. Lodging a complaint

Dear Sir,
We have received the goods ordered on June 15th as scheduled. Unfortunately, some of the sets have proved to be damaged due to an apparently faulty packaging. The said items are out of repair and cannot be sold to our customers.
We contacted the carrier who delivered the products, but the firm disclaims any liability for the damage.
We are therefore expecting you to arrange replacement of the damaged items or to suggest any other possible solution.
We are looking forward to a prompt answer.
Yours sincerely.

D. Answering a complaint

Dear Sir,
I am sorry to hear that the consignment you mentioned in your letter dated October 14th arrived in a poor state.
We indeed contacted our carrier who confirmed his refusal to engage his liability in the matter.
The goods were packaged in our Paris warehouse. We will gladly replace the damaged items as soon as you return them to our premises.
We apologize for the inconvenience caused and hope that you will be satisfied with our proposed exchange.
Yours faithfully.

TABLE DES MATIÈRES

Achevé d'imprimer en août 2000
sur les presses de Normandie Roto Impression s.a.
à Lonrai (Orne)
N° d'imprimeur : 001926
Dépôt légal : août 2000

Imprimé en France